チャンピオン・トレーダーに上り詰めた
ギャンブラーが語る
実録「カジノ・ウォール街」

ピット・ブル

Lessons from WALL STREET'S Champion Trader

マーティン・“バジー”・シュワルツ
*Martin “**Buzzy**” Schwartz*
デイブ・モリン／ポール・フリント
Dave Morine / Paul Flint
成田博之 訳

Pan Rolling

命の尊さを教えてくれた妻オードリーと、家族のみんなに捧ぐ。

PIT BULL
by Martin "Buzzy" Schwartz, Dave Morine, Paul Flint

どのくらい頂上にいることができるのだろうか？

エドモンド・ヒラリー卿

ピット・ブル　**目次**

謝辞

この機会に、多くの人々にお礼を言いたい。理解と励ましをいつも与えてくれた私の家族、素晴らしい教育環境と温かい家族愛で私の成長を見守ってくれた両親、スポーツを通していろいろなことを教えてくれた兄ゲリー、愉快で楽しい昔話を聞かせてくれた祖父パピー・スナイダー、心優しき妻オードリー、父親になる難しさと楽しさを十二分に教えてくれたステイシーとボーイに心から感謝しています。

この企画に携わってくれたデイブ・モリン、ルース・モリン、ポール・フリント、ジム・レビン、モーガン・マッケンニーに、深く感謝している。

編集と出版に携わってくれたハーパー・ビジネス社、エイドリアン・ザックヘイム、デイブ・コンティ、リサ・バーコウィッツ、ジャネット・デリー、モリーン・ケリー、エミー・ランボーに感謝しています。みなさんがいなければこの本が日の目を見ることはなかったでしょう。

ありがとう。

バジー

「新米さん、やるのか、やらないのか？」

「三ドルで一〇枚、買うぞ」

「三ドルで一〇枚、買うぞ」

「三ドルで一〇枚、買うぞ」

念じるように、心の中で自分に言い聞かせていた。もしメサ石油の株価が六二ドル八分の五になれば、一枚につき三〇〇ドルのプレミアムを払って、一〇月限の六五ドルのコール・オプションを一〇枚買う。このコール・オプションは一〇月の第三金曜日までなら、一〇〇株（一枚）を六五ドルで買う権利を与えてくれる。これが、私にとって、アメリカ証券取引所での初めての自己勘定取引となるはずだった。しかし、本当は、場立ちとしてうまく売買を成立させることができるか、びくびくしていた。それだけではなく、自分がトレーダーとして食べていけるかどうか、自分を疑っていた。不安と恐怖におののいていた自分を思い出す。

それは、一九七九年八月一三日月曜日のことだった。トリニティー・プレイスは、仕事に急ぐビジネスマンたちで混雑しており、ニューヨークの金融街はいつもと変わらない一日の始まりを迎えようとしていた。その日の朝、私は八六番と書かれたビルの入り口に立ち止まり、大きく深呼吸した。ポケットから身分証明書を取り出し、「会員専用」と書かれているドアを開けた。警備員は私のバッジを確かめ、挨拶代わりに軽くうなずいた。とがめられることもなく、アメリカ証券取引所の中へと足を踏み入れることができたのも、このバッジのおかげだ。バッジには「マーティン・シュワルツ＆カンパニー　九四五」と記されていた。

入り口の左側にある階段を下りると立会所に突き当たった。受付に自分の着てきたジャケットを預け、立会人が着る青いスモックをもらう。アメリカ証券取引所では、スモックの色は青だった。しかし、今日初めて、ここに来た私はその青いスモックを持っていなかった。そこで、受付にいたジョーイに「会員番号九四五、マーティン・シュワルツ」と名乗り、そして、ついに念願のこの青いスモックを手にした。バッジをスモックに取り付けた後、鉛筆を持っているか、何回も確かめた。周りを見渡すと、青いスモックを着た連中が、ところ狭しとベンチに腰を下ろし、革靴からゴム底の靴に履き替えている。座る場所を見つけられなかったので、すぐに二階の会員専用ラウンジに行った。市場が開くまでには、まだ少し時間があったが、もうゴム底の靴に履き替えることなど頭になかった。

アメリカ証券取引所の会員専用ラウンジは、ハーバードやエールの会員制クラブとは全く違っていた。タバコの煙が立ち込め、ソファは合成皮革でできていた。とても品のあるクラブとはお世辞にも言えなかった。会員のほとんどが、アイルランド系、イタリア系、それにユダヤ系の人間だった。ワスプの連中など目にすることはなかった。二流大学を出た者か、それとも一九二一年までニューヨーク証券取引所の外で株の違法売買をやっていた連中の子孫たちによって、このアメリカ証券取引所の立会員は成り立っていた。これが、私の会員に対する第一印象だった。

ラウンジで紅茶を一口飲んだ後に、立会所に下りていった。そこには、窓から差し込む朝日が立会所の床一面を照らしていた。この立会所の大きさは、フットボール場に匹敵するほど広く、また五階建のビル並みの高さがあった。私は、立会所の造りが室内の大きな市場（いちば）に似ていると思った。すでに立会所内では、チッキーやフラニー、それにドニーが注文明細書のコピーを入れるボックスの前にある階段の手すりに寄りかかって何か話をしていた。各会員が取引をした内容を書いた明細書を、この鳩の巣箱に似たボックスに入れる。いろいろな銘柄の株やオプション、満期日の違う限月や様々な権利行使価格、その日限りの注文、成り行き注文など様々な形態の取引が行われているので、その取引種類と同数の巣箱が並んでいる。その周りを自己勘定で売買するトレーダーやブローカーが鉛筆と注文明細書を手に持ち、取引を始めようと、うろうろとしていた。

「新米さん、やるのか、やらないのか？」

上を見ると、立会所の壁の三方は、バルコニーが突き出ており、そこには映画館の座席ようにきれいに並べられた椅子に座って電話注文を取り次ぐブローカーたちがいた。彼らの多くは、電話機のチェックや注文書を手渡すランナーたちの居場所を確認していた。もう一方は観客席となっていた。見学人も続々と、その並べられている椅子に座り始めていた。これらのバルコニーは、ローマ式の円柱で支えられており、上昇相場の象徴である猛牛と下降相場を表す熊の銅像が、向かい合うように壁に取りつけられていた。そして、トランス・ラックス社の電光掲示板には、常時、各銘柄の価格が流れていた。この電光掲示板は、立会所内の壁を一周していた。他の電光掲示板には、最新ニュースが流されていた。立会所内にいる連中の目は、取引開始前からこの電光掲示板に釘づけとなっている。それは、誰もが相場を動かす材料になるニュースがないか探しているからだ。

午前一〇時にベルの音が鳴ると同時に、みんなが動き出した。この光景は、競馬場でゲートが開いて飛び出す馬のようだったが、今は、自分もその馬と変わらなかった。私は、大急ぎでメサ石油のオプションが取引されている場所へ走っていった。会員の一人、ルイス・〟チッキー〝・メシーリの周りを青いスモックを着た連中が取り囲んでいた。アメリカ証券取引所のスペシャリストは、各銘柄の値付けを義務づけられていた。もちろん、オプションの値付けも彼らの仕事である。メサ石油の株式オプションを専門に取引しているチッキーは、常に売値と買値をブローカーや他の会員に提示していた。その値は、市場の需給によって変わっていく。

「新米さん、やるのか、やらないのか？」


注文を受けたメリルリンチのブローカーが、チッキーを目がけて走り寄ってきた。

「チッキー、メサの一〇月限の六五ドルのコール・オプションは、今、いくらだ？」

「三ドルと三ドル四分の一で、両方とも五〇枚」と、チッキーが答えた。

私は、このやり取りを聞いても、すぐに理解できなかった。このチッキーが言った意味とは、一〇月限の六五ドルのコール・オプションに三ドルの買値と、同時に、三ドル四分の一の売値が提示され、売り買いどちらとも五〇枚までということである。ここでのオプションは、一口が一〇〇株なので、もし私がチッキーからそのオプションを買ったとしたら、一枚につき三二五ドル払うことになる。このオプションを購入することで、一〇月の第三金曜日までなら、いつでも、メサ石油の株を六五ドルで買う権利が与えられる。今日、ここに来る前から、メサ石油の株が上昇すると考えていた。私の読みが正しければ、コール・オプションは買う価値がある。しかし、問題はそのオプションの売値だ。私が望む買値は、三ドル四分の一ではなかった。私は、三ドルから一〇枚買うつもりでいた。もし三ドルで一〇枚買えたとしたら、合計三〇〇〇ドル払うことになる。また、呪文が聞こえてきた。

「三ドルで一〇枚、買うぞ。三ドルで一〇枚、買うぞ」

「三ドル八分の一で、一〇枚の買いだ」と、メリルリンチのブローカーが叫んだ。

ハットンのブローカーがすかさず、「売った」と叫び声を上げた。ハットンのブローカーが買い注文を通した。彼がその買値を売ってこなくても、チッキーが売りに出たかもしれない。もしくは、他の会員が売りに出たかもしれない。専門用語を一日も早く習得しなくては、立会所の中ではやっていけない。そのため、自分の耳が立会所内の業界用語に一刻も早く慣れることが必要であると思った。

メサ石油の株価が電光掲示板に流れた。その株価がチッキーの頭上を通過した。私はニューヨーク証券取引所で、メサ石油の寄り付きが六二ドル八分の七だったことを確認した。周りの連中を軽く、ひじで押し分けながら、メサ石油のオプションが取引されている場所に近寄った。しかし、他の会員も同じく、良いポジションを確保しようと、ひじ鉄を食らわしてきた。私がやっとの思いで、その群れの中に食い込んで行ったとき、チッキーは、〝ビッグ・ボード〟ことニューヨーク証券取引所で、メサ石油株がどんな動きをしているか、電話でチェックをしていた。その瞬間、彼の上にある電光掲示板にメサ石油の株価が六二ドル八分の五と表示された。値が崩れ始めたのだ。すると途端に、周りが騒がしくなった。

「三ドルで一〇枚、買うんだ」とつぶいた。ついに、その時が来たのだ。軽くせき払いをした。

「チッキー！　三ドルで、一〇月限の六五ドルのコール・オプションを、何枚売るんだ？」

「三〇枚の売りだ！　新米！」とチッキーが答えた瞬間、私の横から誰かが声を上げた。

「三ドルで、二〇枚買い！」

「二〇枚売った！」と、チッキはすかさず叫んだ。

これで、三ドルで二〇枚の取引を成立した。再びチッキーに聞いた。

「新米さん、やるのか、やらないのか？」

「三ドルで、あと何枚売るんだ？」

「三ドルで、もう一〇枚だ！」

「う〜ん……？」と口走った私に向かって、チッキーは怒鳴った。

「はっきりしろ！　新米さんよ！　やるのか、やらないのか、どっちなんだ？」

　チッキーの言う通りだ。ここでの取引は「やるのか、やらないのか？」「イエスか、ノーか？」で決まる。いちいち考えている余裕などない。

　私が一年前に立てた計画の目的は、アメリカ証券取引所の立会会員になることだった。この計画を作り上げるきっかけになったのは、紛れもなく、妻オードリー・ポロコフとの結婚だった。オードリーは、今まで知り合った女性とは全く違っていた。彼女は、私に将来性があることを確信していたようだが、そのことに私自身が気づいていないことも彼女は知っていた。過去、一〇年間、自分の生活に何の目的も持たないで生きてきた私に向かって、彼女は言った。

「もう、あなたは三四歳よ。ずっと、あなたは自分のために仕事をしたいと思っていんじゃないの。計画を立て、それを実行に移すべきよ。あなたには、立派な学歴や経験があるのよ。それは、あなたにとって、一生、失うことのない、貴重な財産なのよ。お金を失っても、あなたは自分自身という一番大事な財産を失うことはないわ。失敗したって、倒産するか、また、証券アナリストに戻るだけのことでしょう？」

　相場は動いていた。騒ぎは収まるどころか、さらにうるさくなってきた。会員たちは叫び合っているうちに、お互いの体をぶつけ合うほどに近づいていた。エサにむらがる動物たちのように。チッキーは、少しも受話器を耳から外さなかった。その電話の向こうには、ニューヨーク証券取引所でメサ石油の株がどんな動きをしているのか、チッキーに伝えているブローカーがいるのだろう。そんな彼の態度を見ていると、オプションの売値を上げるようにも思えた。もしこの予感が正しければ、買いのチャンスを逃がすことになる。

「三ドルで一〇枚の買いだ！」と、私は悲鳴に近い声を張り上げた。

「三ドルで一〇枚売った！」という声が聞こえた。

取引が成立した。胸ポケットから、ペンと取引明細書を取り出した。「黒が買いで、赤が売り。間違わないように」とつぶやいた。取引内容をカードに書いて、すぐに事務員を探した。この事務員の役割は、会員から取引明細書を集め、その取引を処理することである。書き込んだ取引明細書のコピー一枚を自分で保管して、もう一枚は私が清算会社として口座を持っているベアー・スターンズに渡される。清算会社は、取引を証券取引所に登録し、その取引内容を確認する役割を果たしている。また、顧客の収益明細書も作っている。

ペンを取り出して、取引明細書に自分の会員番号、九四五を書いた。これで取引が正式に成立したことになる。これが、私の初めての売買であった。この後、周りの連中から離れて、メサ石油株が上昇するのを見守ることにした。

まだ、午前一〇時三〇分。一時間前に初めて着た青いスモックは汗でびっしょりと濡れていた。

「新米さん、やるのか、やらないのか？」

スモックの脇の下には、汗がシミとなって残るほどだった。体は疲れきり、腰と足に痛みを感じた。皮の靴底が鉛のように重く感じられ、歩くのが辛かった。座って一休みしたかったが、腰を下ろす場所など見当たらなかった。取引所の会員が一度は味わう試練なのだろうか。しかし、立会員たちは軽いゴム底の靴を履いて、取引所内を歩き回っていた。新人の私にはそこまで頭が回らなかったのだ。

メサ石油のオプションは激しく動いていた。メサ石油株のオプション売買を専門に扱っているチッキーは、休む暇もなく、買値と売値を他の会員たちに提示していた。立ち会いを聞くことができても、その内容まで理解することはできなかった。ひたすら、私は電光掲示板に提示されるメサ石油株の価格を眺めていた。

六二ドル八分の三。

メサ石油株の動きは、私の考えとは反対の方向に動いていた。オードリーの言葉が脳裏をよぎった――「失敗したって、倒産するか、また、証券アナリストに戻るだけのことでしょう？」。絶対に、元に戻りたくなかった。この九年間、私は手数料を稼ぐために、来る日も来る日も、町から町へと休む暇なく飛び回っていた。飛行機の中で生活していたようなものだった。推奨銘柄や調査結果をファンド・マネジャーたちに売り込むというよりも、彼らに気に入られようと必死になっていた。これが、私が証券アナリストとして会社のためにやっていたことだ。

証券アナリストは、一般に調査部に属している。主に、担当業界の調査、会社訪問、それにバランスシートの分析などを行っている。分析結果を基に、どの銘柄を顧客に推奨するか決めて、その株を売り込む。そんな仕事に、私は疲れ切っていた。二五歳で会社から接待費の枠を与えられて、好きなだけいろいろなところに飛んでいける。その上、見栄を張って、大学時代のクラスメートたちをおごって歩く。払いは、すべて会社持ち。

しかし、三五歳近くになってくると、こんな生活に耐えられなくなる。昔の友人たちも独自のビジネスに時間を取られ、だんだんと接触もなくなる。しまいには、両親からも不信に思われ始める。高い授業料を長い間払ってきた両親にしてみると、子供にそろそろ面倒をみてもらいたいと思うのが普通だろう。しかし、そんな期待に反して、子供は何もしてくれない。「一体、いつ結婚するんだ？ 蓄えはあるのか？ いつになったら、自立するんだ？」。こんな質問を、親は子供に繰り返し聞かなくてはならない羽目になっていた。

六二ドル四分の一。畜生！

証券アナリストをしていたときも、相場を張っていた。しかし、儲けたためしはなかった。自分には学もあり、経験もあるのに、相場で儲けられないのはなぜだか理解できなかった。私だけでなく、家族のみんなが同じように不思議に思っていた。すべてうまくこなせるのに、なぜか相場では輝かしい成功を収められなかった。シュワルツ家の歴史が、また繰り返されるのだろうか？ 父親のように不平不満を言いながら、残りの人生を送らなければならないのだろうか？ 本当に成功できるのだろうか？

六二ドル八分の一。下げは止まらない。

「新米さん、やるのか、やらないのか？」

私の父は、四人兄弟の長男だった。祖父母は、東ヨーロッパ全域に広がったユダヤ人迫害から逃げるためにアメリカに移住した。一九〇〇年代初めに、祖父はコネチカット州ニューヘブンで洋服の仕立て業に就いた。祖父は一生懸命働いたが、資産を残すことはできなかった。しかし、祖母には商才があったようだ。駄菓子屋を営んで、貯めたおカネを父の教育費につぎ込んだ。祖母は、私の父には学歴を持たせ、何かの専門家にでもなってほしかったようだ。そして、父がシュワルツ家の代表として、アメリカン・ドリームをつかむと信じられていた。

父は全力を尽くしたが、アメリカン・ドリームを実現させることはできなかった。父は、どちらかというと祖父に似ていたのだろう。祖母ローズの期待通りには、物事は進まなかった。父はシラキュース大学に進んだが、一九二九年に卒業したときのアメリカは大不況の真っ只中だった。そのためシュワルツ家の夢は悪夢へと変わってしまった。父は、母と結婚した一九三八年まで仕事を転々としていた。このころは父に限らず、多くのアメリカ人が職を探していた。父は結婚すると同時に、母の父親パピー・スナイダーの下で働くことになった。その後、アメリカが戦争にかかわっても、父は年齢的な問題と二人の子供を養っていたことが理由となり、出兵することはなかった。そんな父がついに、一九五二年、大きな賭けに出た。祖父パピーが隠居生活に入ったと同時に、父はそれまでの仕事を失った。そこで、今まで貯めてきたおカネと借金で、ニューヘブン郊外にあるウエストビルのワイリー街に小さな食料品店を買ったのだ。

当時、私はまだ七歳だったが、それでも父が取った行動が間違いだと分かっていた。その食料品店は、進出してきたばかりの大手スーパー、ファースト・ナショナルの四軒隣に位置していたからだ。そんなところで、大手スーパーと張り合ったところで勝ち目はなかった。父は、こんな現実にも目を向けられなかった。父の考えを理解できた者は誰もいなかった。今でも覚えているが、私は母に、なぜ父の非常識な行動を止めなかったのか聞いたことがある。母の答えは、「お父さんは、とにかく、必死だったのよ。好きにさせてあげるしかなかったのよ。それが、失敗すると分かっていてもね。失敗を恐れずに、挑戦していくことは大切だから」だった。

六一ドル八分の七。

父は大不況という時代の中に生きていた。しかし、私には、そんな言い訳はあるはずもなかった。私は、アムハースト大学を卒業した後、コロンビア大学でMBA（経営学修士）を修得した。それに、海兵隊にも所属していた。私は、ありとあらゆる経験を持っていた。私を理解してくれる、最愛の妻オードリーもかたわらにいる。必要なものはすべて手にしていた。少なくても、私はそう思っていた。しかし、なぜこの場所ではうまくいかないのだろう？　どうして、上がるはずのメサ石油の株が下がっているんだ？　一体、どうなっているんだ？

六一ドル八分の五。くそったれ！　どうなっているんだ！

どうしたらいいんだ？　もう下りるべきか？　それとも、また買い増してみるべきか？　ゾエルナーに電話をかけてみよう。彼が、最初に、このメサ石油のことを私に教えてくれたからだ。

「新米さん、やるのか、やらないのか？」

私は、ボブ・ゾエルナーを師として尊敬していた。地場証券のエドワーズ&ハンリに勤めていたときにゾエルナーに出会った。一九七三年のことで、ちょうどそのころ、商品先物に手を出してひどい目に遭っていた。彼に出会ったときから、彼がすご腕のトレーダーだということは分かっていた。一九七四年にエドワーズ&ハンリ証券の顧客セールス部門で赤字が膨らみ、手のつけようがない状態になっていた。しかし、そんなときにゾエルナーは、ほとんど一人で株を空売りしては多額の利益を会社にもたらしていた。誰にも真似ができないことだった。彼こそが、エドワーズ&ハンリのスター・トレーダーであった。私は取引所のあちらこちらに置かれている電話機に手を伸ばし、外線につないだ。すると、オペレーターがゾエルナーの電話番号を聞いてきた。とっさのことで彼の電話番号を思い出せなかった。確か、二〇一……から始まっていたのだが。ゾエルナーは、ニュージャージー州に住んでいた。再度、彼の電話番号をオペレーターに伝えると、今度は呼び出し音が聞こえてきた。

「ビッキー、ビッキー、ボブはいる？　マーティーだけど、彼に重要な話があるんだ。どう、調子は？　う～ん、まあまあかなぁ。今、立会所から電話しているんだ。新しい経験だよ」

そんなことを話していると、ボブが電話口に出てきた。

「ボブ、どう、調子は？　相場なんだけど、どう思う？　うん、うん、僕もそう思うよ。でも、ちょっと、緊張しているよ。値の動きに勢いが欠けているようだけど。ボブ、僕は、メサ石油のオプションを今日買ったんだ。どう思う？」

ボブの意見は、私を勇気づけるものだった。

「マーティー、俺もメサ石油にはかなり突っ込んでいるよ。ブーン・ピケンズは、必ずリストラを押し進めてくる。市場がメサの価値に、気がついていないだけだ。間違いなくメサは高騰するよ」

私は、もう少しメサ株を買い増すべきかどうか、ボブに相談することにした。

「ボブ、本当に、メサは大丈夫だね？　買い増しをするか、どうするか悩んでいるんだけど。どう思う？」

ボブの回答は、私が予想していた通りだった。

「マーティー、それはいい考えだね」

私の腹は決まった。

「分かったよ。ボブ。ありがとう。また、電話するよ」

私は、師であるゾエルナーと話して、気分が落ち着いた。もう一度、メサ石油のオプションが取引されている連中のところへと急いだ。

六一ドル二分の一。

「チッキー！　チッキー！」

私には彼の名前を叫ぶだけで精一杯だった。

「チッキー、一〇月限の六五ドルのコール・オプションは、今いくら？」

しかし、彼は無愛想に答えた。

「新顔のお前には、二ドル二分の一で買い、二ドル八分の五で売りだ。どうする？」

彼の提示価格に割って入ってみた。

「チッキー、二ドル一六分の九で二〇枚の買いだ！」

私は、二ドル一六分の九で一〇月限の六五ドルのコール・オプションを二〇枚買うと叫んだのだ。メサ石油の株式オプションは、一口一〇〇株だった。つまり、コール・オプションを二ドル一六分の九で一枚買うということは、二五六・二五ドルのプレミアムを支払うことになる。このオプションを二〇枚買えば、合計五一二五ドルが必要になる。

次の瞬間、

「二ドル一六分の九で二〇枚売った！」という声が聞こえた。

アメリカ証券取引所では、オプション価格が三ドルを下回ると、自動的に一六分の一刻みで取引される仕組みになっていた。なぜか、この一六分の一刻みの受けは良くなかった。オプションは八分の一刻みで取引されているのが普通だからだろうか。

六一ドル四分の一。

畜生！　もう、見ていられない。この時点で、買い増し分の二〇枚と最初に買った一〇枚を合わせて、三〇枚の買い持ちとなっていた。コール・オプションの値は崩れる一方だった。立会所から、とにかく一刻も早く飛び出したかった。この場にいる理由がなくなっていた。もうこれ以

「新米さん、やるのか、やらないのか？」

上買えない。すぐに稼げると思っていたのに、こんなに難しいとは夢にも思わなかった。油田を掘り当てたときのように、メサ石油の株も吹き上がると思っていたのだ。この勝負に勝って、次の取引で大きく当てるはずだったのに。相場の流れが逆向きでは損をしてしまう。これでは、収入が途絶えてしまう。頭の中で、どうやってこれから生活していくか考え始めていた。このままでは、まずい。この場から出なくては。

重い足を引きずりながら階段を上がった。取引所のドアを押し開けて外に出たとき、まだ青いスモックを着ていた。日差しがまぶしかった。道を渡って、トリニティー教会の墓地の中に、何気なく入った。そこにあったベンチに座った。八月の大変暑い日だった。辺りを見渡すと、そこには酔払いやホームレスが誰に邪魔されることなくうろついていた。ここは、負け犬のたまり場だ。

そのとき、私はアレキサンダー・ハミルトンの墓の前に座っていることに気がついた。その墓石には、「一八〇四年七月一二日死去　享年四七歳」と書かれてあった。このとき、私はまだ三四歳だった。

ニュージャージー州ウィーホーケンで、ハミルトンはアロン・バーに撃ち殺された。ハミルトンは、ニューヨーク州知事の地位にあったバーが汚職事件にかかわっていると痛烈に批判した。これに激怒したバーはハミルトンを殺害した。ハミルトンは、アメリカ初代財務長官である。しかし、彼は借金などの個人的な問題を抱え、これが発覚して一七九五年に財務長官を解任させられた。大学時代に受けたアメリカ史の授業でこの事件が出ていたので覚えていた。学生のときは、なぜこれだけ賢い人物が殺されるのか不思議に思ったが、その理由が今になって分かってきた。

重い腰を上げ、ズボンとスモックについたホコリを軽く叩き落して、取引所へ歩き始めた。

六〇ドル八分の五。

気分は冴えなかったが、それでも、チッキーたちのところに足を運んだ。

「チッキー、メサ一〇月限の六五ドルのコールは、いくら?」

彼はニヤニヤしながらこちらに振り向いた。

「新顔！　二ドル四分の一の買い、二ドル八分の三の売りだ。どうする?」

メサ石油の株は下落していた。そのコール・オプションも同じく値を完全に崩していたのだ。すでに三ドルで一〇枚、それに二ドル一六分の九で二〇枚、合計三〇枚の買い持ちにしている私にとって最悪の事態だった。プレミアムに八一二五ドルも払ったのに、今、このコール・オプションを二ドル四分の一で売ったとしたら、一三七五ドルの損が出る。たった数時間で、これだけの含み損を抱えてしまった。私は次の手を考えることができなくなっていた。この場から逃げ出したかった。

八月一四日火曜日。

メサ石油の株価が気になるが、一晩たって、多少、気分が落ち着いた。昨夜、オードリーと話

「新米さん、やるのか、やらないのか?」

して気が紛れたのだろう。彼女から、自分の計画を信じて、もう少し我慢してみるべきだと言われた。妻は私を信じていると言っていた。取引所から戻って、チャートやいろいろな指数をチェックした結果は、やはりメサ石油の株を買い持ちするのが正しいと判断できた。ゾエルナーの言う通り、誰もメサ石油の価値に気がついていないと思った。

昨日と同じく、今日も天気が良い。アメリカ証券取引所にたどり着いて、「会員専用」と書かれてあるドアを開けて中に入った。今日は、警備員は私の名前を呼んで、挨拶をしてくれた。受付のジョーイから立会会員のバッジを胸のところにつけた青いスモックを受け取った。今日は、ちゃんとゴム底の靴に履き替えた。取引開始前にベアー・スターンズ証券会社から昨日の取引と収益明細書をもらって、書かれてあることに間違いがないか調べた。ラウンジに行って、レモン・ティーを一杯飲んで、立会所に下りて行った。ノドに良いと思ってレモンを入れてみた。靴の履き心地は悪くなかった。やはり、ゴム底の靴が立会会員には合っている。電光掲示板に流れているニュースを読み終え、取引開始を知らせるベルの音を待った。メサ石油の株は、六〇ドル二分の一で寄り付いた。「焦るな！」と自分に言い聞かせた。「大丈夫だ。ここが底だ！」と心の中で叫んだ。

挨拶代わりに、友人のヘイズ・ノエルに手を振った。ヘイズは、ナッシュビル出身の南部なりのある男だ。長身でブロンドのこの男には、ユーモアのセンスもあった。ヘイズはテネシー州のスワニーという町にある南部の大学の出身だった。すべてが「南部」で固められている男だっ

「新米さん、やるのか、やらないのか？」

た。一九七〇年から、このアメリカ証券取引所で立会会員をしているヘイズから、私はこの取引所の仕組みを教えてもらった。

今日は、ベテランのジェリー・モルドーンに会釈をした。彼は一九七三年と七四年の二年間、取引所の表で野菜や果物を売って生活費を稼いでいた。そのころはまだ相場に動きがなく、暇を見つけては、外に走っていって店を開いて商売をしていたとか。ジェリーの左横には、テキサコ石油のオプションを専門に取引をしていたドニー・ジーが立っていた。彼らのすぐ側には、エディー・スターンと細身でホイペット犬に似たアレン・アプルバームの姿があった。彼ら二人はこの取引所の中のベストドレッサーである。アレンは、のりの利いたシャツをいつも着ていた。エディーの父親はニューヨーク証券取引所の会員だと聞いたことがある。エディーは、青いスモックを着ているよりスーツ姿でいる方が多かった。身なりを整えている立会会員は、この二人ぐらいだった。

六〇ドル八分の三。

「チッキー！　チッキー！　一〇月限の六五ドルのコール・オプションは、いくら？」

「新顔！　まだ、ここにいるのか？」

「まだ生きているよ。今、いくらだ？」

「二ドル八分の一で買い、二ドル四分の一で売りだ。どうする？」

「枚数は？」

「両サイド、五〇枚ずつだ」

チッキーの言っていることは、二ドル八分の一でこのオプションを五〇枚買い、二ドル四分の一で五〇枚売る、ということである。昨日よりコール・オプションの値が下がっている。どうしたらよいのだろう？　売って、損切るか？　それとも、もう一度、買い増してみるか？　どうしてよいものか分からない。私は、ゾエルナーにまた電話することにした。

「ボブ！　ボブ！　メサ石油の株だけど、どう思う？　一七五〇ドルの含み損を抱えて死にそうなんだよ、ボブ！　メサ石油は、本当に上がる？」

「マーティー、落ち着いて俺の話を聞け！　俺は、これまでに何度も勝ちトレードと負けトレードを経験してきた。この経験と俺の調査では、このメサ石油株は、間違いなく、上がる。この株を買う価値は十分ある。もう少しの辛抱だ。必ず、吹き上げるよ」

「分かったよ。ボブ！　ありがとう」

電話を切った後、すぐさま、チッキーのところへ早足で戻った。

「チッキー！　一〇月限の六五ドルのコール・オプションは？」

「さっきと同じだ。二ドル八分の一で買い、二ドル四分の一で売りだ。両サイド、五〇枚ずつだ。どうする？」

「二ドル一六分の三で二〇枚の買いだ！　チッキー？」

「売った！」

「新米さん、やるのか、やらないのか？」

私は、また新たに二〇枚を二ドル一六分の三で買い増しした。これで、さらに四三七五ドルのプレミアムを払うことになってしまった。合計五〇枚の買い持ちだ。

その夜、家に帰っても、一睡もできなかった。ずっと、買い持ち五〇枚のコール・オプションがどうなるのか考えていた。答えは分かっていた。誰も、相場がどう動くか分からない。しかし、私は答えを探していた。この日、メサ石油は六〇ドルで引けた。コール・オプションが二ドルを切る可能性も出てきた。「死にそこないの息の根を止めろ！」というフレーズが頭の中をよぎった。一体いつになったら、株は下げ止まるのだろうか？　この勝負で、すべてをなくしてしまうのだろうか？

この一年間、自分のオフィスに閉じこもり、とにかく毎日、デイ・トレードに熱中していた。このころはE・F・ハットンに籍を置いていたが、仕事よりも立会会員になるための支度金作りに追われていた。投資資金を作り上げるのが目的で始めた短期売買だったが、もっと重要なことは、これから自分が相場で食べていけるのかどうか確めるため、相場に没頭する毎日だった。証券アナリストは、仮定やつもり売買の結果から、よく動いている銘柄を投資家に推奨するだけで食っていけるが、これは、相場で儲けることとは違う。彼らには一切、損が降りかかってこない。何事もやってみるまで答えは出ないものである。祖母ローズが駄菓子屋を切り盛りして家族を支えていたように、自分が相場で生計を立てられるのか、自分を試してみていた。金融雑誌や情報を片っ端から読みあさり、時間を見つけてはヘイズ・ノエルに頼んで立会所を案内してもらっていた。立会会員になる前に、妻の両親であるマックとサリー・ポロコフから五万ドルを借りた。準備は万全だった。

その夜中、目がさめた。自分の机に戻り、自分の行動計画表にもう一度、目を通してみた。何が悪かったのか？　その理由を見つけたかったのだ。立会会員になる目標を立てたのは、もう一年半も前のことだ。立会会員として成功するために、いろいろなルールを作った。実際には、もうすでにそのルールを二度も破ってしまった。まず、最初のルールは、

「自分の損失許容限度額を超えるような張り方をしない」である。

一銘柄に、運用資金の半分以上を投じてしまった。しかし、これは仕方がない。今の運用資金からみて、せいぜい二銘柄を追うのが限界である。それに自分の分析調査結果から、メサ石油に賭けるのは正解のはずだ。次のルールは、

「毎日、利を積み上げていく」である。

メサ石油に手を出してから、もう二日間、含み損を抱えている。これも仕方がないところだろう。問題は、「死にそこないの息の根を止めろ！」というフレーズが、耳から離れないことだった。いつ引き金を引けばよいのだろうか？　自分が判断ミスをしたことに、いつ気がつくのだろうか？　自分の師であるゾエルナーでさえ、損はする。儲けている連中の多くはいろいろな銘柄に手を出して、リスクを分散している。しかし、私には分散するだけの投資資金がない。メサ石油の株に賭けることは間違いではないはずだ。いろいろと考えているうちに、夜が明けた。最終

「新米さん、やるのか、やらないのか？」

決断を下したのは、部屋の中に朝日が差し込んできたころだった。もしメサ石油の株が今日も安く寄り付いたら損切りをする、ことに決めた。

八月一五日水曜日。

一日の始まりが八六番と書かれたトリニティー・プレイスに訪れた。「会員専用」入り口から立会所に入り、そこで、青いスモックを受け取る。ゴム底の靴に履き替えた後、ラウンジでレモン・ティーを飲みながら、昨日の取引明細書と収益表に目をやる。ベアー・スターンズ社から渡された収益表には、二三〇〇ドルの含み損があると書かれていた。立会所に下りて、電光掲示板に流れているニュースを読んでいると、開始のベルが鳴った。

電光掲示板にメサ石油株の寄り付きは、六〇ドル四分の三と表示された。「よし！」と自分に言い聞かせて、チッキー・メシーリのところへと駆け寄った。彼の周りでは、立会会員たちがメサ石油のオプションがどうなっているか確めようと、声を上げていた。

六一ドル。

だんだんと会員たちが寄ってきてオプションの値をチェックしようと、さらに大きな声を上げ始めた。

「一体、いくらだ？」

「売りは、いくらだ？」

六一ドル二分の一。

ゾエルナー師匠の言う通りだ。やはり、師匠は鋭い。

「枚数は?」

「玉数は?」

「買い玉は?　一体、いくらの買いだ?」

「売り玉は?」

「注文は何枚だ?」

場に活気があるせいか、昼食のことなど忘れていた。こんな喜びを今まで味わったことはなかった。

「三ドル四分の一で五〇枚の売りだ」

「その売り、もらった!」

「三ドル四分の一で、もう五〇枚の買いだ」

「売った!」

立会会員たちの叫び声が、飛び交っていた。

メサ石油の株は、息を吹き返していた。六三ドル八分の三まで上がってきた。同時に、コール・オプションも上昇した。一〇月限の六五ドルのコール・オプションは、その値を四ドル近くまで上げていた。

「新米さん、やるのか、やらないのか？」


「三ドル八分の五の買い、三ドル八分の七の売りだ」

「三ドル八分の七で買った！」

「三ドル八分の七の買い、四ドルの売りだ！」

場の騒ぎは最高潮に達していた。

「四ドルで一〇〇枚の売りだ！」

「四ドルで二〇〇枚の買いだ！」

オプションは異常な上げを見せていた。今ではメサ石油にみんなが注目していた。暴動とも思える光景に、私は多少の戸惑いを感じながらも、自分の買い持ちをいつ手放すべきか考えていた。それだけではなかった。あまりのうれしさに、自分のポジションの平均値が一体いくらか忘れるところだった。三ドルで一〇枚、二ドル一六分の九で二〇枚、それに二ドル一六分の三で二〇枚の合計五〇枚だ。平均値は二ドル二分の一である。また、自分の中で不安と迷いがわき上がってきた。もっと買うべきなのだろうか？　ゾエルナー師匠に電話してみようか？　それとも、利食いか？　考えるのはヤメだ！　レジの音を聞く時が来たのだ。

私は周りの連中を強引にかき分けながら前に進んだ。

「チッキー！　チッキー！　今、いくらだ？」

「一〇月限の六五ドルのコールは、四ドル八分の一と四ドル四分の一で、両サイド一〇枚」

興奮のためかチッキーの唾が、私のスモックにかかった。私は軽く咳払いをして、チッキーに注文を通そうとした瞬間、太くてずんぐりとした腕が私の背後から伸びてきた。

「売った！　四ドル八分の一で一〇枚売った！」

デブのマイクが先に注文を通してしまった。安いバーボンに似たマイクの口臭が鼻についた。

畜生！　チッキーが私に出してくれた買値なのに。

「チッキー！　今、いくら？」

彼は電話でメサ石油の動きをニューヨーク証券取引所の立会員に確かめていた。

「四ドルと四ドル四分の一で両サイド二〇枚だ！　新米さんよ」

「売った！　四ドルで二〇枚」

メサ石油の株は六四ドル八分の一に上がっていた。

誰かが私の後ろで両手を上げげて、叫んだ。

「四ドル四分の一で三〇枚の買いだ！」。どうやら、メリルリンチのブローカーのようだ。

私は振り向きざまに、このブローカーの顔をめがけて、目いっぱい、叫んだ。

「売った！」

彼の顔には、私の唾がかかってしまった。

取引は完了した。私は、買い持ちの五〇枚をすべて売りさばいた。興奮のあまり、額から汗が流れ落ちてきていた。周りの連中を押しのけながら群集の外に出ていった。そこには、立会所の事務員が私の取引明細書を受け取ろうと待っていた。胸ポケットからペンを取り出して、会員登録番号九四五と書いて、そのメモを彼に渡した。

儲けを計算する時が来た。四ドルで二〇枚売ったので八〇〇〇ドル。それと、四ドル四分の一で三〇枚売った分は一万二七五〇ドル。合計二万七五〇ドル。コストは、三ドルの買いが三〇〇ドル、二ドル一六分の九での買いが五一二五ドル、それと二ドルの買い分が四三七五ドルで、合計一万二五〇〇ドル。利益は、八二五〇ドルだ。八千ドル強の儲けでも、このときは、一〇〇万ドル儲けた気分だった。まさに、アメリカン・ドリームを手にした思いだった。もう証券アナリストの仕事に戻ることもない。客に媚びを売る必要もない、全く自由の世界を手にしたのだ。アレキサンダー・ハミルトンのようにはならない。負け犬の連中と一緒に公園でたむろすることもない。それに、父のように大不況に押しつぶされることもない自由を手に入れたのだ。私は、このとき勝者であることを確信した。

今度は、デジタル・エクイップメント社のオプションを取引しているところへと、足を運んだ。そこには、心身ともにタフなフラニー・サンタンジェロがいた。朝鮮戦争経験者のフラニーはチッキーとは、全く違ったタイプだった。立会所の隅でキャメルを吸っていたフラニーの印象は、とにかくイカツイ野郎だった。

「ルーキーさんよ！　何がしたい？」

「フラニー、ここでデジタルにちょっと手を出したい。一〇月限の八五ドルのコールは今、いくら？」

「新米さん、やるのか、やらないのか？」

「一ドル八分の五と一ドル四分の三で両サイド一〇枚だぜ。ルーキーさんよ」

「フラニー、一ドル一六分の一一で一〇枚の買いだ」

「ルーキーさんよ、ふざけるんじゃないぜ！　そんなやり方は、ここじゃ、通用しないんだ。さっさと、出て行け！」

この野郎！　なめていやがる。売値と買値が開きすぎだ。一六分の一の違いは、一枚（一〇〇株）で、六ドル二五セントも違ってくる。

「フラニー、分かったよ。一ドル四分の三で一〇枚買うよ」

偉そうにしているが、それも今回限りだと、私は自分に言い聞かせた。一〇枚買ったので、フラニーに六二・二五ドルもごまかされたことになる。フラニーの態度がどうであれ、私はこの相場で食っていく。本当にタフなのは誰なのか、ヤツにいつか思い知らせてやる。

マッシュポテト

「本当に新しくて、最高さ！　ベイビー、それに、簡単！　オー、マッシュポテト、マッシュポテト、イェー、イェー………」

取引終了間際の午後三時五九分。ヘイズ・ノエルと私はアメリカ証券取引所の立会所で一九六二年のディーディー・シャープのヒット曲を歌いながらツイストを踊っていた。床、一面に取引明細書のメモや紙くずが落ちていた。その上を、ゴム底の靴で滑り回り、子供のように大騒ぎをしていた。立会所の床は、滑りやすくなっていた。大引け一分前にして、この日は、一万ドルの含み益を出していた。ほんの二カ月足らずで、立会所のトレーダーとして稼ぎを上げている自分に酔っていた。しかし、このとき、本当は含み益を確定させておくべきだったことに気がついていなかった。

「新米さん、やるのか、やらないのか？」

翌日、相場は一転して、下げて始まった。昨日、騒いでいるだけで自分のポジションを考えていなかったことを反省したが、すでに遅かった。含み益の一万ドルは、一瞬にしてパーになってしまった。このことがきっかけになって、今では、利益を確定させるまでは静かにしている。レジの「チン」という音を聞くまでは、とにかく、我慢だ。利が乗ってきて、気分がよくなり、踊り出したくなったら、それはゴールを見失ってきている証拠だ。トラブルに巻き込まれる前兆と思うべきだろう。

それに、自分が他人より優れている思っても、実際は、そんなことはない。特に、相場の世界では。

成功への第一歩は「プランを立てること」

「オードリー！　また、出口を見逃したの？　ルート西八四を、まだ、走っているじゃないか。このままじゃ、ニューバーグに行ってしまうよ。地図も読めなかったの？」

「バジー！　文句を言うのは止めてよ！　バジー！　あなたが、速く走りすぎるのよ」

「オードリー、何、言ってんだよ。たった一つのこともできないのかい？　どうして、ルート六八四を見逃すかなぁ？　ニューヨークへのメインの道路だよ」

「バジー！　速すぎて道路標識が読み取れないわ。大体、ルート六八四に乗るなんて知らなかったわ」

「オードリー！　前もって、計画を立てることを忘れたのかい？　車に乗り込む前に、地図でどの道を行くのか確認するんだよ」

「そんなに言うんだったら、自分で計画を立てなさいよ！」

私は、オードリーが投げつけた地図を、とっさにかわした。レンタルしたクライスラーの「コルドバ」に乗って、友人宅から帰る途中での出来事だった。どうも、私はイライラしたり、ストレスがたまると、海兵隊に属していたときのことを思い出して、オードリーに模範軍人の妻のように振る舞ってくれるように期待してしまう。もちろん、悪いのは、この私である。一九七八年のものすごい暑い七月で、四〇度近くまで気温は上がっていた。そんな中、出口を間違えて、ハドソン川から北に五〇マイル離れたちんけな町、ニューバーグに向かって高速を走っていた。

私と妻は、その日の日曜日の午後、バルテリ夫妻の新居を訪れて、リッチとスーザンと共に四人で過ごした。彼らとの出会いは、サウスフォークにあるウエストハンプトン・ビーチでサマーハウスをグループで借りていたときで、そのグループのメンバーだったのである。彼らは前年の冬に結婚して、コネチカット州ダンバーリーに素晴らしい四つの寝室がある家を購入していた。彼らは、その新居を私たちに見せびらかしたかったのか、招待してくれた。彼らの新居を見た瞬間、私の心には嫉妬心がわき上がってきた。もちろん、彼らの家は素晴らしかったが、彼ら以上に収入のある私たちがいまだに、アパートを借りるのが精一杯だったからだ。

スーザンはコンピューター関係のアルバイトをしていて、リッチはユニオン・カーバイド社のバッテリー部門で営業をしていた。そんな彼らが、必死で頭金を貯め、住宅ローンを組んで買った新居は瞬く間に、その価値を上げていった。それに、借り入れをしていたので、いろいろな税金が免除されていた。当時、オードリーは、アメリカ・ペーパー協会のリサイクル部門でマネジャー職に就いていた。私は、E・F・ハットン証券で証券アナリストの職にあった。二人の年収は一〇万ドルを超えていたのに、家を買えないでいた。毎月のアパート代を払うだけで、税金面では何も得することはなかった。それに、私たちは完全に不動産ブームに乗り遅れていた。しかし、リッチとスーザンは、どうしてこんなに素晴らしい家を手に入れたのだろう。

私は、躊躇することなくスーザンとリッチに、その疑問を投げかけてみた。

「どうすれば、こんなに美しい家を手に入れることができるの?」

私たち四人は、二階でアイスティーを片手に話をしていたが、とにかく暑い日だった。窓は開けてあっても、全く風が入ってこなかった。私は汗だくになっていた。どうもスーザンとリッチの成功の秘訣は、エアコンを使わないことにあったようだった。そこまで徹底した節約が、彼らのシークレットなのだろうか。

「バジー、プランよ。プランを立てて、それを、実行するの」と、スーザンは言った。

「プランって? 朝起きて、会社に行くだろ。そして、家に帰ってきてから、疲れていなければ、家内と……。これが、僕のプランだけど」

「バジー! それはプランではないわ。スーザン、詳しく教えて」

そのプランがどのようなものなのか、リッチとスーザンは説明してくれた。私とオードリーは、ただその話にうなずくだけだった。聞けば聞くほど、計画を立てることが重要に思えてきた。そんな話を聞いているうちに、頭の中で自分なりのプランが浮かび上がってきていた。考えてみると、私は自分の学歴と経験を有効に使っていない。何か成し遂げたという業績は、何もなかった。彼らの言う通りだ。目標を明確に持ち、それを達成させる計画とそれに費やす時間が分かっていれば、何も迷うことなく、そのプランを実行できる。少なくても、何をするべきか理解できるはずだ。しかし、問題は、プランを立てるのが嫌いな私自身に問題があった。計画実行という言葉を聞くだけで、腹痛を覚えるほど、何かに縛られるのが好きではなかった。

目標は公約であり、公約は義務になる。義務とは、住宅ローンに、そして自動車ローン、車の保険に、生命保険。健康保険に住宅保険と、支払いがどんどん増えていくだけだ。暑がりな私は、人一倍、エアコンを使うので、電気代もバカにはならないだろうと考えると、計画を立てる段階でくじけるのは明らかだ。私は、父がいつも支払いに追われていて、おカネのことばかり心配している姿を小さいときから見ていたので、自分が父の二の舞いになるのが怖かった。家庭の犠牲になるだけで終わる人生を歩みたくない。父のようには、なりたくない。プランの重要性に気づいたものの、心には何か不安が残った。それにしても、バルテリ家の節約ぶりにはもう我慢ができなかった。私は、袖で額の汗を拭い始めていた。

自由。この一言が、私にとってすべてだ。しかし、その日を境に本当の自由を考えるようになった。気ままに生きることが自由とは限らない。一体、今まで何をやっていたのだろう？　私は、三三歳で証券アナリストの職に就いているだけで、別にこれといって、何者でもない。今週は、テキサスの機関投資家に自分の推奨する銘柄の説明をして帰ってきたところだ。しかし、こんな出張にも疲れ切っていた。ヒューストンで顧客と朝食を取りながらミーティングをし、次の営業先に直行し、その日は四件も回った。それから、サンアントニオ行きの飛行機に乗り込み、到着後、すぐに次のお客と夕食。そこから、ダラスのホテルにたどり着いたら、すでに夜中の一時。ダラスまでの道のりは厳しかった。すごい雷と豪雨の中を車で飛ばしても、知らない道を走っているので、予想以上に時間がかかった。十分な睡眠を取ることもできずに、次の朝からまた同じようなスケジュールをこなす羽目になった。こんな出張にコリゴリしていた私を、どうにか玄関まで引きずっていってくれたのは、オードリーだった。バルテリ家を後にして、帰宅途中、スーザンとリッチの言っていた「プラン」を、私なりに考えてみた。確かに、彼らは正しい。私に必要だったのは、自分が成功するためのプランだったのだ。

オードリーが二五セント硬貨を二枚取り出して、「これ、高速料金よ」と手渡してくれた。ハドソン川を渡ってニューバーグに向かうフィッシュキル高速料金所に差しかかった。舗装された道は、暑い太陽の光を浴びてキラキラと輝いていた。エアコンの風を体に浴びても、汗は止まらなかった。目の前では、大型トラックがのろのろと走っていた。少し進むたびに、黒鉛が私たちの車を覆った。そして、後ろの自動車はうるさくクラクションを鳴らしている。一体、ここで私は何をやっているのだろう。ニューバーグなんて最初から行きたくなかったんだ。道を間違えているんだ。帰り道だけではない。自分の人生も。方向転換をしなくては。

「オードリー！　しっかりつかまっていろよ」

私はハンドルを左に思いっきり切り、東に向かう車線へ乗り換えた。レンタカーのタイヤからは煙が上がり、周囲からはクラクション音が私たちを目がけて鳴り響いた。もちろん、罵声も飛んできた。オードリーは顔面を硬直させ、悲鳴に近い声を上げていた。妻の目には涙さえ浮かんでいた。しかし、一向に周囲の目など気にならなかった。なぜなら、自分が進むべき道に向かって動き出したことを確信したからであった。

帰宅して、すぐに、紙とペンをキッチン・テーブルに持ってきて、オードリーに向かって話しかけた。私を信頼している妻だけが、私に助けと愛情を与えてくれるからだ。

「オードリー、座ってくれよ。僕が自分の人生を悔いなく生きるための目標を一緒に考えてくれよ？」

妻と知り合う前は、どんな女性ともうまくいかなかった。何が悪いのか、その理由は分からなかったが、どの女性と付き合っても長続きはしなかった。女性心理なんて、到底、理解できないと思い、一九七六年には独身主義を貫こうと思い始めていた。そんな時だった、妻と出会ったのは。オードリーは美しいだけでなく、しっかりとした考えを持った女性だった。それに、彼女は自信に満ちていた。出会った当初から、オードリーは私のことを気に入ってくれた。彼女は私を、彼女が今まで出会った中で一番賢い男だとも言ってくれた。言うだけじゃなく、本当に、彼女はそう信じていた。オードリー・ポロコフが、私の人生を変えたのだ。

翌年の夏、オードリーは結婚について話し出した。しかし、私は、自由を失うことに恐怖心を持っていた。それに加えて、相場に手を出しては、損ばかりしていた。そんなことが重なって、私は何かに責任を持つことを避けていたのかもしれない。相場の損は、どうにか次の年に五〇〇〇ドルのプラスにできたが、結婚に踏み切る気にはどうしてもなれなかった。

一九七七年八月には、話は婚約指輪の購入へと進んだ。同時期に、私は結腸に激しい痛みを感じる日が続いていた。九月に入って、オードリーは結婚の日取りを決めようとまで言い出した。そのころは腸の痛みから、食べ物といえば離乳食を取るのが精いっぱいだった。一〇月になって、オードリーはついに、最終手段に出た。

「バジー、来年の三月にアパートの契約が切れるの。私と一緒になるのか、それまでに決めてよ」

オードリーは、シラキュースでバーを経営している甥のジャレッドのところに遊びに行く用意をしていた。そこには、彼女の家族や親戚が集まるに違いなかった。もちろん、オードリーから婚約の話を耳にしているだろう。そこで、もし彼女が婚約指輪をして現れなかったら、私の立場は丸つぶれになる。それどころか、彼女とは一緒にシラキュースには行けなくなる。そんなことを考えながら、結腸の検査を受けに病院に行った。

直腸専門医であるレイモンド・ホックマン医師にS字結腸スコープを使って、痛みの原因を調べてもらう予約を入れていた。検査が始まると、ホックマン医師は大腸内をモニターに映し出して診察していたが、その様子が私にも見えるようにモニターを診察台の方に向けてくれた。

「これだよ、痛みの原因は」と、ペンでモニターを軽く叩きながら、そのコブを私に見せてくれた。

「これによって管が圧縮されて、管の大きさが五セント硬貨並みに小さくなっている。このコブを取り除くしかないですね」

私は、パッーと突然起き上がって、ズボンをはいて、ホックマン医師に電話を貸してくれるよう頼んだ。このとき、やっと決心がついた。利が乗っているポジションをブローカーに言って手仕舞ってもらうために、電話をかけた。持ち越していたシンテックス社の一月限の七八ドルのコールを売って、利を確定させた。私のブローカーは興奮しながら、五〇〇〇ドルの利が乗っていたポジションは、急騰して一万五〇〇〇ドルまで利を伸ばしていると教えてくれた。それを聞くなり、私は、ただ一言、「売れ！」と受話器に向かって叫んだ。レジの「チン」という音を聞く時が来たのだ。それだけじゃない。腸のコブを切り落として、オードリーに婚約指輪を買う。私の人生で、第二のステップを踏む時が来たと確信した。三月には、オードリー・ポロコフの名は、オードリー・シュワルツに改められた。そして、それから四カ月後、今度はどのようにしたら成功をつかめるか、オードリーは私にその方法を教えようとしていた。

「バジー。あなたは、もう三三歳になったわ。そろそろ、自分の好きな道に進む時期よ。あなたには、立派な学歴や経験があるのよ。それは、あなたにとって、一生、失うことのない貴重な財産なのよ。お金を失っても、あなたは、自分自身という一番大事な財産を失うことはないの。失敗したって、倒産するか、また証券アナリストに戻るだけのことでしょう？　あなたの第一目標は、トレーダーになること。さあ、この紙に、その目標を書いて」

オードリーの言っていることは事実だ。そう納得した私は、ペンを握った。トレーダーになりたいと、ずっと思っていた。トレーダーが、自分には合っている。いや、この仕事以外に自分を賭けることができるものはない。私は、昔から数字に強かった。それに、賭け事も好きだった。それより何より、相場が大好きだった。

「**トレーダーになる**」と、太く大きく、この目標を紙に書いたときは、一種の快感を覚えた。

「目標は決まったけど、じゃあ、どうやって、達成させるかだなぁ？」

「バジー。プランを立てるのよ。スーザンとリッチが言っていたプランよ。覚えている？」

頭の中を整理してから、言った。

「まず、最初に、自分に合った売買法を身につけることかなぁ」

「紙に書いて」と、オードリーはすかさず言った。

「**トレーダーになる**」と書いた下に、「**一　自分に合った売買法を身につけること**」と加えた。

「そう、いいわ。じゃ、どうやって、それを身につけるの？」

「そうだなぁ。『バロンズ』誌は、どこに置いた？　チェックしてみたい記事があるんだ」

この後、私たちは成功を勝ち取るプラン作りについて数時間も話し合った。雑誌からいろいろな情報提供会社のトライアル広告を切り取り、それとチャートやデータを販売している会社の宣伝もくまなく調べた。それと、独立して自己口座を持って相場を張って生活をするのに必要な準備資金はいくらになるか計算してみた。私の結論は、少なくとも一〇万ドルは必要だと出た。

「二　初期投資資金、一〇万ドルを作る」と、書き加えた。

「バジー。一〇万ドル作るのに、どれぐらいの期間が必要なの？　プランには、ちゃんと目標を達成させるまでかかる時間も書かなくては、ダメよ」という妻の質問に、私はあっさりとこう答えた。

「一年」

「バジー！　どうやって一年で一〇万ドル作るの？　これまで九年間も相場に手を出してきて、そんな儲けを出したことがないのに。もっと、現実的になってプランを作らないと、意味がないわ」と、オードリーは驚いたように言った。

しかし、妻に何と言われようと、私の腹は決まっていた。

「オードリー！　今まで知り合った中で、僕が一番賢いと言ったのは、君だよ。トレーダーになる以上、相場で稼ぐことができるのを、実際に証明するんだ。長期投資でも、おカネを借りてスタートするのでなく、ましてや市場のレポートなど書いてもらうおカネに頼るんじゃない」と、答えた後に、私は**一年以内**という期間を付け加えた。

私たちの話し合いは、まだまだ続いた。私には、相場で儲けを上げていて、師になってくれるトレーダーの存在が必要だと思った。トップトレーダーたちには、彼らが成功を収めるまで、正しい道に導いてくる先輩や師などが必ず周りにはいる。マイケル・マーカスにはエド・スィコータが、ポール・チューダー・ジョーンズにはエリ・チュリスがついていた。ゾエルナーだ！　ゾエルナー氏からいろいろ吸収しよう。彼以外に、考えられない。ゾエルナーほど、一つ一つの値動きを読み取れるトレーダーは、他にいない。

「三　ゾエルナー師から相場を学ぶ」

相場を張るには、どこか取引所の会員になることがよいと思った。その大きな理由は、会員になれば、コストを抑えられるからだ。ブローカーに払う手数料がかからない。それに何といっても、会員には会員用に計算される証拠金で売買に参加できる。通常、ブローカーを通して取引をしている一般投資家には、会員より割高な証拠金が課せられている。そのため、投資資金も多く必要になる。仮に、一口一〇〇株の株式オプションを三ドルで購入した場合、一般投資家は三〇〇ドルのプレミアムを現金で払わなければならないが、会員はその半分の一五〇ドルで済む。つまり、二倍のレバレッジをかけられる。儲けも損も二倍の速さでできてしまう。もちろん、取引所は、各会員がこの速さに耐えられないことも想定して、健康保険だけはたっぷりとかけてあったろう。レバレッジが利く分、会員たちの健康状態にもかなり激しい浮き沈みがあるからだ。

「四　取引所の会員権を購入する」

さすがに、疲れが出てきたので、あくびをしながらこの四番目の実行項目を書いた。

「オードリー。明日は仕事があるから、もう寝ようか？」

「バジー。一〇万ドルの儲けを貯めるにしても、今の仕事は続けるの？　私の給料だけでは、二人分は、賄えないわ」

「オードリー。大丈夫だよ。この八年半、ずっと黙ってやってきたんだから。もちろん、うちの会社も業界も、自己売買には許可を出すとは思わない。でも、みんなが一週間かかる仕事を、僕は一日でできる。それに、有給休暇も取るよ」

「内緒にするから、プランにそのことも書いて」と、オードリーに言われて、最後の項目を書き終えてペンを置いた。

「**五　有給休暇を取る**」

「これで、僕のプランは完成したね」

次の日から、早速、私は行動を開始した。かかってくる電話は、すべてメッセージだけを取って、オフィスには回さないように伝えた。最も重要な自分に合った売買法を探す作業から始めた。この売買法が完成しない限り、目標を達成することは不可能だ。振り返ってみると、今までずっとファンダメンタルズな部分に重点を置いて相場を見てきたが、結果は思わしくなかった。インフレ率、金利水準、成長率、ＰＥＲ（株価収益率）、イールド、収益率、それに政府の政策などを分析してきたが、どうも実践には役に立っていないようだ。トレーダーとして相場を見ると、

成功への第一歩は「プランを立てること」

売買ポイントを明確に表すシグナルや指標が必要だと考えて、これからは価格の動きを分析するテクニカル面に重点を置くことにしようと思った。トレーダーは、相場を一つの生き物としてとらえているが、投資家は、相場は個別銘柄が集まってできていると理解している。ここに大きな違いがある。

アダム・スミス（『国富論』の著者ではない）の『マネーゲーム』に記されているように、「市場は美しい女性のように魅惑的で複雑、そして変化を繰り返し、みんなを当惑させる」。このフレーズが私の頭の中で幾度も繰り返されていた。オードリーと出会う前は、女性とは全くうまくいかなかった。相場でも同じく、いつも損を出していた。しかし、オードリーと結婚した今、私にも女性とよく似た市場がどのように動くのか、見極めることができるはずだ。そう自分に言い聞かせた。

相場に関して、ありとあらゆる雑誌や書物を読みあさった。その中には、リチャード・ラッセル氏発行の『ダウ・セオリー・レター』や『バロンズ』誌、それに『ビジネス・ウィーク』なども含まれていた。それ以外には、S&P社のトレンドライン・チャート、マンスフィールド・チャート、それにCMIチャートなど、チャートもたくさんの出版社から取り寄せて、違いを調べてみた。「リーパー」という商品先物相場のレターは、非常に分かりやすかった。このレターの発行者は、アリゾナ州セドナに住むマックマスター氏によるものだった。調べていくうちに、だんだんとテクニカル分析を主に用いた売買方法にする考えに固まっていった。私自身、いろいろな考えや分析を取り入れ、それを合成させるシンセサイザーになっていった。そして、自分のスタイルに合うように、いろいろと少しずつアイデアをブレンドして、自分の売買方法を作り上げていった。数字には強かったので、分析には統計や数学を用いているテクニックが自分にはピッタリだった。

テリー・ランドリー氏のマジックTには、非常に強い関心を持った。もちろん、彼に電話をして、このことを伝えた。テリーはナンタケット島に住む、一風変わった人間だった。マサチューセッツ工科大学を卒業し、海兵隊に入っていた経験も持っていた。しかし、彼はエンジニアとして学んだことを市場分析に生かした天才だった。彼の理論は、非常に単純に説明できる。市場が上昇するのにかかった時間と同じ時間をかけて下落する、というものだ。そのため、株式市場が上昇する前の時期は、株を購入するのに必要な資金を貯め込む時期と定義していた。

このマジックTの「T」は、Tの字の上の左右が同じ長さであることから由来している。テリーの書いた記事を読んだ瞬間に、これこそ、私が探し求めていたアイデアだと直感した。自分の性格にマッチしていたのだ。左右均等、ダーウィニズム、それに進化。すべて自然の摂理である。平日は毎日、最低一四時間、相場の研究や分析に費やした。時間のある週末は、これ以外にもいろいろな市場のチャートにトレンドラインを引き、翌週の戦略を練った。立てた作戦はもちろん、毎晩、どれぐらいの成果を上げているか、チェックした。それと夜のうちに指標を計算して、売買ポイント、それに転換点などを調べ上げた。相場が始まる前にしておくべき準備は、必ず前の

成功への第一歩は「プランを立てること」

晩にやるようになったのもこの時期からだった。マジックT理論を検証していくうちに、この考えと自分が一体化していくのを覚えた。株価の上下は、潮の干満のように規則正しい動きが存在することに気づいた。自分の体が値動きと一緒に動く軟体動物になったように思えた。これで、ついに自分の売買法が完成した。

最初から、ゾエルナー氏を自分の師と決めていた。このころには、一日に数回、師に電話をかけていた。ゾエルナー氏は、エドワーズ&ハンリ証券が一九七四年の下落相場が原因で翌年に倒産寸前に陥ったことから、ハッケンサック社に移り、そこでヘッジファンドを運用するようになった。以前から、商用でニュージャージー州にある医療機販売会社を訪れる際には必ず、ゾエルナー氏のところに寄った。オードリーと結婚してからは、二人でよく週末にゾエルナー夫妻に会いに行った。私がゾエルナー氏とテニスをしている間、オードリーはゾエルナー夫人のビッキーとお喋りに花を咲かせていた。

ゾエルナー氏はハッケンサック社でファンドの運用を始めたとき、彼はその会社で二部屋も与えられていた。一つの部屋をゾエルナー氏は使用して、もう一つの部屋はビッキーが使っていた。彼の部屋の片隅には、株の値動きを伝えるダウ・ジョーンズ社のティッカーテープ機が置いてあった。今でこそクラシックに思えるが、ガラスの筒がかぶさったマシーンだった。壁には巨大な大西洋サーモンが飾られていた。この二つの置き物こそ、彼が情熱を注いだものだった。つまり、相場と釣りである。彼の横に座って、何時間も彼がテープを読む様子を観察した。毎日、テープを読んでいるゾエルナー氏の指は、薄紫色のインクに染まっていた。

「マーティー。テープを読むだけじゃなく、値動きを感じ取るんだ。市場のメカニズムとその動きを君に教えるよ。その株にとって不利と思われるニュースが流れても、株は上がることもある。その逆も、もちろん、ある。すべては、テープを読むことから始まるんだ。テープから、市場がどんな状態になっているのかも分かるよ」

ゾエルナー氏は、いったん話を止めて、テープに目をやった。彼の足元には、テープが山積みになっていた。

「マーティー。ちょっと、テープを持っていてくれるか？　ここを見てみろ。ポラロイドがまた、八分の三上がった。どうやら、エサに食いついたようだ。クリスマス商戦で、カメラがかなり多く売れると市場が思っているのだろう。第４四半期の結果が、かなり良くなると思っているのだろう。移動平均線がどこの位置にあるか、チェックしてみろ。一月限のコールを買うには、絶好のタイミングだ！」

一九七九年に入って、自分のプランが徐々に動き出しているのを感じた。かなりゆっくりだったが、マジックT理論も修得できた。そして、また違うアイデアを取り入れては、また売買法を少し変えてみた。マジックT理論を母体に、いろいろなやり方を組み立てた。まるでブロックを使って自分の好きな模型を作る子供のように、熱心に時間をかけて自分の売買法を完成させた。ゾエルナー氏から教えてもらったことも、自分のスタイルにバッチリと合ってきた。だんだんと

成功への第一歩は「プランを立てること」

自信もわいてきた。それに少しずつだが、儲けも上げられるようになってきた。

当時は、オプションを中心に相場を張っていた。それも、市場が上昇過程にある中で、コールを買うことをメインの取引にしていた。ここ二年間で、目をつけてきた銘柄はすべて買いになっていた。これらの株は、シンテックス、ＩＢＭ、ハネウェル、テレダイン、ポラロイド、それにゼロックスなどで、証券アナリストとしての立場から見ても、これらの銘柄は業績内容もしっかりしていると思えた。また、これらの銘柄は流動性も高く、取引量も十分にあった。このことは、スキャルパーの私にとって、非常に重要なことである。スキャルプとは、短時間に利を稼ぐやり方で、時には数分で売買を終了させることもある。とにかく、利ザヤ稼ぎに徹していた。それと何といっても、オプションの動きは株価よりも、さらに激しかった。うまく利が乗れば、オプション取引の方が儲けをつかめるので、私としてはオプションを買い持ちにしていた。その当時の投資資金に見合った五〇〇〇ドルから一万五〇〇〇ドルのポジションで、一回の取引で、一〇〇〇ドルから三〇〇〇ドルの収益を目標にしていた。

一九七六年と一九七七年に、やっと収益をマイナスではなく、トントンにできるようになり、それから、徐々に収益を上げることができるようになった。以前は、カンや噂話に頼って売買していたので、無鉄砲な状態だった。しかし、今では、必ず毎晩やっている市場分析を基に売買に挑んでいるので、自分に自信が持てる。チェスプレーヤーのように、先の手も事前に考えおくことで、何が起きてもおびえることはなくなった。下準備を入念にすることで、実際にリアルタイムで相場に向かっても、躊躇することなく行動が取れる。実践では、考えている時間などない。張るか、張らないのか。それとも、ポジションを増すか、手を引くかだけだ。毎晩、同じことの繰り返しだが、自分の中にわき出る不安や疑問を取り除く一番良い方法は下準備をしておくことだと思う。また、自分に合った売買法を見つけたことが、私の強みだ。どんな状態に相場がなろうとも、自信を持って自分の売買法に従うだけだ。

一九七九年の最初の三カ月で、五万ドルの収益を確定できた。目標の半分を達成できた訳だ。この時点で、目標達成を確信した私は、四つ目のプラン実行項目である、取引所の会員権を収得することを考え始めていた。問題は、**どこの取引所の会員になるか**だった。

一九七三年に、シカゴ・ボード・オプション取引所が設立された。このオプション取引所の成功が引き金になって、パシフィック、フィラデルフィア、それにアメリカ証券取引所が相次いでオプションの取引を始めた。このころはシカゴに移り住む計画を立てていたが、ニューヨークのアメリカ証券取引所でオプションを張ることができるのであれば、あえてシカゴに行く必要もないと思った。

モントゴメリー証券で医療機器業界を専門に担当していたアナリストのボブ・フリードマンから、ダニー・ウィスコフを紹介してもらった。ボブとは、機関投資家が愛読している雑誌で、お互いアナリストのオール・アメリカンとして表彰されたことがあって、それ以来、付き合いが始まった。ダニーは、ボブの義理の兄弟にあたる。ダニーはそのころ、アメリカ証券取引所でバリー・エンタテインメント社を専門にオプションを売買していた。ボブの計らいでダニーに会いにいったが、バリー・エンタテインメント社は人気株だったので、彼は手が離せない状態だった。そこでダニーは、ヘイズ・ノエルに私の面倒をみるように頼んでくれた。ヘイズはダニーの下で働いていた。ヘイズは私と同年代で、七〇年から取引所で働いていると教えてくれた。ヘイズも私と同様に、テクニカル分析を中心に相場を見ていて、近いうちに独立する計画を持っていた。同じ境遇にあったヘイズと親しくなるのに時間はかからなかった。E・F・ハットンでの私の秘書だったベバリーに、昼は顧客に会うから帰りが遅くなると告げて、ヘイズのいる取引所に足を運んだ。週に一〜二回の割合で、オフィスから抜け出しては取引所に行って、ヘイズから取引所の仕組みをいろいろと教えてもらった。取引所の受付で、ゲストブックに自分の名前を書き込み、ヘイズを呼んでもらった。

「ヘイズ・ノエル！　ヘイズ・ノエル！　受付まで来るように」という場内アナウンスが響き渡った。この呼び出しにヘイズは、いったん、受付まで出向いてくれ、それから私を連れて立会場の中をいろいろと案内してくれた。海兵隊でいうところの偵察部隊さながらに、ヘイズと一〇フィートの間隔をあけて、彼の後ろについて歩いた。ヘイズの行動をはじめ、一体、どのように立会会員たちが売買をしているのか、それに電話機の位置や会員たちがどこの清算会社を使っているかチェックした。もちろん、トイレの場所も確認した。ある日、ヘイズが私に言った。

「マーティン。会員権をリースしたらどうなんだ？　自分でやっていけると確信するまでは、初期投資金を会員権購入に当てる必要はないぞ」

しかし、私はもう決めていた。

「何、言っているんだ。ヘイズ！　僕はここで成功を収めるに決まっているんだ。計画通り、会員権は購入するよ」

会員権の販売、購入は取引所が仕切っていた。売値と買値を提示しているのは取引所で、その差額を取引所は収益源の一部としていた。契約が成立する段階で取引所は、仲介手数料を取る。だから、会員権の売買はいつでも行われる。需給に基づいて、その会員権の価格は当然変わる。一九七九年の夏ごろは、八万五〇〇〇ドルの買値と九万五〇〇〇ドルの売値が提示されていた。あくまでも提示されている売値であるから、九万ドルぐらいと仲介手数料の二五〇〇ドルを用意すれば、会員権は手に入るはずだった。しかし、その前に会員になる資格講習を受けて、試験に合格しなければならなかった。六月末に、ついに目標金額である一〇万ドルを達成した。元金はできた。あとは、会社を辞めて、独立するだけだ。

Ｅ・Ｆ・ハットン証券を退職する準備は完了した。もういつでも辞められる。それより、自分が独立できることがうれしくて、一日も早く辞職したかった。もう一年近く、オフィスから自己売買を、一日に四～五回はやっていた。これも秘書であるベバリーが、私にかかってきた電話をすべて止めてくれたおかげだった。それと会社から与えられた、バンカー・ラモが大きな手助けとなった。この機械がなかったら、デイ・トレードは無理だった。

短時間で売買をする上で、瞬時に値の移り変わりを伝える情報システムは、必ず必要になる。当時、アナリストとして、このバンカー・ラモをオフィスに取り付けていたのは私だけだった。この機械を自分のオフィスに取り付けることを条件にハットンに移ったのが、一九七七年六月だった。当時は、このような機械を取りつけてあっても、一部署に一つあるかないかだった。これでは株価の動きをチェックするのに、いちいちその場所まで行かなければならない。問題は、その私の行動を上司が不信に思うことだった。仕事もしないで、値の動きをひっきりなしに確認する部下がいては、上司じゃなくても誰が見ても不信に思うだろう。

この問題を解決するために、ハットン証券に移ったようなものだ。ウォール街で出世するには、会社を転々として変わっていくのが常識となっている。給料を多くもらうために、次から次へと会社を変えることは誰もがする。ウォール街では、できるだけ低い賃金で優秀な人材を長く手元において置きたいという慣習があるから、そこで働く人たちは自分で自分を売り込んでステップアップしていく。ハットンのリサーチ部門の代表であったダン・マーフィー氏から声がかかったときに、この情報システム機を取りつけることを条件として提示した。理由は、自分のオフィスから他の連中に気づかれずに相場を張れるからだ。そんなダンにも、退職願いを提出する日が来た。

いろいろと考えた揚げ句、週初めである月曜日に、それも朝一番に彼のオフィスに出向いて退職を告げようと決心し、七月九日月曜日に退職願いを提出することにした。初めは、ダンに会社を辞めたいと告げて、その後、すぐに彼の下から去るつもりでいた。しかし、オードリーは、そんな私の考えを聞いて、もっと別の方法でダンに別れを告げるべきだと言った。

「バジー。ダンには、あなたがこれから何をする計画なのか、すべてを正直に話すべきよ。他の証券会社に移るわけではなく、独立して、自己勘定で売買をするトレーダーになることを彼に話す必要があるわ。もしかのことも考えて、けんか別れは避けるべきよ」

そんな妻の忠告もあって、月曜日にマーフィー氏に会ったときは、正直にすべてを話した。

「ダン。今までいろいろとありがとう。でも、自分の将来を考えて職を変えることにしたんだ。九年半も証券アナリストをやってきたけど、昨年、結婚してから、今まで以上に、家族と一緒に過ごす時間も欲しくなった。外を駆けずり回って、お客と接するのに疲れたよ。自分の思うように自分の力を試してみたい。だから独立して、トレーダーになることに決めたんだ」

ダンはすかさず立ち上がると、ドアを閉めた。つい最近、二人のアナリストが退職したばかりだから、人手が足りないはずだ。私にとって有利に物事が運ぶように、この時期を選んだのだ。

「分かった。しかし、一つだけ頼みがあるんだ。君が辞めることは、まだ誰にも言わないでほしい。早急にアナリストを探すが、それでも、多少の時間は必要だ。こんなに、一気にアナリストが辞めたのでは、変な噂が立つかもしれないからね」

もちろん、私は彼の頼みを受け入れ、ダンのために後釜探しの手助けもやった。ちょうど彼に退職願いを出したころに、フィラデルフィアへ日帰りの出張が入っていた。もちろんそんな出張に行く気はなかったが、ダンの頼みもあって気が進まなかったが、どうにかスケジュールをこなした。その日は、六件のミーティングが予定されていた。朝の九時から始まり、一〇時半、一二時に会食、二時、三時半、それと四時半の合計六件だった。それも、すべて違う取引先を回ることになっていた。今考えても、異常なスケジュールだ。しかし、そんな嫌な日帰りの出張から戻ってみると、ダンは私に退職後もオフィスを使っていいと言ってくれた。一般では考えられないことであった。実際には、退職してからも六カ月間、ハットンのオフィスを使わせてもらった。前代未聞のことであった。普通なら、退職願いが受理された時点で、オフィスを追い出される。すべてのファイルもチェックされ、当然、鞄の中身も調べられる。妻の忠告を守って良かった。他社に移るわけでもなく、独立して相場を張るのだから、会社側も良い関係を維持したかったのだろう。まるで、ヒーロー扱いだった。

プランの通り、すべてを実行した。自分に合った売買法を作り上げた。ゾエルナー師の下でいろいろと相場についても教えてもらった。ついに目標金額の一〇万ドルを、自分の売買法で手に入れた。アメリカ証券取引所の会員権も購入した。最後に、ハットンを辞めた。そしてついに、**トレーダーになった**。一九七九年八月一三日月曜日の朝、アメリカ証券取引所の前で立ち止まった。胸に会員バッジをつけ、大きく深呼吸をした。そして、会員専用入り口のドアを開けて中に入った。次のステップに向かって、新たな道を歩み出したのだ。

資本金

ルネッサンスの時代に生まれていたら、と空想することがある。もし自分が今とは違う時代に生きていたら、どうしていただろうと考えるのが好きだ。もし一九世紀に生まれていたら、間違いなく、ゴールドラッシュの波に乗って、カリフォルニアに行ったフォーティー・ナイナーズになっていただろう。すべての財産を持って西へと向かったに違いない。

私は一九七九年に独立して、債券と株のオプション、それにそれらの先物市場に参入した。資本金として、最低一〇万ドル必要だった。この金額は綿密に計算したものではなく、とにかく、六桁の儲けを積み上げるまでは、独立して相場を張っていく自信がなかった。もちろん、資本金は多ければ多いほどよいが、あのころは独立した相場の世界で自分を試したかった。そこで、最低必要金額として、一〇万ドルと決めたのだ。もし独立して、相場で食っていくのであれば、準備期間として一年は必要だろう。その間に、必要経費を賄えられるだけの貯金と、相場に投じる運用資本を作り上げることだ。

もし他の仕事から収入が入るのであれば、それで必要経費を賄えられるが、それでも相場に投下する資本は別に持っていなければならない。単純な方法だが、証券会社か先物取次会社に口座を二つ設ける。一つは、市場で売買するのに使う口座で、もう一つは、収益を管理するための口座である。売買用に設けた口座には、最初に損失を出してなくしたとしても自分が耐えられる金額を入れ、それ以上の金額は投入しない。もしその口座のすべてをなくしたら、相場から手を引くことだ。

独立して相場に参入するのであれば、まず自分のエゴを捨て、自分の考えが正しいかどうかよりも、利益を上げることの方が重要である。**相場で生計を立てるなら、その前に、実際の売買で自分の手法を試し、実際に自分のおカネを張って、儲けていける能力が自分にあるのかどうかを証明しなければならない**。そしてその儲けで、独立資金を作り上げることだ。私の場合、一〇万ドルの儲けを積み上げることで、自分が独立してやっていけるという証拠を自分の手でつかんだ。つまり、私が作り出した売買方法は、自分のスタイルに合っているだけではなく、儲けをコンスタントに上げていくができるという自信につながった。私見だが、元金を借り入れることには賛成できない。私自身、妻の両親から五万ドル借りたが、このおカネを相場に投じるつもりはなか

成功への第一歩は「プランを立てること」

った。もちろん、このおカネには手をつけなかった。あくまでも、最悪の事態を想定しての借金だった。借りた五万ドルは、一種の保険だった。ダンボが空を飛ぶときには大きな耳が必要だが、普段、歩くときはそんな大きな耳は必要ない。この五万ドルの役割も、ダンボの大きな耳のようなものだった。もしもこの五万ドルに手をつけるようなことがあれば、それはトレーダーとして失敗したというあかしになると思っていた。今までのような失敗はもう繰り返さないと、強く肝に命じた。

相場で儲けた一〇万ドルのほかに貯金もした。オードリーと二人で懸命におカネを貯めた。そのために、いろいろと辛抱することもあったが、すべては私の独立を成功させるためだった。この経験から、資産管理の重要性を学んだ。元金を貯めることは、非常に大変だ。自己規律を持ち、計画を実行することが成功の扉を開けるカギとなる。この第一段階をクリアしたトレーダーたちは、そう簡単には失敗をしなくなる。毎日の勝ち負けにかかわらずに、カネは天下の回りものと気取っているトレーダーがいるが、それはちょっと違う。多くの場合、毎日、収益が増えたり減ったりしているが、それはすべて、計画を基に実行している行為だ。相場を軽く見ているわけではない。毎日、取引内容をチェックして、次のステップへとつなげる努力を忘れてはいけない。

ジャック・シュワッガーが書いた『マーケットの魔術師』（パンローリング刊）の中で紹介されているトレーダーたちに共通している点は、成功する前に失敗を味わっていることだろう。誰もが失敗を経験する。相場での失敗とは、おカネを失うことを意味している。だから十分な元金を手にすることが、相場で成功する第一歩なのだ。資本金が足りないがゆえに、チャンスを逃すこともあり得る。私がアメリカ証券取引所で立会会員として始めて、すぐに当初運用資金の一〇%をなくした。一〇%といっても、含み損であったが、それを数時間のうちに経験した。でも、私は、十分な資金を用意していたので、この危機を乗り越えることができた。不安ではあったが、相場が反転するのを待つことができた。私自身、ホームランバッターではなく、シングルヒットを狙うトレーダーで、小さな利を重ねるスタイルで相場と向き合っていた。ある意味では、大きな資本を必要としないタイプの張り方をしていた。しかし、各個人のスタイルによって、当初資本金がいくらか変わってくるので、十分にこの点を考えるべきだろう。

ゴールドラッシュの流れを追ったフォーティー・ナイナーズのように、ひと山当てようと思っているのであれば、十分な支度金を用意することが大切である。

いずれにしろ、資金が十分にあるトレーダーだけが、相場で成功を勝ち取ることができるのだ。

トレーダーとギャンブラーに共通するもの

そのとき、私は非常に興奮していた。壁に貼ってあるスコアボードに書いている自分のポジションを確かめた。ここが勝負どころだ。ここで勝たなければ、すべてを失う。今までの努力が水の泡となってしまう。周りの連中も次第に声を上げてきた。

「シュワルツ！　勝負だ！　マーティー！　チャンスは今しかないぞ」「バジー！　失敗するなよ。やれるものならやってみろ」「シュワルツ、インチキはなしだぞ」「やれよ、この臆病者め！　チキンか」「コケコーコー、クルッーク」

もう我慢の限界だ。これ以上、待てない。地面に引かれたラインに立って、手に持ったカードにキスしてからスナップを利かせて思いっきり、そのカードを相手のカードに目がけて投げた。

カードに描かれているヨギの顔は、浅黒く、ずんぐりとしたイタリア系の面立ちに、異常にデカイ鼻が誰の目にもインパクトを与えていた。ヨギのカードが、右に左にとカーブをしながら飛んで行き、歩道にぶつかって、ピー・ウィー・リースが描かれているカードの上に着地した瞬間、私は腕を空に向けて激しく突き上げた。すべてのカードを手に入れることに成功したのだ。

このベースボール・カードを投げて相手のカードを飛ばす遊びが、私にとってギャンブルとの初めての出合いであった。子供のころ、土曜の朝は近所を回って、空きビンを回収し、それを店に持って行っておカネに換えてもらった。朝早くから、四輪車のレッド・フライヤーをガレージから引き出して、そのワゴンに空きビンをできる限り多く集めて、アーティーの店に持って行き、一二オンスのビンは二セントに、三二オンスのボトルは五セントに交換してもらった。土曜の昼までには、四〇セントから五〇セント分の空きビンをワゴンに積んでいた。一九五三年当時の五〇セントは、子供にとって大金だった。デビス・ストリート小学校の横にあったアーティーの店で、ビンの回収代金をトップスの野球選手のトレーディング・カードを買うのに使った。また、その店に行っては、他の子供たちとカードの交換もした。

一袋に五枚、野球選手のカードが入って、値段は五セントだった。この袋にはカードのほかに申し訳ない程度のガムが入っていたが、誰もそのガムには興味を示さなかった。このガムときたら、味は最悪、しかも何度、噛んでも柔らかくならなかった。まだよく分からない本当に小さい子供だけがこのガムを口に入れていた。

取り出したカードについているピンクの紙くずをふっと息で吹き飛ばしてから、丹念にそのカードをチェックした。すでに持っているカードかどうかを確かめながら、マントルやリゾットなどの有名選手のカードが入っていることを祈った。もちろん、弱小チームだったピッツバーグ・パイレーツの選手たちのカードにはお目にかかりたくなかった。それにもまして、ワシントン・セネターズだけは勘弁してもらいたかった。あのころは、冗談で「ワシントンは戦争に勝って、最初に平和を手に入れたが、アメリカン・リーグではいつも最下位」と言ったものだ。一通りカードのチェックを済ませると、今度は外に出てカード投げをして遊んだ。この遊びはメンコとよく似ているゲームだった。この子供の遊びにも、教訓があった。

「勝者になるには、ラインに立ってカードを投げる勇気がいる」

一二～一三歳になってから、冬場は雪かきのアルバイトをした。カナダから吹き降ろす猛吹雪のモントリオール・エクスプレスが来れば、よく学校が休校になったりした。しかし、この時とばかりに、私はスコップを手に雪かきに精を出した。歩道は一ドルで、車庫から歩道までは二ドル五〇セントと言いながら、近所を回って歩いた。思った以上にキツイ仕事だった。昼までに六～八ドルくらいは稼げたが、雪かきした後にまたすぐに雪が積もったりしたので、なかなか大変で、何度も雪かきをする羽目になったこともあった。しかし、一九五七年当時、七～八ドルといえば、子供の私には大金で、早速エディー・コーヘンの家に行って賭けトランプをやった。そのころよくやったセットバックは、一人六枚ずつカードを手にして、合計数の多さを競うゲームだった。たまには、イカサマもやった。この賭けに勝って、一〇～一二ドルを稼いだこともあって、雪かきよりもずっと効率よく儲けることができた。

一五歳でセットバックを卒業して、ついにポーカーに手を出した。土曜の朝、祖父パピーのキャディー役をかってでて、一緒にゴルフコースを回った。祖父は、腕のいいゴルファーとはいえなかったが、チップはたっぷりと弾んでくれ、一〇ドルを手渡してくれることもあった。一九六〇年の一〇ドルは、私にとって大金だった。チップをもらうとすぐにエディーのところに行っては、顔なじみの連中と賭けポーカーをやった。そのころには、デビス・ストリート小学校出身者だけでなく、ヒルハウス中学からも数人、賭けトランプに参加していた。その中に、ドニー・Kがいた。彼の父親は、ウエストヘブンで飲料水やソーダ水の卸販売権を持っていて、ビジネスでかなりの成功を収めていた。彼の父はキャデラックを乗り回し、地元では由緒あるウッドブリッジ・カントリークラブの会員だった。しかし、ドニー自身は全く賢くなかった。ポーカーの仕組みやテクニックを理解できていないドニーからおカネを巻き上げるのは、赤子の手をひねるようなもので、簡単だった。それに、私は自分よりもおカネを持っている連中を相手に賭けをするときは、特に闘志を燃やした。

私がギャンブルに手を出していることに、両親はさほど気にしていなかった。たぶんいつも儲けていたからだろう。しかし、祖父パピーは両親とは違って、私のギャンブル病に怒りをあらわにして、母ヒルデに、きつく言った。

「どうしてマーティーにギャンブルをさせているんだ？　あの子は、賭け事に、すっかり夢中になっている。このままでは、すべてを失って、破産の道に追い込まれるぞ」

祖父の言うように、私はギャンブルに熱中していたが、しかし破産するようなことはなかった。それどころか、順調に儲けを上げていた。自動車免許を取得してから、行動範囲も広がり、五〇ドルを胸ポケットに入れて、町に行ってはギャンブルに手を出していた。結構な金額を持ち帰ることも多く、ギャンブル熱は一段と加速した。

カード・ゲームの次に手を出したのは、競馬だった。ポーカー同様に競馬でも、「コツ」をすぐに身につけることができた。競馬場にはおカネを稼ぎに行っただけで、遊びに行ったつもりはなかったので、そこで飲み食いをしたり、友人を作ることもなかった。私にとって、競馬は一種のビジネスになっていた。競馬に勝つために、各騎手の乗馬スタイルを研究したり、競争馬のトレーナーは誰がついていたのか調べたり、また馬場の状態も入念にチェックした。競走馬の血統をたどり、それに最近のレース結果を合わせて、何かトレンドらしきものがないか確認した。

その他に、『デイリー・レーシング・フォーム』誌のデータを分析して、速さと距離から、各馬の時速を割り出し、レースの予測に使った。もちろん、電光掲示板のデータをくまなく見て、何か変わったことがないかじっくりと観察した。これだけのことをして、最後の最後まで調べ上げてから賭けた。

競馬場があったアクエダクトという町は、本当に緑が多くきれいなところだった。そこを走る馬たちも美しかった。周りの連中が、私が誰で父がどんな職業についているなど、一切触れることがなかった。私がユダヤ人であるとか、家にはおカネがなく、とてもじゃないがウッドブリッジ・カントリークラブのメンバーになれないことなど、誰も知る由もなかった。誰にも干渉されずに、アクエダクトのクラブハウスに出入りすることもできた。二〜三ドル払えば、誰でもクラブハウスを利用できた。この競馬から、学んだことは、

「準備を怠るな。他の連中より多く調べておくことが大切だ」

アムハースト大学に在籍していたころも、暇を見つけては競馬場に出向いた。もちろん、自分一人で出かけた。ジェフリー・アムハースト卿といえば、彼が馬に乗っている姿を想像できるが、一九六三年当時、アムハースト大の学生で競馬にまで手を出している連中はほとんどいなかった。金曜日のサッカーの練習を終えてから、大学のブックストア横にあるバス停まで歩いていって、そこからピーターパン・バスに乗る。ニューハンプシャー州ヒンスデールの競馬場に行くためだ。そのバスからはニューイングランドの美しい農場を見ることができた。バスの窓ガラスに映る秋の空を見ながら、オレンジ色に輝くもみじや赤い丸太小屋、それにところどころ色がはげた白い

フェンスに囲まれた牧草地に自分の馬を飼うことができたら、どんなに素晴らしいことかと夢を見ていた。帰りのバスの中で、賭けで稼いだおカネを握り締めたときに、自分は勝者だという気持ちになった。

「**大きな夢を持て。今の自分が置かれている状況がどうとかではない。これから、自分が歩んでいきたいという道を持つことが大切だ**」

祖父パピー・スナイダーがよく口ずさむ歌にも、同じようなフレーズがあった。

「**夢を持たなければ、どうやって夢をつかむんだい？**」

一九六七年の夏のことだったが、両親がヨーロッパへの卒業旅行費として一〇〇〇ドルくれた。五年前にシラキュース大を卒業した兄も同じような卒業祝いをもらっていた。私は、大学のルームメイトだったラリー・リンカーンと彼の兄弟のスティーブと三人で旅行に出かけた。六月の中旬から八月の終わりまでの一一週間の旅だった。両親は、私がコロンビア大のＭＢＡ（経営学修士）に進む前にヨーロッパ文化に触れさせておくことは重要であり、また良い気分転換になるという考えを持っていたらしい。

ラリーとスティーブは予定通り、博物館や教会を見物していたが、私はもちろん、カジノ巡りをしてギャンブル漬けになっていた。ヨーロッパのカジノは、格調高く、遊びにきている客もジャケットにネクタイをしていた。バロック朝に建てられたカジノの中は、クリスタルのシャンデリアが高い天井から優雅に下げられ、ベルベットのカーテンが大きな窓にかけられていた。いろいろと回ったカジノの中で最も気に入ったのが、フランスのディボーヌのカジノだった。スイスのジュネーブに滞在したときに、ラリーとスティーブが彼らの父親から頼まれ買ったベンツを借りて、スイス国境を越えて、ディボーヌのカジノに一人で行った。このベンツをアメリカに持ち帰る手はずになっていたが、その前に私がたっぷり試乗運転をしたわけだ。

国境を越えるときに、警備官にパスポートと自動車登録書を提示したときに、フランス語で、旅行目的を聞かれた。フランス語に堪能とはいえない私にとって答えは単純だった。

「ル・ギャンブリング」

「オー、ル・ジュー。ボン・シャンス、ムッシュー（ギャンブルですか。では、ご幸運を）」

「メルシー」

カジノの明かりが見え、その建物の前に大型ベンツを乗りつけたときは、「カジノ・ロイヤル」で賭けを楽しむジェームス・ボンドになった気分だった。ボンドが好んでプレーするルーレットに私も賭けてみた。複雑に数字が並べられているルーレットに向かっても、あるパターンが出るまでテーブルの横でじっと待った。黒が四～五回連続して出るのを待つか、それとも赤が四～五回連続して出るのを待つ。その他に、偶数が四～五回連続して出るのを待つか、それとも、同じように奇数が四～五回連続して出るまで待つ。ルーレットの数字や色をメモして、これらのパターンが出現するのをじっと待った。全くランダムな結果が予測できても、それでも、自分のシステムを信じた。ルーレットを回して出る目は、毎回同じ確率でも、自分のシステムに従って賭けた。ギャンブルだけに限ったことではないが、自分の納得のいく方法がないと思考だけが先行して、行動に結びつかない。もしかしてあるときはその台に何らかのバイアスがあるかもしれないが、そんなことは誰にも分からないことだ。

ヨーロッパに着いてから最初の一〇日間で、相当儲けた。この調子なら、もらった一〇〇〇ドルを両親に返すことができるくらいたくさん儲けてみたくなった。私は、完全に有頂天になっていた。このヨーロッパ旅行の最終目的地のロンドンに着いてからは、休憩も取らずにカジノに直行した。ギャンブルの心得として、十分な休息を取って、心身ともに準備ができた段階で、初めて賭けをすることが最も重要である。しかし、私はこの掟に反して、ガットウィックに着くなり、カジノに直行した。

最初のカジノに行ったのは、夜の八時か九時だったろうか。しかし、そのカジノは超閑散としていた。そのときは知らなかったが、ロンドンでは、客がカジノに出入りし始めるのは夜中に近い時間だ。クラップ・テーブルの周りには誰も立っていなかったので、仕方なくダイス・テーブルでサイコロ投げに賭けることにした。このクラップでも、私は明確な規則を持っていた。それは、他の投げ手に二回連続で負けたときは、一度そのテーブルから離れて次の相手を探すというものだった。しかし、このサイコロ投げでは、自分の投げたサイコロで勝負が決まるので、投げ続けることになる。正気を失っていたに違いないが、七回連続で負けた。カジノの元締めらしき男が大声を上げて言った。

「こんな悲惨な負け方を見るのは初めてだ」

私は旅行日記を書いていたが、その夜、ホテルの部屋に戻ってくると、次のように日記に書いた。

一九六七年八月一八日

今晩、カジノで学んだことをここに記録しておく。今日は非常に良い経験をさせてもらった。レッスン料について、とやかく言うつもりはない。今晩、一晩で四〇〇ドル負けた。ギャンブルの経験ある人間としては、この四〇〇ドルの損は大きい。まして、定職を持たない二二歳の人間にとってこんな大きい金額を負けるのは非常識である。まだ少しおカネが残っているうちに、この事柄をメモしておく。これから書くことは、一生涯、守り通すことにすること。

一．大金を賭けないこと。おカネは一生懸命働いて稼ぐもので、一回の賭けで大金をつかむことを考えないこと。

二．休暇中にギャンブルをするときは、できる限り少額で勝負すること。どうしても賭けに手を出すのであれば、損をしても気にならない程度の金額にする。もし自己規律が欠けているようであれば、大金をカジノに持って行かないこと。

三、カジノや競馬に大金を賭けることは不合理である。賭け金はできるだけ小さくがギャンブルで生き残る秘訣だ。

今日、カジノで学んだ教訓は将来、役に立つだろう。今晩なくしたおカネの本当の価値がどれくらいか、今は分からない。しかし、無謀にギャンブルに手を出すよりも、一生懸命、働いて成功を手に入れるようにこれから努力する。働き者を神は見放さないはずだ。カネだけにとらわれることなく、毎日の積み重ねを大事にする。これが、人の生きる道だ。手遅れになる前に、今晩学んだことを実行しよう。

自分の悪い性格をただすためにも、大学院では一日一日を大切に、勉学に励むようにする。

もちろん、日記に書いただけで、実行に移すまでには至らなかった。第一に、ギャンブルから足を洗うことなど不可能なことだった。翌日、カジノに戻って負けを少し取り戻したが、残念ながら、両親に返すだけの儲けは上げられなかった。

「自分をごまかすな。不動の意思を持って、計画を実行せよ」

一九七〇年の冬にＭＢＡを修得して、クーン・ローブ社に就職した。同じころ、ニューヘブンにある海兵隊の移動予備部隊から、ブルックリンにあったロシア人審問チームに配置換えを命じられた。この新しいチームでリッキーと出会った。彼は部下の一人でギャンブルにどっぷりと浸かっている男だった。ブルックリンには、ロシア人は多くなかったので、彼らを調べて回る必要もなく、他の予備役とギャンブルをして時間をつぶした。

カリフォルニア州ペンデルトン基地で二週間の訓練中に、リッキーが週末にラスベガスに行かないかと誘ってきた。

「少尉殿！　週末に、ベガスに行かれますか？」

ギャンブル好きの私が、まだラスベガスに行ったことがなかったので、この誘いにはすぐに乗り、リッキーにロシア語で言った。

「カニエシナ　ドゥルフ」

「はーぁ？」と答えたので、彼は、全くロシア語を理解していないことが分かった。

「カニエシナ　ドゥルフだ。訳すと、もちろんだ、このバカモン！」

他の部下たちも、私たちと一緒にロサンジェルスまで車で行って、そこから一同、飛行機で目的地のラスベガスに乗り込んだ。あいにくの天候で、飛行機が着陸できるかどうか分からないまま、空港の上空をぐるぐると旋回していた。この日は、砂漠ではものすごい砂嵐が発生していたのだ。パイロットは着陸するべきかどうか判断できなかったのではないだろうか。三回目のトライで、やっと着陸できた。しかし、私は飛行機がすごく揺れるので、墜落するのではないかと気が気ではなかった。そんな不安も、サンド・ホテルの入り口に足を踏み入れた途端に、どこかに吹き飛んでしまった。ホテルの中には、スロット・マシーン、カード・テーブル、それにギャンブルに熱を上げている客でいっぱいだった。この熱気に、ギャンブラーとしての血が騒ぎ出した。飛行機の揺れにびくびくしていた自分が、勝負師として生まれ変わった瞬間でもあった。

ホテルにチェックインして、ベルボーイに荷物を預けたときに、そのボーイが言った。

「必要なものがあれば、カウンターに連絡してください。本当に、何でも結構ですよ」

彼の言う通り、ラスベガスは何でも可能なところだ。カジノでギャンブルに精を出した後、部屋に戻って、ルームサービスを頼む。ちょっと休憩を取って、またカジノに出向いてギャンブルをした。ギャンブルの町ラスベガスは、私にとって最高の町となり、最も気に入った場所になった。若くて、かなりの収入がある連中にとって、ラスベガスは天国といえる。今まで好きだったアクエダクトなど問題ではなくなった。

このとき以来、チャンスがあれば、私はラスベガスを訪れた。そのころ西海岸に本拠地を持つ会社をリストアップして、会社を訪問した後にラスベガスに通った。商用を利用したのだ。水曜日の夜に、ニューヨークをたって、ソルトレークシティーに行く。木曜日、そこにある会社、数社を訪問する。その夜、ラスベガス行きの飛行機に乗り込み、シーザース・パレスにチェックインして、その夜は一晩中、ギャンブルをする。金曜日の朝はフェニックスに飛んでいく。そこで、二〜三社、会社を回ってから、午後のフライトでラスベガスにトンボ返りをする。そして、週末はシーザース・パレスで思いっきりギャンブルをする。ニューヨークにたどり着いたときには、目は充血して、真っ赤になっていた。もちろん、ニューヨークに戻ってくるのは日曜の夜のことで、月曜に出社して出張報告書をさっと書き上げてから、賭けで儲けたおカネがいくらあるか、最終チェックをした。

「ギャンブラーにとって、ラスベガスは本当にこの世の天国だ」

ある秋のこと、海兵隊の会合に出席した際、あのリッキーがあるアメリカン・フットボールの試合でどちらのチームが勝つか私に聞いてきた。リッキーは、アメフト賭博に手を出していて、ちょうどノミ屋のカーミンに電話をするところだったのだ。

「ノミ屋と接触があるのか？　今度、そいつを紹介してくれないか？」と、リッキーに頼んでみた。ノミ屋は、誰とでも取引に応じる訳ではない。彼らを相手に賭博をする場合、すでに彼らと接触のある人間の紹介が必要だ。リッキーは私の頼みを聞いてくれ、私がカーミンにヨンカーズにあるアクア・ビタエで会えるようにセットしてくれた。カーミンは、浅黒く小柄で、いつもこそこそしているシシリア出身者だった。カーミンはいつも襟を立て、帽子を深々とかぶっていて、肩越しにものを見るような目付きをしていた。彼は、私が役人でないことが分かったのだろうか、会うなりすぐにいろいろとノミ屋の暗号を教え始めた。もし仮に五〇〇ドル賭けるのであれば「ニッケル」、もし一〇〇〇ドルなら「ダイム」と電話で相手に伝える。これらの説明を、ざっと聞いてから、彼のコンタクト先の電話番号をもらった。

「マーティン、コードネームが必要なんだ。リッキーはバーモントに住んでいて、君はリッキーの友人だ。俺たちは君のことをメイプルと言おうと思うが、どうだ？　メイプルシロップのメイプルだ」

このメイプルというハンドルネームは気に入った。早速、日曜日の昼前にカーミンのところに電話をしてみた。公衆電話のあるところまで出ていって、襟を立て、そして帽子を深々とかぶり、辺りを見渡してからカーミンに電話した。

「メイプルだが、ジャイアンツ対ライオンズ戦の賭け率はどうなっている？」

「デトロイト・ライオンズに八・五ポイントプラスになっているが、どうする？」

「分かった。それじゃ、デトロイトに〝ニッケル〟」

ノミ屋のカーミンは、もちろん現金でしか取引に応じなかった。クレジットカードや小切手で取引をしてくれれば、現金を隠す場所など必要がないのだが、そうも言っていられない。ルールはルールだ。通常、ギャンブラーは、とんでもないところにおカネを隠しているものだ。部屋の中をぐるぐると見渡して、大学院で使った税制の教科書の中におカネを隠すことにした。誰もが嫌う税金について書いてある教科書に、隠されているとは誰も思わないだろう。この教科書の間にギャンブルに必要なおカネを一時的にしまっておくことにした。

ギャンブラー・メイプルとして、アメフトでかなり稼いだものの、野球賭博ではからっきしダメだった。負ければ負けるほど、賭けから抜け出せなくなった。そのころ、デートに出る暇も惜しんでギャンブルに熱を上げていた。これでは、女性に相手にされないのも無理はない。一九七二年の初めには、損がかなり膨れ上がっていた。

バーモント州のシュガーブッシュでスキーグループに参加したが、そこでも女性と知り合う機会には恵まれなかった。二月初めに、二〇〇〇ドルの借りをカーミンに作ってしまった。二〇〇〇ドルの借金は、私にとって非常に大きい金額だった。破産が決定的になった金曜日の夜、愛車のTR6に乗ってスキー場に向かったが、こんな状況では女性に近づける訳はない。ちょうどその週の初めに、ルイビルにあるエクステンダケア社の取締役、ウエンデル・チェリー氏との会合を済ませて戻ってきたところだった。

カーミンは、〝ダブル・リバーサル〟という危険で魅力的な賭けを扱っていた。簡単に言うと、四つのゲームに賭けて、すべて勝てば〝一ニッケル〟に対して〝四ダイム〟もらえるという、とてつもない倍率の博打だ。大学バスケットの試合も、今まで同様にいろいろと分析調査をしていたので、シーズン後半になって、どこのチームが勝つか、大体見当はついていた。競馬やルーレットの経験から得た考えをこの大学バスケットの賭けにも応用したのだ。遠征ではどこのチームが強いとか、また、ホームゲームのみに勝つチームはどこか、それに連勝できる大学はどこかなど、いろいろな条件に合わせて統計を分析した。国道九一号線沿いの町ブラトルボロー、続いてベローズ・フォールズ、そしてバートンビルを通り越したときに、四番目の試合は、メンフィス大に対して三・五ポイントプラスのルイビル大に賭けることに決めた。出張先のルイビルでは、みんながルイビル大カージナルスについての話題で持ちきりだったので、ルイビル大については好感触を持っていた。カーミンに電話して、〝ダブル・リバーサル〟を賭けた。

その土曜の夕方から夜にかけて、TR6に乗って山の中を走り回って、試合の結果を車のラジオから拾おうとしたが、そう簡単ではなかった。各地の試合は、その地域中心に放送されているだけで、遠く離れた山奥で試合結果を知るには大変困難だった。雪が深々と降る中で、凍える手でラジオのチューナーを回して、やっと最初の三試合は賭けに勝ったことが分かったが、どうしても最後のルイビル大の試合結果だけはつかめなかった。メンフィス大に四点差で勝ってくれるだけで、借金返済はもとより大儲けできる。そう思うと、居ても立ってもいられなかった。ニュースでは、一一点差か七点差でメンフィス大が前半を有利に戦っていると言っていたが、実況がないのでどうなっているのかはっきりしなかった。

気が狂いそうだった。ルイビル大の試合がどうなったか、夜中の一時になっても分からなかった。ラジオから流れてくるニュースには、ソルトレークシティーから流れてくるモルモン教の説教やカナダのケベックからはアイスホッケーの試合結果、それにラスベガスからはボクシングの試合結果だけで、バスケットの試合結果は一向に流れてこなかった。ロッジの中では、みんながパーティーで盛り上がっているのに、自分一人だけ、それも車の中で夜中までラジオをいじっているようでは女性と知り合うチャンスなどないに決まっていた。

夜中の二時を回った時点で、ガス切れになって、仕方なく部屋に戻って寝ることにした。翌朝、みんながスキーに出かけたが、私は愛車のＴＲ６に飛び乗り、町まで出て、そこで『ニューヨーク・タイムズ』を買った。なんと、ルイビル大は一五点の劣勢を盛り返し、七五対七一の四点差で勝利を収めていたのだ。

勝った！　四〇〇〇ドル儲けただけではなく、借金も返済できる。

ニューヨークに戻ってから、カーミンに連絡を入れた。四〇〇〇ドルを受け取る場所について話し合った。アメフトの試合が週末にあるので、博打は日曜日までで、火曜日には賭けの精算をするようになっていた。カーミンは、仕事が終わった後の火曜日に、八六丁目と三番街の交差点の映画館の前で会いたいと言ってきた。四〇〇〇ドルという大金をキャッシュでもらうことになる。ニューヨークでは、たった四〇ドルを盗むのに人を平気で殺す人間が町をうろついている。その中で、四〇〇〇ドルを現金で受け取るのだから、誰かに何かされてもおかしくない。そう思うと、緊張した。

よりによって、ちょうどそのころは、『ゴッドファーザー』が公開されたばかりであった。この映画の人気はものすごく、長蛇の列が映画館の外にまでできていた。私が、先にその映画館に到着して、カーミンが来るのを映画館の軒下で待っていた。いつものことだが、カーミンは襟を立て、帽子を深くかぶって現れた。映画館の前に来ると、人ごみをかき分けて私のところにやってくるなり、一〇〇ドル札で四〇枚、私の手のひらに叩きつけた。周りの連中が不信な表情で私たちを見ていた。ドン・コルレオーネのポスターの横でノミ屋のカーミンから現金を受け取った。映画の一シーンに出てきそうな光景だった。そうなると、次は、ルカ・ブラージのような殺し屋に狙われる自分が想像できた。アパートに戻って、この四〇〇〇ドルを税制の本の間に隠すまで、ずっと汗が止まらなかった。

「プロのギャンブラーは、賭け金をコントロールできる。ブローカーやノミ屋に振り回されてはならない」

リッキーは、彼の友人で商品先物ブローカーをしていたビリーを紹介してくれた。このビリーは、当時、ハンズ社でブローカーをしていたが、とにかく常にいろいろなことにかかわっていた。一九七一年八月にサラトガの競馬場に行った際、ビリーが知り合いの調教師に頼んで、八百長レースを仕組んでもらおうと言い出したのだ。私はビリーの言うことを信じられなかったが、結果が先に分かっているレースに大金を賭けて、当たり前のように儲けたいと願うのは私も同じで、彼に言っておくだけ言っておいた。

「ビリー、もしそいつが一レース仕組んでくれるのなら、必ず僕にも連絡してくれよ」

翌月、海兵隊のミーティングでリッキーに会ったとき、彼から驚くべきニュースを聞かされた。

「少尉殿！　八百長レースを仕組んだと、ビリーから連絡がありました。今度の木曜日にアクエダクト競馬場で第六レースに走るマイチューンという名の馬がそのレースを勝つように仕組んだと言っております。この話に乗られますか？」

「大いに、カニエシナだ、ベイビー！」

早速、月曜日に銀行から一〇〇〇ドル引き出して、例の税制の教科書の中に隠しておいた。火曜日に秘書のジョアンには、木曜日に大切な会合に出かけるので、その日は一切、誰からの予約も入れないように頼んでおいた。そして、水曜日には『デイリー・レーシング・フォーム』を買って、第六レースを走るマイチューンの倍率をチェックしてみたが、四―一と、まあまあだった。準備は万端であったが、木曜の朝、八百長はキャンセルになったと、リッキーから連絡があった。

「少尉殿！　例の話はなかったことにしていただきたいです。例の競走馬が登録名簿から外されるようであります」

翌週の月曜日は、コロンブス・デイで休みだったが、市場は開いていたので、私は自分のオフィスにいた。ランチに出かける直前に、リッキーから電話が入った。

「少尉殿！　例の話ですが、今度は、本物であります。ビリーが聞いてきたところでは、今日の第四レースにあの馬が走るそうであります。今回は間違いないようです。私たちは、これから競馬場に行くところであります」

「ダァー、ダァー、本当か、その話？」

「本当であります。しかし、休日で銀行が休みなので、十分な金を集められなくて、困っているところであります。持ち合わせが少しありますか、少尉殿？」

「一〇〇〇ドルくらいならあるが、アパートにあるので取りに戻るよ。一時間ほど時間をくれないか！」

「分かりました、少尉殿。あるだけ全部持ってきていただきたいであります。一時に、ビリーの事務所でお待ちしています」

第四レースにあの馬が走るのは間違いない。そこで兄のゲリーに電話をかけ、おカネを貸してもらえないか聞いてみた。兄も乗り気だった。

「三〇分後に、グランドセントラル駅の急行列車のホームにおカネを持ってきてくれ」と、言った。

「先週の木曜日にキャンセルになった会合が、急に今日の午後、開かれることになった。重要な会議なので、これから出かけてくる。三時か三時半に戻ってくる」と、秘書のジョアンには嘘をついて、ジャケットを手にオフィスを後にした。

ウォール街駅まで走っていき、そこから急行でゲリーの待つ駅へと急いだ。四二丁目で降りて、ゲリーに会って一〇〇ドルをもらって、すぐにその足で普通列車に乗り込んだ。七七丁目で下車して、自分のアパートまで猛然とダッシュした。アパートは、レキシントン通りとセントラルパークの中間に位置している七八丁目にあった。部屋の税制のテキストから一〇〇〇ドル取り出して、それを手に電車にまた飛び乗った。ビリーの事務所がある五九丁目で電車を降りたとき、午後一時五分だった。彼の事務所が入っているビルの前を、リッキーとビリーが二人で歩いているが見えた。

「カネを持ってきたか?」と、ビリーは私に尋ねた。ポケットの中から札束を取り出して、それをビリーとリッキーに見せた。すぐに私たちはタクシーを拾って、競馬場まで急がせた。

「アクエダクトまで、急いでくれ!」と、タクシーの運転手に二〇ドルを手渡して言った。

私たちが競馬場に到着したときに、ちょうど第三レースが終了しようとしていた。リッキーとビリーに三〇〇ドルを貸して、残る八〇〇ドルすべてをマイチューンに賭けた。倍率は七―二と表示されていた。マイチューンは二馬身半の差でこのレースに勝った。ゲートが開いてから、私たちはこの馬に大声援を送った。レース中の私たち三人は周りの迷惑など考えず、騒いだ。お互いの背を軽く叩いたり、飛び跳ねて、悲鳴に近い声を上げていた。このレースで、二八〇〇ドル儲けた。生まれて初めて、インサイダーになった気分を味わった。誰も知らない勝敗をスタート前から知っていたと思うと、それだけで、感激してしまった。

リッキーとビリーは、残りのレースも観戦すると言っていたが、私はオフィスに戻らなくてはならなかった。ポケットから二五セントを取り出して、それを手に地下鉄の駅に向かった。しかし、そのとき、競馬場の前で客を待っているリムジンが目に入った。

「待てよ! たった今、二八〇〇ドル儲けて、ポケットには四一〇〇ドルぐらいの札束が入っているのに、わざわざ地下鉄で戻らなくてもいいじゃないか」

五〇ドルを払って、リムジンをチャーターして、それに乗ってクーン・ローブに戻った。

「何が起きるか、事前に知っていれば、絶対に、その勝負に勝てる」

一九七二年に、ナッソーにはパラダイス・アイランドがあることを知った。そこは、ニューヨークから飛行機で二時間半のところにあった。ハンティントン・ハートフォードの料金所の正面には、アエクダストやディボーヌ、それにラスベガスに似たカジノが立ち並んでいた。そこは緑も多く、それより何より、美しいビーチがあった。ヨーロッパから訪れる観光客も多く、正装してカジノに出向いてくる連中をよく目にする。しかし、賭博場というよりもカップル向けの観光地であるパラダイス・アイランドには、女性に縁のなかった私としてはあまり足を運ぶこともなかった。

その後、オードリーと出会った。オードリーは水着がよく似合う、抜群のスタイルをしていたので、悩むことなく、新婚旅行の行き先はパラダイス・アイランドに決めた。一九七八年三月二六日、新婚初夜をニューヨークで過ごし、翌日、朝の便でナッソーに向かった。ビーチに面して建てられているローン・ホテルのスィートを予約していた。昼にチェックインを済ませ、オードリーが荷物を整理している間に、ベアー・スターンズ証券のブローカーに電話を入れてみた。私はハネムーンに来ていても、おカネ儲けは考えていたのだ。

カジノは午後一時からオープンするので、その五分前には電話を済ませ、大声で妻に声をかけた。

「オードリー！　楽しいことを一緒にしよう」

「バジー、すぐに用意できるから、ちょっと、待っていてね」と、オードリーは誘惑するような言い方で、バスルームから返事をした。

時計を確かめながら、妻に急ぐように言った。

「オードリー、もう我慢できないよ。早く！」

そうすると、バスルームのドアが開き、中から魅惑的なランジェリーを身をまとい、手にはシャンペンのボトル、またもう一方の手にはストロベリー・チョコレートを乗せてあるトレーを持ったオードリーが現れた。

それなのに、カジノのことばかり気になっていた私の態度がオードリーを激怒させた。

「何やっているんだい！　まだ、着替えてないのか？　カジノが一時にオープンするのに、間に合わないじゃないか！」

オードリーは一言も言わずに、シャンペンとストロベリーを床に置いて、そのままバスルームに戻ってしまった。ドアにカギをかける音がした。妻のイメージしていたロマンチックなパラダイス・アイランドでのハネムーンは、ことごとく崩れ去った。カジノで遊ぶことが何よりも楽しいと思っている間抜けな男とオードリーは結婚したのだ。

「物事には順序というものがある」

この事件以来、カジノに出向くことも減り、競馬やカードなどのギャンブルをしなくなった。一九七八年の夏に「プラン」を立ててからは、ギャンブルは一変して、株式市場という場に移された。それからオプション市場に参戦した。その後、S&P株価指数先物に力を入れるようになった。しかし、ギャンブルを覚えたアーティーの店、それに、エディー・コーヘンの地下室、アクエダクト、ヒンスデール、ヨーロッパ、ラスベガス、アクア・ビタエ、それにパラダイス・アイランドといろいろな過去の経験が相場にも生かされている。いろいろな金融商品が開発され、テクノロジーの進歩と共に、取引も場立ちからコンピューターへと移り変わっている。時代の流れか、私がギャンブルで学んだことを、ハーバードを初めとする有名大学でMBA過程を終了することで、今のトレーダーたちは経験をしている。教育は非常に大事だが、一度、取引所のベルが鳴ると、学歴など一切不要だ。学生が私のところにアドバイスを求めて訪れるが、彼らと接して時代の変化を感じた。体で市場の動きを感じ取ることができて初めて、相場に勝てるのだ。この経験を積まなくては、ラインに立つこともできず、引き金も引けない。もちろん、勝者にはなれない。

「プロのトレーダーとすご腕のギャンブラーには、何か共通するものがある」

ビバ・ラスベガス

先物売買は、クラップというギャンブルに似ている。ある意味では、トレーダーとして成功を収めるのに絶対必要とされる自己規律を、ラスベガスで身につけることができる。ラスベガスでコンスタントに儲けることは難しいが、大きな損も出さずにギャンブルを楽しむことはできる。もちろん、うまくいけば、一度や二度ではなく、何回も勝てるだろう。いずれにしろ、自己規律を身につけていないと無理な話だ。カジノは、客が何回もギャンブルをしたくなるような環境を作り上げるのに必死だ。客に考えさせる余裕など与えないのがカジノである。ラスベガスは二四時間休みなく、週七日オープンしている。一度、その場に足を踏み入れると、酒はいくらでも飲め、周りには男たちの目をくぎづけにするような女性たちがカジノ内をところ狭しと歩き回っている。とにかく、遊ぶには最高の場所である。

私が最も好んでするギャンブルといえば、やはり、クラップである。取引所の立会場で取引をしているようなものだからだ。周りはいつも騒がしく、人の群れが至るところでできあがっている。とてつもない速さでおカネが右から左へと動いている。クラップ・テーブルでは一二人がサイコロの目を追って血眼になっている。

〝ボックス・カー〟〝フィーバー〟〝エース〟〝スネーク・アイ〟など、いろいろな賭博用語が飛び交っている。誰かがサイコロを投げるように、チップも投げられ、テーブルを囲む男たちは押し合い、女たちはそんな男たちに体をすりつけてくる。息が荒くなり、叫び声が上がる。その場にいると、誰もが熱気に包まれる。アメリカ証券取引所でチッキーやフラニー、それにデブのマイク相手にオプションを売買しているようなものだ。

私自身、パスをしないギャンブラーで、必ず毎回、サイコロを投げる投げ手を相手に勝負をするタイプだ。勝率は、投げ手側につこうがつくまいが変わらない。しかし、多くの客は投げ手側につきたがる。私はいつも、投げ手側にはつかず、サイコロを投げる客が失敗する方に賭ける。もちろん、私が勝てば、多くの客は喜ばないだろうが、そんなことは一切、気にならない。別に理由はないが、ブルーのダブル・ジャケットを着て、オープンシャツの上からネクタイ代わりにぶら下げているメダルを自慢げにしているような連中とは、一緒のチームに属したくないだけだ。ましてや、ミニドレスに無理やり体を押し込んでいる脱色ブロンド嬢たちが投げる前にサイコロにつばを吐く光景を見ると、どうも私は彼女たちと同じ側につきたいとは思わなくなる。大衆とは、逆につく私のやり方は、周りの反感を買う傾向にあるが、クラップ・テーブルでも立会所でも、敗者は常に勝者を嫌う。

ラスベガスでクラップに手を出して覚えたことで、トレーダーとして成功するカギとなる三つのルールを紹介する。

まず最初のルールは、**「自分のエゴを捨てること」**である。相場でもギャンブルでも、精神的にコントロールが利かなくなるようでは、絶対に成功しない。クラップ・テーブルでサイコロを投げる投げ手を敵に回したからといって、個人的な恨みがあるわけではない。エゴが絡むとゲームで大損をする。相手が数回連続で勝ったとき、次は賭け金を倍にしたくなる。この誘惑に負けると、破産が待っている。個人の感情を一切捨て、カジノの胴元になったように、顔色一つ変えずに勝負に立ち向かうことが必要なのだ。

第二のルールは、**「手持ちのおカネはきちんと管理すること」**である。私は、いつもカジノに着くなり、すぐにカウンターに行ってセイフティー・ボックスをもらう。そこに手持ちのおカネのうち、数百ドルを入れておく。残りをチップに換えて、テーブルに向かうのだが、もしそのチップを使い果たしたら、カウンターに戻ってこなくてはならない。このカウンターに戻ってくることで、実際には自分に二つのことを課している。まず、そのテーブルから離れる。その場から離れることで、それ以上負けることがなくなる。そして、気持ちを落ち着かせることができ、次にどうするか考える時間を持てる。ちょうど冷たい水を顔にかけるようなものだ。トレーディングにも、全く同じことがいえる。ブローカーがタッチできない口座に、別のカネを置いておくことが自分の身を守る上で大切だ。感情的になり、興奮した状態で勝負に挑むことは危険である。

最後のルールは、「**立て続けに勝った後は、違うテーブルに移ること**」である。運良く連続して勝ったとしても、その運がいつまでも続く訳ではない。ツキが回ってきたときに、テーブルを替えることは、かなり苦痛なことだろう。誰しもが、ついているテーブルからは離れず、そこで次のチャンスを待とうとする。しかし、儲けを貯めるということを考えると、儲けたおカネを持ってカウンターに戻り、そして、そのおカネをセイフティー・ボックスに入れることが最良だろう。まだ続けたければ、違うテーブルを探して、そこで最初からやり直す。集中力を持続できれば、またチャンスが舞い込んでくるだろう。

このようなルールを持っていないと、相場で勝ち残ることはできない。全く同じルールである必要はない。しかし、自己規律を持って、自分の決めたルールを守り通さない限り、勝者にはなれない。

念願の大手証券会社に転職、そしてクビに

一九七〇年初めにコロンビア大学のビジネス・スクールでＭＢＡ（経営学修士）を修得した後、すぐに証券業界で職を探すことに決めた。調べてみると、大きく分けて三つの職種がウォール街にはあった。投資銀行家、トレーダー、そして証券アナリストである。私自身、どう考えても投資銀行家タイプではない。彼らは、株式公開を手がけたり、いろいろな企業を相手に取引をする連中で、どちらかというとデカイ仕事をする。残念ながら、私にはそのようなことに興味はなかった。それに、自分を飾ることができる人間ではなかった。またトレーダーは、その当時はまだ中継業務を専門にやっていたので、最初からその職には興味がなかった。そこで、証券アナリストになる決意をした。自分の性格に一番合っていると思ったからだ。

小学校一年生のときだったが、先生に将来は何になりたいかと聞かれたときに、私は探偵にな

りたいと答えた。ユダヤ系の家庭に生まれ育った子なのに、医者や弁護士になりたいとは全く考えず、探偵になりたいと答えた息子をみて、さぞかし両親は、私の性格を疑ったに違いない。しかし、子供のころから、何かを調べたり、分析をするのが好きだった。証券アナリストもいろいろな企業を調査したり、会社の役員に会ったりして、調べた結果をレポートにして報告するのが仕事である。もちろん、出張もかなりあるが、いろいろなところを回って歩くは好きだった。

一九七〇年の春、アメリカ経済は景気後退の時期だった。一九七〇年の卒業者にとって、ウォール街で職を手に入れるのは難しかったが、決意は固かった。とにかく、自分を売り込んで会社を回った。その年の初めから、いろいろな証券会社に履歴書を送っては、面接を受けられるように頼み込んでいた。同時に、リサーチや調査部門の部長クラスの名前を調べて、電話攻撃にも出てみた。みんな返答は同じだった。

「新規採用は見合わせているので、残念だが、他を当たってみてくださいませんか？　この不況下では、新卒者を育て上げる余裕はありませんので……」

しかし、そんな返答に対して、私はいつも、「しかし、こんな状況だからこそ、新しいことに前向きに進むべきでしょう」と、逆にこちらから問いかけてみると、意外と彼らの反応は悪くなかった。その場で面接の約束を取れなくても、次の機会に会ってくれるか確かめてみた。最終的に六社から内定をもらった。

私はクーン・ローブに就職することに決めた。同族系の証券会社で、ユダヤ系のシュッフ家によって経営され、古くからその名はウォール街でよく知られていた。リサーチ部門の代表だったジャック・ファビア氏から、年俸一万六〇〇〇ドルで働かないかと言われた。一万六〇〇〇ドルは、一九七〇年では最高の金額だった。配属先は、薬品業界を中心に調査分析を担当していたエイブ・ブロンクテイン氏のアシスタントをすることになった。エイブには、非常に世話になった。エイブの指示で、薬局チェーン店を担当することになった。その代表的なチェーン店には、ライト・エイド、レブコスやエッカーズなどがあった。これらが、私が健康・医療関係にかかわった最初である。

薬局チェーン店を調査するだけでなく、エイブから健康・看護サービス業も担当するように指示された。フォーシーズンズ・ナーシング・センターもそのうちの一つだった。健康・看護サービス分野は当時、注目を浴びており、それらの株は高値を更新し続けていた。フォーシーズンズ社のプロモートは、ジャック・クラークが任されていた。彼がニューヨークに寄ったときは各証券会社を回って、フォーシーズンズ社を宣伝していた。エイブと私がジャックに会ったのは、彼の宿泊先で、パークアベニューの六一丁目と六二丁目の間にあるリージェンシー・ホテルでだった。そこで、朝食を一緒に取りながら彼の話を聞いたが、私はその場でジャックが履いていたワニ皮の靴から目をそらすことができなくなってしまった。ジャックは、身なりもきちんとしていて、話上手な男だった。しかし私は、彼が履いていたワニ皮の靴があまりにも美しく、ミーティングよりも彼の靴のことばかりが気になった。

普通は、靴に一五〇〇ドルもかけないが、彼の履いているワニ皮の靴が欲しくてたまらなくなった。必ずいつか、あの靴を手に入れると決心したが、ミーティングの内容は一切、覚えていなかった。ウォール街でビジネス・スクール出の二五歳以下の新卒を雇わない理由が、やっとそのときに分かった。相手の身なりに気をとられているようでは、仕事にならないからだ。

数週間後、エイブと私はフォーシーズンズ社の本拠地であるイリノイ州ジョリエットを訪れた。エイブは、フォーシーズンズ社の経営する老人ホームを見学したがっていた。もちろん、新設されたばかりの老人ホームに案内された。後で分かったことだが、フォーシーズンズ社の主な収益は、老人ホームから上がっているのではなく、施設建設にかかわった不動産売買の利益からで、それをいかにも医療看護部門から得られた利益のように報告していただけだった。ジャックは単なるペテン師だったのだ。注目されている産業だっただけに、会計報告書を粉飾して、いかにも有望企業であるかのように見せかけ、その会社の株価を吊り上げていた。一五年後に起きたS&L（貯蓄・貸付組合）が抱えた多額の不良債権は、不動産の暴騰から引き起こされた"バブル"によるものだ。このフォーシーズンズ社も不動産価格を操ることで、自社株を高値に保とうとしていた。一九七〇年四月二七日に、フォーシーズンズ社の株式売買は停止され、この詐欺行為にかかわったジャックやワニ皮の靴は刑務所の中に消え去った。

健康・看護サービス業に続いて、注目を浴びたのが医療施設を管理する企業だった。もちろん、フォーシーズンズ社のような詐欺行為をする企業ではなく、メディケア（高齢者医療保険制度）

とメディケイド（低所得者医療補助）の導入をビジネスに結びつけた企業に市場は関心を示した。

私は、この医療施設管理をしている企業や健康・看護サービス業も含めて、医療サービス業の動きを追うことにした。当時は、医療サービス業は、証券アナリストにとって未開の業種だった。しかし、最初からこの新しい業界に目をつけていたので、私は経験がなかったけれども周りからは注目されるようになった。これから医療サービス業がもっと伸びていくと、私は機会があるごとにその業種の銘柄を推奨した。また、クーン・ローブ社がスポンサーになって開いたニューヨークのミッドデイ・クラブでの昼食会では、自家用機で飛んでくるような人たちを前に司会を務めた。最前列のテーブルに座って、多くの人を医療サービス業を代表する人たちに紹介もした。

「エール大で法律を学んだデビッド・ジョーンズ氏とケンタッキー・コーネル社の新オーナーであるウエンデル・チェリー氏は、アメリカで今、最も注目されているエクステンダケア社を創立した」

「また、たった二年という短い間に、トム・フリスト博士とジャック・マッセー氏によってホスピタル・コーポレーションは業界ナンバーワンの地位を獲得した」

「バーニー・コルマン氏とボブ・ゴールドサム氏は早くから医療サービス業界に注目して、アメリカン・メディコープ社を通して業界を再編成する動きに出ている」

今から思うと、はなはだ下手な一人芝居であったが、効果は抜群だった。医療サービス関連の株は、かなり強い伸びを見せていた。大手投資銀行家のご機嫌を取りながら、自分の売り込みに一生懸命だった。私の活躍が会社にとって有益であり、潜在的なたくさんの客を掘り起こすことができれば、自分に大きなチャンスが舞い込んでくると思っていた。

クーン・ローブ社に入社して二年目を迎えた一九七二年の春に、年俸は二倍の三万ドルになった。出張でいろいろなところを飛び回ったり、大学のクラスメートに会っては食事をおごったり、薬局チェーン店の分析や医療サービス業の調査をして、多忙な毎日を送っていた。そんなある日、コロンビア大学ビジネス・スクールの卒業生が集まる昼食会に出たとき、クラスメートの一人が私にグレート・ピラミッド（実在する会社を仮名で表現している）を紹介してくれた。

そのころは、有名な証券アナリストを多く雇っている会社や専門にある特定の業界に力を入れている少数先鋭の証券会社がウォール街にはあちらこちらにあった。ピラミッドもそのうちの一つで、高飛車で、ある意味ではカリスマ的な存在だった。このクラスメートによると、ピラミッドは証券アナリストを新たに数人採用する予定で、もし興味があれば面接を受けられるように取り計らうと言ってくれた。私の返事は、もちろん「イエス」だった。プロフットボールで有名なダラス・カーボーイズの入団テストを受けるチャンスが与えられたようなもので、にわかにファイトがわいてきた。ついに、自分を売り込んできた努力が報われたのだ。

ピラミッドは、バッテリー・パークに隣接しているステンレスで覆われた新築のビルの三三階にオフィスを構えていた。このオフィスからは、スタッテン島フェリーが行き来するのが見えた。港が一望できる素晴らしい眺めだった。面接では、ピラミッドを代表する人物に会って、年俸五万ドルのオファーを提示され、条件が良かったので、ピラミッドに移ることに決めた。

ピラミッドはウォール街で注目された証券会社になった。ピラミッドの頂点には、クフ王、カフラー王が君臨して、その下にはファラオたちが実務を担当した。エジプトのピラミッド建設を手がけたファラオたちが、このウォール街のピラミッドでは顧客を相手にビジネス・アイデアを売り込み、宝石や財宝の変わりに、多額の手数料を稼いでいた。

このピラミッドは、自由の女神が一望できる新築のビルの中にオフィスを置いていた。この自由の女神を高層のビルから眺めるピラミッドの社員たちは、東ヨーロッパやロシアで起きたユダヤ人大虐殺からやっとの思いでこのアメリカに逃げてきた移民の子孫たちである。ニューヨークにたどり着いた彼らの両親や祖父母は、この自由の女神を川の方から見上げていた。彼らは、ブルックリンやブロンクスに住みついた。しかし、成功を収めた彼らの子孫たちは上層階級の一員となり、先祖がどこから来たのかすっかり忘れてしまっている。二世、三世にあたる者たちの多くは有名なカントリークラブのメンバーなり、子供たちを私立の名門校に入学させ、ハンプトンで避暑を過ごすなど、先祖の生活状態とは比べものにならないほど豊かになった。チャリティーのスポンサーになったり、グッゲンハイムでワインを楽しみ、メトロポリタン博物館でチーズをたしなむのは、ごく当たり前のことになっている。

クフ王とカフラー王の下には、祭司が機関投資家を担当する営業と調査部門を管理していた。その祭司が私をこのピラミッドにスカウトしたのだ。祭司の下には、預言者がリサーチ部門を実際に取り仕切っていた。この預言者が私の上司にあたるポジションだった。しかし、祭司も預言者も、ファビア氏やブロンクテイン氏とは全く違っていた。このピラミッドは、クーン・ローブとは違うタイプの証券会社だった。

預言者の下には、私も含めて証券アナリストは三〇人いた。預言者はリサーチ部門のディレクターという肩書きを持ち、各アナリストとミーティングを開いて、報告書を指定された期日までに書き上げることを指示したり、そのレポートを顧客に配布する手続きを取ったりするのが彼の仕事だった。このレポートは顧客だけではなく、いろいろな投資機関にも宣伝としてバラまかれた。預言者は、アナリストたちが書くレポートの内容を祭司に報告する役目をしていた。後に、預言者は三〇人いるアナリストたちを一〇人ずつの三つのグループに分けた。シニア・アナリストがそのグループ・リーダーとなり、パピラス役に仕立て上げられた。こうなると、預言者はパピラスにミーティングを完全に任せて、顔も出さなくなった。

パピラスはアソシエイト・ディレクターという肩書きで呼ばれていた。私とそれほど年齢的に差はなかったが、パピラスの一人はウォール街で彼の名を知らない者はいないくらい有名だった。彼は市場が成長株として注目をしていた航空業界を担当していた。人気株であるが、飛行機同様、クラッシュすることもたびたびあった。彼の推奨で航空会社を買った一般投資家を巻き添いにしてしまったことも何回かあった。

ヒエログリフも私と同じグループに籍を置いていた。彼はポライドド社が一七〇ドルまで上昇するので、その株を購入するべきだと顧客に推奨した。ヒエログリフは、単純に世の中の人々すべてが、インスタント・カメラを購入すると思ったのである。いったん購入したカメラにはフィルムが必要になるので、ポラロイド社の収益は上昇し続けると予想したのだ。株価は四ドルに、そして八ドル、一六ドル、八三ドルと止まることなく上げ続けると発表したのだ。しかし、彼の予想は大きく外れ、写真には彼を信じて買った顧客の暗い顔が次々に写し出されていた。

同じグループには、スフィンクスもいた。彼は、上場して間もない有望な企業の会計報告書を隅から隅まで調査できる会計士だった。リサーチ部門には、どうしてもスフィンクスのような会計士が必要だった。過去の情報があまりない新しい企業や業種を年間会計報告書を基に分析することは、少し危険である。もちろん、企業が出す年間会計報告書には、会計士や会計事務所がその報告内容に間違いがないことを証明している。年間会計報告書には、次のように書かれている。

会計基準に基づき、バランスシート、収益一覧表、留保利益計算書は作成された。ここに報告されている内容は、この企業の財務状況を表している。

しかし、本音を書くと、次のようになるだろう。

経営者が提出する会計報告書を調べてみたが、一般会計基準そのものに、いろいろな欠点がある。特に、収益内容までは明確に記されていないことが多い。それに、この会社が弊社に監査料を支払っているので、悪いことも書けない。嫌われると、他の会計事務所に乗り換えられる。

これが理由で年間会計報告書には、監査を担当した会計事務所の書く否認書は、非常に小さく印刷されていて、ムシメガネで見ないと読めないくらいだ。一般投資家がこれらの会計報告書を読んで、すべてを分析するのはちょっと難しいだろう。そういう意味からも、スフィンクスのような会計士が必要になってくる。この会計報告書をくまなく調べた後で、スフィンクスが出す結論は非常に重要だった。在庫が積み上がっているとか、減価償却を行いすぎているなど、彼はその企業の本来の姿を見極めることができた。

ピラミッドに入社して三カ月が過ぎた一九七二年のレイバー・デイが近づいてきたころだった。私は、ピラミッドでも医療サービス部門を担当していた。医療看護制度の発足で、医療関係企業は市場の注目を浴びていた。スタッテン島フェリーが行き来するのを自分のオフィスから眺めながら、市場から注目を浴びている自分に酔っていた。そんな私のところに、突然、スフィンクスが現れた。

ピラミッドの中で警察犬となって会計報告書を嗅ぎ回っているスフィンクスは、どの企業でも好き勝手にチェックすることが許されていた。調査した結果をその担当アナリストに報告するのがスフィンクスの仕事だった。私のオフィスに入ってくるなり、椅子の背もたれをくるりと前に回して、ニヤニヤしながらそこに座った。スフィンクスの目には、会計士が報告書に間違いを見つけたときに浮かべる勝利の喜びがあふれていた。

「マーティン、医療サービス産業をいろいろと調べてみたら、大変なことが分かったよ。彼らの収益予想に大きな問題がある」と、スフィンクスが言ってきた。

彼の調べでは、医療サービス産業にかかわっている多くの企業は、メディケアとメディケイドを通して得られる収益に頼っているが、彼らが期待する収益はすべて手数料率を基に予想された数字である。政府が支払いを実行するのは、決済書が確認された後で、監査に二～三年もかかるケースもある。スフィンクスは、これらの企業が期待収益をかなり水増しして報告していると思ったのだ。

「非常に面白い調査結果だね」と、私は返事をしたが、心の中に不安が募ってきた。ピラミッドで医療サービス産業を担当していたのは、この私だった。彼は、この産業全体の基盤が弱いと言っているのだ。

「マーティー、受取勘定の数字だけじゃないんだ、問題は。本当の問題は、これらの企業の株は、収益率の三〇～四〇倍で取引されていることだ。いくら成長業種とはいえ、あまりにも高すぎる。もしメディケアとメディケイドがヘルスケアに回されるのであれば、近いうちに政府は新たな規制を設けてこの流れに歯止めをかけるだろう。当然、再設定される基準は高くなる。コストがかさむだけでなく、収益も減る。だから、現状の株価は高すぎることになる。医療サービス産業は、本来、公共事業の一種として考えるべきで、収益の伸び率はそれほど高くないはずだ」

スフィンクスがそれだけの財政政策を知っているのを、そのときは疑問に思わなかった。年齢も私より上で、経験豊富なスフィンクス先輩の話を疑う理由はなかった。私の口からスフィンクスに、医療サービス産業は政府の基準変更などに対応できるので心配ないと、反論できなかった。むしろ、彼の意見を聞いて、自分の考えに不安を持つようになった。医療サービス産業に深くかかわりすぎていて、客観的に事実を見られなくなったのではないかと思った。担当分野の宣伝・旗振り役だけでなく、政府の動きにも目を向けるべきだと感じた。規制変更に伴う収益率の変化についてレポートを書くことにした。このレポートのアウトラインを書き上げ、早速、預言者に提出した。九月の終わりごろ、社内メモが私のところに送られてきた。

〈社内メモ〉

日付　：一九七二年九月二八日
宛て先：シュワルツ
発信　：預言者

医療管理分野の問題についての調査分析を進めるように。市場にかなり大きなインパクトを与え

るレポートになるだろう。スフィンクスの協力を得るように。

指示に従って、スフィンクスと一緒にこの調査に乗り出した。このレポートを完成させるために、週末にもウエストチェスターにあるスフィンクスの自宅を訪れてはいろいろとやり残した作業を続けた。彼の自宅の地下に置かれたテーブルの上には、資料が散乱していた。各種の統計指数を求めては、その数字が表している傾向を読み取り、グラフの上にトレンドラインを引いてみた。そのラインを切っている数字がないか、もしくはそのトレンドラインに変化が現れていないか、徹底的に調べ上げた。

調査内容をいろいろな表にした。その中には、国民総生産に対する医療出費率（メディケアとメディケイドが確立されたことで、出費率は急上昇していた）をチャートにしたものも含まれていた。使用率（三年以上前に建てられた医療施設では、その使用率は伸びていなかった）もグラフに書いた。平均入院日数も調べてみた（病院の利用が増えている分、一般の病院に入院する患者が減っていた。また、出生率の低下もこの減少の大きな理由の一つだろう）。入院費用も調査した（費用の上昇率は年率六％に抑えられていた）。新設された医療施設数、医療サービス産業関係者の平均給与、リインバースコスト、リインバース外コスト、それに全経費もチャートに書いてみた。収益予想を立て、それに基づいて、契約数、純収益、コスト、税引き前の一入院日当たりの収益など洗い出してみた。この作業をしている最中、スフィンクスは、ずっと、私に言っていた。

「マーティー、これらの企業の株価は高すぎる。公共事業的な産業であって、急成長産業ではない」

われわれの調査分析から医療施設管理・サービス産業の収益は、過去五年間の伸びと比べると、少なくとも一五～二〇％減少すると予測した。コストの急上昇がこの分野を代表する二社、ホスピタル・コーポレーション・オブ・アメリカとアメリカン・メディカル・インタナショナルの収益報告書に現れていると指摘した。これらの株価は一株当たりの収益率から見て、非常に高く取引されていたので、もしわれわれの予測が正しければ、この二社の株はかなり下がると想像できた。結果として、われわれのレポートには警告として、「医療施設管理・サービス産業の急成長から、ＰＥＲに対してかなり割高な株価を付けているが、将来の収益率に対して不安材料が出始めると、これらの株価は修正を迫られると予想される」と書いた。

一〇月の終わりには、レポートの概要をミーティングのときに他のアナリストたちに発表する予定にしていた。しかし、このミーティングそのものは、全く意味のないものだった。自分の担当以外の話に興味を示すアナリストなどいるわけもなく、時間の無駄だった。ブローカーたちは、アナリストたちが発表するレポートが株価を動かす要因になるので、その報告内容に注目していた。特に、ピラミッドのような有名な証券会社のレポートとなると、市場関係者は誰もがその内容に注意を払った。ブローカーは、もちろんアナリストたちのミーティングには参加できなかった。そこには、チャイニーズ・ウォールという万里の長城を思わせる高くて長い壁がブローカーとリサーチ部門との間にはできていた。顧客保護を目的に、リサーチ部門は独立した立場から公平に物事を調べることができる環境が与えられていた。そうはいっても、ブローカーたちはアナリストたちと接触を取り、何か面白いネタはないかと探りを入れていた。

私はこのレポート内容にかなり自信を持っていた。アムハースト大に在学していたころ、ベトナム戦争に反対し、民主主義社会の確立を訴える一風変わった学生たちがキャンパスにいたのを覚えている。当時の私は、そんな連中をバカにしていた。その後、海兵隊員になって、戦争反対を訴えることがどれほど勇気のいることか理解できた。大衆の動きに逆らって、自分独自の主義主張に基づいて行動を貫こうとするのは並み大抵のことではない。今回は、スフィンクスの協力もあり、一般に受け入れられているアイデアを打破する覚悟はできていた。戦争反対を訴えた学生のように、私は自分の調査結果に自信を持っていた。

分かりきっていることだが、他のアナリストたちは、医療施設管理・サービス業の名前など無関心である。自分の報告書が受け入れられるかどうかだけ気にしていて、他の分野がどうなろうと知ったことではなかった。ピラミッドは、クーン・ローブとは違って、各自が分担された任務以外には誰も口出ししなかった。ファビア氏やブロンクテイン氏のような面倒見の良い人間は、このピラミッドにはいなかった。祭司や預言者は、ほとんどミーティングにすら顔を出さなかった。

ミーティングでは、各アナリストが作成したレポートの草稿が参加者に配られた。しかし、このレポートは社外持ち出し厳禁で、通常はミーティングの後に始末された。私のレポートに興味を示したのはポール・スタンディッシュだけだった。彼は製薬会社を担当していたので、私の報告書に関心を寄せたのも無理はなかった。メディケアとメディケイドができたことは製薬会社にとってもプラスに作用していたから、われわれの予測が正しければ、当然、製薬会社にとってもダメージは大きいはずだ。

そのときは気づかなかったが、スタンディッシュはわれわれのレポートをミーティングの場から持ち帰ったのだ。その上、その内容をスカダー・スティーブンス・クラーク社のアナリストに漏らしたのだ。そこの製薬会社を担当しているアナリストたちは、カリフォルニアから戻ってくる飛行機の中でわれわれのレポートについていろいろと話したようだ。スカダーはボストンに本拠を置く投資顧問会社である。

スカダーのアナリストの公言によって、レポート内容は今にも漏れそうになっていた。ついに、一九七二年一一月七日、スタンディッシュは一線を越えてしまった。スカダーのアナリストにわれわれが書いたレポートの下書きまで送ったのだ。ここまできて、彼のやったことにお手上げ状態になった。われわれが書いたレポートを渡すなんて、そんなバカげたことは全く理解できない。他の投資顧問にわれわれが書いたレポートを渡すなんて、……

一一月一三日の週には、われわれの調査分析内容が市場に漏れ始めた。スカダーの連中がわれわれのレポートを流用して、彼らの顧客に医療管理・サービス企業株の売りを推奨し始めたのだ。一一月二一日には、ニュースでもわれわれの報告書について取り上げられるようになった。これがきっかけとなり、アメリカン・メディカル社の株価は、一気に五ドル八分の七も下げた。同じ週に、ホスピタル・コーポレーション・オブ・アメリカ社の株価は二二％も、その価値を失った。仕手筋が医療管理・サービス産業の株価を叩いているという噂まで市場に流れた。ピラミッドに事の真相を明らかにしようと、ひっきりなしに問い合わせの電話がかかってきた。調査部門と営業部門にはチャイニーズ・ウォールがあったため、わが社の顧客はこの噂を知らず、モンゴルに取り残されたままだった。しかし、それらの企業の株価は下がったため、顧客にしてみると不愉快な出来事だった。もちろん、営業担当者は、怒りをあらわにしていた。スカダー社の顧客がどうやってわが社のリサーチ報告書を先に手に入れたのか？　一体どうなっているのだ？　祭司と預言者は、何をやっていたのだ？　ピラミッド社内で、大きな動揺が広がった。

子供のころから探偵になりたかった私だが、今回の事件では全く手がかりになる証拠を入手していなかった。預言者に呼びつけられて、レポートがなぜ漏れたのか問いただされたが、その時点では私自身、どうなっているのかさっぱり分からなかった。もちろん、預言者は私の回答に不満を持っていた。彼以外にこの事件に怒り心頭している男がいた。アメリカン・メディカル社の社長ウラノス・エイプルである。彼は、ピラミッド社が仕組んで医療管理・サービス関連の株を売りに出て、株価操作をしていると思っていたからだ。彼は、ニューヨーク証券取引所にこの件について調査を依頼した。

一一月二二日水曜日に、顧問弁護士が私のところに来て言った。

「マーティー！　ニューヨーク証券取引所まで出頭して、宣誓証言してくれ」

宣誓証言？　なぜ、私がニューヨーク証券取引所に出向く必要があるのだろう？　私は知っているすべてをすでに預言者に話した。なぜスフィンクスが取引所に行かないのか？　私よりもずっと年齢も経験も上である彼が、この件に関して説明するべきだろう。それに、彼のアイデアでこのレポートを書くことになったのだ。ピラミッドが私の肩にのしかかってきた感じだった。自分の心を落ち着かせそうと必死だった。何も悪いことはしていない。それに、一番下の私に何ができるだろう？　ファラオたちや、クフ王、それにカフラー王は、きっと祭司や預言者に私を守るように支持しているに違いないと思った。

顧問弁護士が、私が宣誓証言するに当たって、どのようなことを聞かれのるか簡単に説明をしてくれた。また、彼から私がピラミッドにとって重要なメンバーの一人であるとも言われた。

「マーティー、正直に答えるだけでいいんだ。何も心配することはない」と弁護士から言われたが、席から立って、部屋の外に出る寸前に、彼は言った。

「マーティー、もちろん、君も承知していると思うが、当社と君との間に意見の相違や納得のいかないことが持ち上がった場合は、一緒のチームとは思わないでほしい。そのときは、君独自の弁護士を雇うようにしてくれ」

すぐさま、兄のゲリーに電話した。ゲリーはデイビス&ギルバート社の広報担当弁護士をしていた。もちろん、兄以外に信用できる弁護士などいなかった。

「ゲリー、ここの連中は僕の手にピンを抜いた手榴弾を握らせているんだ。どうしたらいいんだ？　やっぱり、弁護士を探すべきなのだろうか？」

「お前は、何も悪いことをしたわけじゃないんだ。それに、これはただのヒアリングだ。弁護士は必要ないよ。それに、今の時点で弁護士を連れて宣誓証言を受けては、かえって疑われる。とにかく、出頭して真実を話すだけでいいんだ」

兄の言う通りにした。一一月二四日金曜日、ニューヨーク証券取引所に出頭して、宣誓の上で六時間にも及ぶ審問に答えた。海兵隊でいろいろなトレーニングをしてきたが、今回のような状況に対処する訓練は受けたことがなかった。速記者がその場の内容をすべて記録していた。その中で、何度も同じ質問を繰り返し聞かれ、私は同じ答えをただ繰り返すだけだった。

今まで、前向きな考えを持っていた分野なのに、なぜ急にその考えを変えたのか？　どこから情報を手に入れたのか？　この件については、他に誰と話したのか？　このレポートの内容を知っていたのは誰か？　自分のグループ以外にこのレポートを渡したか？　アメリカン・メディカル・インタナショナル社、ホスピタル・コーポレーション・オブ・アメリカ社、その他の医療管理・サービス企業の株をこの三カ月以内に私か、それとも私の知っている誰が売ったか？　過去六カ月以内では？　過去一年以内では？

　私の記憶力は非常に高く、知っていることはすべて答えた。六時間が経過して、私がこの件に関して無実であることが明確になったに違いない。仮にピラミッドによる組織的行動にしろ、株価操作をたくらんだ連中がいたにしろ、私は一切かかわっていないことを証明できたと思った。無実であることを証明できたという自信を胸にニューヨーク証券取引所を後にした。しかし、大きな問題がまだ、一つ残っていた。ピラミッドは、まだわれわれのレポートを発行していなかったのだ。

　もし祭司か預言者がわれわれのレポートに目を通していれば、間違いなく、この報告書は日の目を見なかっただろう。ファラオたちの目についていれば、その場でレポートは破り捨てられただろう。われわれのレポートは確かに、「売り推奨」として医療管理・サービス企業を挙げていた。しかし、ウォール街で「売り」を勧める証券会社など存在しなかった。「保留・維持」という言葉の意味が「売り」であり、「売り」という単語はご法度とされていた。もし預言者がわれわれの下書きを読んでいたら、その場でレポートを破り捨てたと思う。しかし、彼は、全くミーティングに顔を出さなかった。彼は、監督者としては失格であった。取り返しのつかない状態になった今、レポートを書いたことを悔やんでももう遅かった。

　スフィンクスと私は、レポートを書き直した。もちろん今回は、祭司と預言者のチェックは厳しかった。まずアメリカン・メディカル・インタナショナル社を例として取り上げることをやめた。すべての単語に注意を払い、とにかく表現をソフトに変えた。「予想される」を「可能性もある」に置き換えた。最も重要な成長率では、一九七二年後半から一九七三年いっぱいは、一五～二〇％の収益上昇が維持できると書いた。このレポートの目的は、医療管理・サービス分野の潜在的な長期の視点から見た問題点を「警告」しただけで、それらの企業の株の「売り」を推奨するものではないことを改めて付け加えた。

正式なレポートは、一九七二年一二月一日に発表されたが、そのときには誰も医療管理・サービス企業の株を買おうとしなかった。一一月二七日付『ウォール・ストリート・ジャーナル』紙にダン・ドフマン氏は、オリジナルのレポートはかなり医療管理・サービス業に対して悲観的な予想をしていたと書いた。その記事には、「ピラミッドの内部関係者によると、ピラミッドにとってこのことは悪夢だった」から始め、このレポートは信用をなくし、医療管理関連の企業に投資した人たちに多額の損失を与え、また、空売りを仕掛けた形跡があるため、ピラミッドが意図的にこの情報を流し、株価操作を企てたと思われている、とも書いてあった。記事に終わりにドフマン氏は、あるファンド・マネジャーの意見として、「ピラミッド社のレポートは、医療管理・サービス産業の将来について不安定要素があると発表したにすぎず、誰も彼らの見解が正しいか間違っているか分からないが、彼らが正しいなら、これらの株はおしまいだろう」と結んでいた。

ウラノス・エイプルやその他の医療管理産業の重役連中が必死に株価の下落を抑えようとし

て、買い支えをしていた理由は、企業買収の計画を推し進めていたからだった。われわれのレポートが正式に発表になったその日に、ウラノス氏はインタビューの中で、「ド素人が書いた内容で、しかも、医療管理産業構造を全く理解していない」と訴えていた。企業買収計画は、株価の下落と共に流れたようだった。

インサイダー取引を監視しているストック・ウオッチャーのメンバーにより、一一月一三日の週から医療関連企業の株式売買の検査を始めた。彼らの調査結果から、スカダー社のヤツとスタンディッシュがこのレポートを流したという結論に至った。スタンディッシュは、最初はレポートを持ち出したことを否定したものの、一九七二年一二月一二日に事の真相を白状した。一二月一四日にスカダー社の社長だったジョージ・ジョンソン氏が今回の不祥事を陳謝した。彼らの顧客が医療管理・サービス企業の株に空売りを入れていたことを認めたのだ。これで一件落着だ、と私は思った。しかし、私の考えを覆す事件が起こった。

一九七三年一月二六日、カリフォルニアに住むアメリカン・メディカル・インタナショナル社の株主グループがピラミッドと私を告訴したのだ。告訴状は、以下のようなものだった。

ピラミッド証券会社とその従業員の証券アナリストが、アメリカン・メディカル・インタナショナル社（ＡＭＩ）の財務状態が悪化しているという事実無根の情報を流し、空売り計画を実行した疑いがある。このインサイダー情報が元で、ＡＭＩ株は下落した上、空売りを仕掛けていた被告は安く株を買い戻すことによって利益を上げた。一連の行動は、被告が計画立って、実行したものであり、株価操作をした疑いがある。

原告側は、損害賠償金七万四二〇〇ドルと罰金七四万二〇〇〇ドルで、合計八一万六二〇〇ドルの訴訟を私とピラミッドに対して起こした。ピラミッド社の顧問弁護士によると、原告側には勝ち目がないから、私に心配しなくてもよいと言ってくれた。しかし、それでも、訴訟を受けた事実は取り消すことができない。また、ウラノスが黙っているはずがなかった。AMIの株価はさらに下げて、五〇％も価値を失い二四ドル二分の一になってしまった。

一九七三年二月二日に開催されたニューヨーク証券アナリストの集まりの中で、ウラノスはわれわれのレポートとピラミッド社と私を強く非難した。株価は、なおも下げ、その速度を増しているようだった。ウラノスは、アメリカン・メディカル・インタナショナル社が今期、二〇％の収益上昇を達成したことと財務状況が非常に強くなっていることをアナリストたちに強調した。また、われわれのレポートには、事実を反映していない事柄が多く、調査分析もずさんで意味のないレポートだと、ウラノスは主張した。われわれの報告書は、たった二時間のインタビューに基づいて作成されており、経験不足のアナリスト二人によって書かれた事実無根のゴシップ記事的な内容で嘘が多すぎるとまで言われた。

この一件以来、医療管理・サービス産業の関係者たちからコンタクトを閉ざされた私にとって、これ以上、この産業を調査することは不可能になってしまった。それに加え、株式相場自体が売り一色となっていた。一九七二年の後半から、それまで相場を盛り上げてきた小型株に売りが出始めた。買われた銘柄は、ポラロイド、コダック、エイボンなどの大型優良銘柄が主体であった。しかし、これら大型優良銘柄はすでに、その収益率に対して五〇～六〇倍の値で取引されていたため、いったんそれらの銘柄に売りが入ると、たちまち売り相場へと変貌していった。一九七三年一月にダウ工業株平均は一〇一七ドルを付けた後、今までにない売り相場へ突入していった。三月一五日に、告訴は証拠不十分で却下されたが、そのころには誰もこの事件には関心を持っていなかった。相場全体が下げている中では、医療管理・サービス産業も例外ではなかったからだ。

一九七三年七月に、預言者から、私もリストラの対象として解雇される旨を言い渡された。市場低迷が原因で収益が悪化しているため、人員削減を決定したと言われた。

「マーティー、気の毒だが、君には辞めてもらうよ」

私はどうしてよいか分からなくなった。この六カ月間、ピラミッドのためにどれだけ苦しい思いをしていたのか、預言者も知っていたはずだった。それでも私はクビにされた。このような状況になることを予想すべきだったかもしれない。スタンディッシュが非を認めた時点で、次の焦点はピラミッド社内での管理体制が疑問視されると悟るべきだった。ダン・ドフマン氏は、ピラミッド社の運営に疑問を投げかけるコメントを出していた。そんな中で、祭司や預言者は、これ以上の問題を抱える気が当然なかった。私があのレポートを書いた張本人で、すべての責任は私にあるとされたのだ。訴訟中は、私が事件に関して深くかかわっていることから、クビにできなかっただけのことだ。ピラミッドにとって不利になるような状態を避けて通るために、私に席を与えておいただけのことであった。

当時、まだ二八歳だった私には、ウォール街のシステムを把握することは難しかった。MBA取得のためにビジネス・スクールに通ったが、そこで本当のビジネスを教わることはなかった。小売店を経営している父や学校の生活指導を担当していた母からビジネスを教わる機会を、私は与えられていなかった。由緒正しいアムハースト大学から得た経済学士は、ビジネスとは全く関係のないものであった。海兵隊では、いつも正義が勝つと教え込まれていた。クーン・ローブでは新米であれ、チームの一員だった。それにファビアやブロンクテインが面倒を見てくれた。私にはピラミッドの一員になる準備ができていなかった。ピラミッドでは、防弾チョッキを前に着るのではなく、後ろに着るのは常識であるなど、そのときは気づきもしなかった。社内の争いに気を回す必要があるなど、知る由もなかった。

クビになった時点で、四万ドルあまりの貯金があったので、私は急いで仕事を探す必要はなかった。そこで、夏はハンプトンでのんびりと過ごした。そこで商品先物に手を出している連中と知り合った。彼らはシカゴの牛とポークベリーの先物を取引していると言って、シカゴの取引所に行こうと誘った。また、そのころ知り合ったポール・ゴールドステインというコンピューターを使った売買システムを構築した男の誘いに乗って、五〇〇〇ドルを彼のシステムに投資した。

そんな彼であったが、彼独自のコンピューターを持っておらず、他の連中とコンピューターを共用していた。おカネのないポールは、そのコンピューターに触れることができたのは夜中の三時すぎであった。

ギャンブル仲間のリッキーの誘いで二万ドルを小麦相場に投じていた。リッキーの友人で商品先物ブローカーをしていたビリーが言うには、彼の義理の兄弟が農務省にいる男を知っていて、その男によるとつい最近、モスクワに小麦の輸出の件で出張に行ってきたばかりだという話だった。とにかく伝言ゲームのように、情報源は不確かなものだった。

一〇月に入って、私の投資は見事、失敗に終わり、二万五〇〇〇ドルを失った。そろそろ証券アナリストの職に復帰することにして、ウォール街の知り合いに連絡を取ってみた。しかし、反応は鈍かった。

「シュワルツさん、あなたの履歴書や経験には優れた点がたくさんありますが、訴えられているんじゃないですか？　例のピラミッド社の件ですよね。申し訳ないですが、この市場低迷状態では、新規採用は見合わせているので、次回にでも」

誰一人として、事実を確認する者はいなかった。誰もが純粋で同じような人間にしか興味を示さなかった。一度、問題に巻き込まれた私にとって、それが無実であろうと、一般の人の目は厳しかった。部屋代も払わなくてはならないので、プライドを捨て、ブロードウエーの八九丁目にある職安に足を運んだ。そこで、列に並び、自分の順番を待ったが、一歩一歩前に進むに連れ、

念願の大手証券会社に転職、そしてクビに

自分の明るい未来が一歩一歩と遠ざかっていく思いだった。スフィンクスの意見になぜ耳を貸したのか、今になって本当に後悔した。

優秀な会計士が財務報告書を分析したところで、市場低迷の中では医療管理・サービス産業も他の銘柄同様に売りを浴び、一九七三～一九七四年の二年間でかなり株価が下落した。しかし、医療管理・サービス産業はここ二〇年で国民総生産の六％から一六％を占めるまでになって、徐々に業績を伸ばしてきている。今では市場が活気を取り戻し、医療管理・サービス産業銘柄も著しい買い戻しが入り、値を上げてきたが、今は収益率の数倍で取引されるにとどまっている。われわれのレポートは一部正しかったが、タイミングが外れていた。

この経験から、私はトレーダーとして成功する必要条件として、何事にも準備をおろそかにしないことを身をもって体験した。しかし、一連の訴訟事件から、私の名が傷ついたことで、再就職もままならなくなった。この時期にゾエルナー氏に出会ったことは、私がトレーダーとして独立するに当たって何よりもプラスになった。

ピラミッドに残るには、上司の目を伺いながら、チームプレーに徹するべきだった。医療管理企業をくまなく回り、接待攻勢でコンタクトを広げていくべきだった。預言者はそのことをよく知っているはずなのに、なぜ私がスフィンクスから入れ知恵されたことで売り推奨をすることを承諾したのか、いまだに謎だ。

職安で、列に並びながら自分の番が来るのを待っている間、あのとき預言者がレポートの下書きを読んだ時点で、われわれのアイデアをもみ消すべきだったと何度も思った。預言者の返答は、次のように書かれるべきだったと思った。

〈社内メモ〉

日付　：一九七二年九月二八日
宛て先：シュワルツ
発信　：預言者

シュワルツ！　いい加減しろ！　こんなレポートが認められるとでも思っているのか？　すぐに、やめろ。もしこんな報告書が出回ったら、お前だけじゃなく、俺の立場も悪くなる。投資家は売りという言葉を最も嫌っている。機関投資家は、彼らが購入する銘柄に買いの理由が欲しいだけだ。もしわれわれの推奨で買った銘柄が下がりでもしたら、どうなる？　責任をこちらになすりつけてくるだけだ。それとスフィンクスには近づくな！　ヤツは利口だから、お前の将来をダメにすることなど簡単にできる。もっと、会社全体や社長の立場を考えた行動を取れ！

インサイダー・スキニー

自分の信念であるハードワークを維持するためにも、噂話などに耳を傾けてはいけない。自分で努力することが相場で成功するカギと信じている私にとって、人の話を聞いただけで相場に立ち向かうことは絶対に許されない。バランスの取れた食事をすることが健全な体を作り上げる。相場でも同じことが言える。一般的に、噂を耳にした時点で、その情報には価値がない。すぐにその噂は知れわたってしまい、市場に吸収されてしまう。そんな話で相場に参加すると、通常は手遅れである。噂では、その銘柄にとって良い影響を与えるはずだが、実際にはその逆になってしまったというケースが多くある。人の話には、もし逆に動いたら、どう対処するかというところまではない。自分の弱みが増えるだけで、対処が遅れて大きなダメージを受けるのが関の山だろう。しかし、誰もが最新情報を手に入れたいように、私自身もいろいろな方面にアンテナを張っている。

不思議なことに、負けが続いているときに限って、役に立たない情報や噂話が飛び込んでくる。その良い例が、負けが込んでいるときに限って、相場仲間の話に耳を傾けるようになることだ。そんなときに限って、噂話や根拠のない話に耳を貸してしまう。競馬場で一日中勝つことができない連中は、勝っているヤツを見つけて、どの馬に賭けるか聞いている。

「第八レースは、どの馬に賭ける？」

「そうだな、六枠のジェリー・ベイリーかな。間違いないね」

ところが、その馬は一着ではなく、四着だったりする。

噂や仕手が入った株には、無理やり押し上げがあったり、突然、売られたりする。水に浮いているりんごを口でくわえるゲームをしているようなものだ。その銘柄が下げ始めると、最悪の事態を想定していなかったために、パニックに陥る。勝っているときには、誰も弱気にならない。負けているときに、弱気になる。昔から、よく言われていることだが、鎖は弱っているつなぎ目から切れる。後は、自分を責めるだけだ。

「なんて、バカなんだ。同じことの繰り返しだ。また、失敗した。本当に、ついていない」と後悔して、自分が置かれている状況に耐えられなくなって、その株を処分してしまう。

もし、噂や他人の話を信じて、相場に手を出すのであれば、確かな連中からその情報を入手することだ。私の情報源は、インサイダーのスキニーだ。彼は、証券アナリストして評価を得ているだけでなく、市場の至るところに彼独自の情報源を持っている。とにかく、いろいろな企業のトップや重役連中と会食の場を持っては、その会社の情報を仕入れてくる。もちろん、ギブ・アンド・テイクの精神を忘れていないスキニーは、株を仕掛けるときなど彼らも引き入れ、儲けさせている。

では、なぜ、インサイダー・スキニーは、儲け話を持ちかけてくるのだろう？　世の中には、他人を助けることに生きがいを感じている人もいる。有名になりたいという願望をかなえるために、せっせと情報を持ってくる人もいる。いろいろなタイプの人間がいるが、インサイダー・スキニーは、耳寄りな情報と言って、他の連中に教える前に、すでにその株を買い持ちにしているのだ。彼は、一人にその情報を流すのではなく、少なくても二〇人に同じことを話しているはずだ。有益な関係を保ちたいと言うだけではなく、彼は自分のポジションを良い方向に持って行きたいのだ。だから、その銘柄がちょっとでも上がると、その話を聞いた連中は一斉に買いに回る。こうなると、スキニーの立場は単なる仲間ではなく、チーム・リーダーに変身していく。スキニーは手に手をつないで一斉に相場に入ってきた連中をうまくガイドする。ガイドから洗脳へと変わっていくのだ。

「スキニー、どうなっているんだ？　何が起こっているんだ？」

「大丈夫だ。すべて、計画通りに事は進んでいる」とスキニーは答える。

「チューリッヒでの会合は順調に行ったのか？」

「もちろん、すべてオーケー。ちょっと、時間がかかっているだけで、こっちの計画通りにすべてうまくいくよ。下準備に時間がかかることくらい、分かるだろう？　そんなに心配するなよ。まさか、弱気になっているんじゃないだろうな？　考えすぎだぞ」

慰められてしまったら最後、すぐにでも買い増しをしなくてはという気になってしまう。そうして徐々に買い持ちが増える。一人だけでなく、他の連中も同じ行動をするので、当然、株価は上がる。見た目には、文句のない買い銘柄に映る。買い手を失った瞬間に、その株価は下げ始める。また、パニックになり、スキニーに連絡を入れてみる。

もうこの時点では、スキニーも相手のことなど構っていられなくなる。

「やられたよ、今回は。君以上に多く買い持ちだったから、ひどいものさ」。しかし、実際は次の買い上げを待って、スキニーはその時点で売り逃げているのだ。

もう、噂話には手を出さないと誓ってみるものの、負けが込み始めたころに、また例の電話がかかってくる。もちろん、インサイダー・スキニーからだ。

「良い情報が手に入ったんだけど……」

金に魅了されて

「エレン、もう少しポップコーンを食べる？」と低い声でつぶやきながら、ポップコーンを差し出した手の甲が、また彼女の胸に触れてしまった。一九六四年のクリスマス休暇中で、ニューヘブンのカレッジ・ストリートにあるロジャー・シャーマン劇場で最後列の席に二人は座っていた。アムハースト大学二年生のときだったが、女性関係は全くパッとしない状態が二年続いていた。アムハースト大のような優秀な学校に通うことで、ジェームス・ヒルハウス高校より上流社会の仲間入りができると思っていたが、超えなければならない多くの階層があることを、当時は全く気づいていなかった。

デート相手の下調べには、十分な時間をかけていた。スミス・アンド・マウント・ホーリオーク大学一年生の写真入りクラス名簿を手に入れて、それをくまなくチェックした。その中から、きれいで、エマ・ウィラードやエセル・ウォーカーかミス・ポーターズのようなお嬢様で賢そうな女の子をピックアップしては連絡を取ってみた。しかし、電話で彼女たちを誘うのには苦労した。

「ハイ、スージー・パイン？　はじめまして、マーティー・シュワルツですが、今日、暇？」

ガチャン。

「ハイ、リズ・ハンター？　少し話してもいい。アムハースト大のマーティー・シュワルツと申しますが、今週末、一緒にカードをしないかと思って電話しているんですが？　ブリッジ？もちろん、喜んで。ところで、一ポイント、いくらで？」

ガチャン。

「もしもし、キンバリー・ウィリアムズ？　こちらは、アムハースト大のバジー・シュワルツです。あなたがバージニア州ミドルバーグ出身と聞いてお電話を差し上げています。確か、あの町には牧場がたくさんあって、馬もたくさんいますよね。もしかして、あなたが、競馬に興味があるのではないかと思って。今度、ヒンスデールの競馬場に行きませんか？」

ガチャン。今度も切られた。

エレン・ファインが私のデート相手で、彼女とは高校時代の同級生だった。ジェームス・ヒルハウス高校を卒業後、バッサー大学に進んで、彼女はその大学の二年生だった。

映画館の中は薄暗く、スムーズで華麗なジェームス・ボンドのイメージがスクリーン全体に映し出されていた。そんな中で、ボンドがピストルの引き金を引くシーンや英国王室のシークレット・サービスとして犯罪組織に立ち向かう映像が流れていた。００７といえば、アクションだけではなく、必ずボンド・ガールと称される美女も登場する。ボンドが美女に迫るシーンが各ストーリーに出てくるので、今回のデートに、この『ゴールドフィンガー』を選んだ。ボンドが口説きにかかるときに、私も同じくエレンに迫る作戦を立てた。

映画が始まるとすぐに、ボンドが金髪美人のジル・マスターソンに近づき、関係を持つシーンが映し出された。意外と早く、チャンスが巡ってきた。マイアミのフォンテインブルー・ホテルのバルコニーでボンドがジルを抱きしめるシーンが流れるや、私もエレンを寄り添った。ボンドがジルに腕を回すや、私もエレンに腕を回した。ボンドがジルにのしかかり始めるや、早速、私もエレンにアタックをかけた。ジルもエレンも軽くうめき声を上げるだけで、すべて順調に事は運んでいた。そこで、私は次の行動に出た。手をエレンの肩からゆっくりとブラジャーに移した。

「バジー！　何やっているの？　ジェームス・ボンドを気取るのは止めてよ！」と小さい声で言ってきた。

彼女にくぎを刺されたが、焦ることなくゆっくりと攻めればいいと思い直した。エレンに心の準備ができるまで、００７のようにクールに時が来るのを待つことにした。ちょうどそのとき、スクリーンに目を向けると、ボンドがゴールドフィンガーとゴルフをしている場面が映し出されていた。どこかイギリスの素晴らしいゴルフ場でプレーをする二人の姿がスクリーンに出てきた。そのシーンを見た瞬間に、私はゴールドフィンガーが気に入った。この一場面は、子供のころパピー・スナイダーのキャディーをしていたころのことを思い起こさせた。一六番ホールのグリーン上でゴールドフィンガーが短めのパットを沈めようとラインを読んでいた。ゴールドフィンガーはボンドに向かって言った。

「ボンド、何をしに来た？　ゴルフをするのが目的ではないだろう」

ボンドは金の延べ棒をカップ横のグリーンの上に落とした。ゴールドフィンガーの体がその延べ棒を見た瞬間、少し動いてしまい、彼は簡単なパットを外してしまった。このシーンを見た私は、すごい衝撃を受けた。グリーンの上で輝く金の延べ棒の美しさに魅了されてしまった。これと同時に、エレンのことも忘れてしまった。

この映画の中で、ゴールドフィンガーがフォートノックスを核兵器で攻撃する計画に感動を覚えた。なぜフォートノックスを攻撃するのか？　そこに貯蔵されている金を盗めばよいのでは？　膨大な量の金が一瞬にしてなくなれば、ゴールドフィンガーが保有している金の価値は、一気に暴騰する。これが彼のフォートノックス爆破計画の目的であった。もちろん、映画の中では、ボンドがこの計画を阻止し、ゴールドフィンガーを倒すのであるが、敗者のゴールドフィンガーこそ、私の新たなヒーローであった。

私は、いつも金に魅了されてきた。この魅惑は、ユダヤ文化の金にまつわる歴史的なものから来ているのだろう。古代ファラオ王の時代から、ユダヤ人は金を愛し続けている。その理由は、金を保有することは成功を意味しているからだ。モーゼが十戒を手に山から下りてきたとき、彼を取り巻く信者たちは、このモーゼの十戒を金のように輝いている神から与えられたものとイメージした。そして、スペインの宗教裁判、東ヨーロッパのユダヤ人迫害やヒットラーによるホロコーストなどの歴史の中で、ユダヤ人はいつも何かに追われ、逃げ回ってきた。私の祖父サム・シュワルツも、またヨーロッパからアメリカへ逃げてきたユダヤ人の一人だった。ニューヘブンで洋服仕立て業として生計を営みながら、貯蓄はすべて金の購入に回していた。私の体には、このユダヤの血が流れている。

金は、その耐久性に優れていることで、その価値を維持できるとされている。湿度、温度などに影響されることがない。歴史的に見て、金はその美しさや強さから価値があるとされているだけではない。金は、他の貴金属に比べ加工がしやすく、本来の状態に保つことがやさしいものである。そういう意味でも、非常に珍しい金属であり、その量も少ないため、価値がおのずと高くなり、古代エジプトの時代から金は通貨の役割をしていた。

金本位制の時代には、各国の通貨は一定の量の金と交換できることでその通貨の価値が固定されていた。一九世紀の後半に入り、商業の繁栄から国際貿易が発達したのが、この制度を作り出した大きな要因とされている。一時期を除いて、この金本位制はアメリカが大不況に入るまで続いた。一九三一年から一九三四年の間に、各国がこの制度を廃止することを決定したが、それは自国通貨の引き下げをして輸出を拡大させる政策に乗る出す国が増えたため、本来の金本位制度が機能しなくなってしまったからだ。

フランクリン・ルーズベルトが大統領に就任した後の一九三三年の春に、金貨を通貨に交換するよう命令した。多くの人々はその指示に従ったが、それでも、金貨をそのまましまい込んでしまった人々もいた。祖父のサムも二〇ドル金貨を隠し持っていた一人だった。大不況下で、アメリカがこの先どのようになっていくか分からない中、また、追われる立場に立たされることも十分に考えられたからだ。

祖父はこれらの金貨を一九五七年まで隠し持っていた。ある日、突然、祖父はフォンテイン・ストリートの端にあるウエストビル貯蓄銀行に行って、その金貨を現金に換えた。もちろん、祖父は硬貨に示されている二〇ドルの現金を受け取っただけである。

あのとき現金に換えていれば、同じ二〇ドルでも、かなり価値は高かったと祖父は二〇年たって悔んだことだろう。しかし、換金した時点でこのダブル・イーグル金貨は、一〇〇ドルの価値はあったはずだった。幸いにも、祖母ローズはこの金貨を大切にしまっておいてくれ、私が一三歳になったときに、このコインを一枚、プレゼントしてくれた。このコインには、一九二五Dセイント・ガーデン・ダブル・イーグルと彫られてあった。

このコインは、一九〇七年にオーガスタス・セイント・ガーデンによってデザインされ、一面には、ワシが太陽の上を、翼を広げて飛んでいる姿が形取られている。そのワシの上には、と記され、ワシの下には、コロナの模様があり、そこにも文字が刻まれていた。

アメリカ合衆国
二〇ドル

われら、神を信ず

このコインのもう一面には、長く波を打った髪の女性がガウンをまとって、その右手には自由の光を、そして左手には平和を表すオリーブの枝を持っている。また、この女性の左足は岩の上に置かれ、ガウンから素足がのぞいている。また、右の乳首が薄っすらと見える。この岩の上には、一九二五年という年号が打たれてあり、その上にDというマークが彫られてある。この女性の右足の辺りには、太陽の光が模様されてあり、そのすぐ下にはアメリカの国会議事堂が形作られてある。一番上には、自由という文字が刻まれている。私はこのコインに完全にほれ込んでしまった。これがきっかけで、コイン収集家になった。

一九五八年に、R・S・エオマン氏が一九五二年に書いた赤本『ガイドブック・オブ・ユナイテッド・ステイツ・コイン　第一〇版』の古本を手にいれた。この赤本といわれる本は、コイン収集家のバイブルとなっていた。毎年、出版されるこのガイドブックには、各コインの価値を示すリストが記載されてある。そのコインの状態と希少価値によって、取引価格が決められている。子供のころ、この赤本と一〇ドル札を手に近所の銀行に行っては、二五セント硬貨か一〇セント硬貨に交換してもらった。交換してもらったコインの中に、翼のある女神が描かれている一〇セント硬貨や直立している女神の模様が刻まれている二五セント硬貨がないか、探した。

何回も銀行の窓口に行っては硬貨を交換してもらい、珍しい硬貨がそのコインの中に入っていないか調べた。まるで、探偵を気取っていた。探しているコインが見つかると、すぐさまそのコインの鋳造場所や年代を赤本で調べた。鋳造量やそのコインの価値をリストから調べて、コイン・ディーラーがいくらで引き取るかチェックして、高値を提示してくれるところに売った。また、コイン収集家たちが購読している『コイン・ワールド』や『ニュミズマチック・ニューズ』に広告を載せて、手に入れたコインを直接、収集家たちに売ったこともあった。

銀貨である程度の利益を上げたが、やはり私は、金貨に魅了されていた。珍しい一〇セントや二五セントを探し出すのは面白かったが、セント・ガーデン・ダブル・イーグルにはかなわない。銀行で交換してもらった一〇セントや二五セント硬貨を家に持ち帰って、自分の部屋に戻るやいなや、そのコインを枕の上に並べてみた。このコインが、すべてダブル・イーグルであったらどんなに素晴らしいだろうと夢を見ていた。そのころから金貨を集めたかったが、おカネがなかった。法律的には、当時、アメリカ人が金貨を保有することは違法であったが、収集目的としている場合には、法律に触れなかった。

金に魅了されて

一九七四年一二月三一日に、ついに法律が改正され、アメリカ人でも金に投資することが許されるようになった。しかし、相場を張っては損を出していたころだったので、金を買うおカネがなかった。オードリーと結婚して、アメリカ証券取引所で自己売買をするようになってから、初めて金貨を買えるようになった。そのころ、一オンス当たりの金価格は五〇〇ドルを超えるまでに上昇していたが、ちょっとでもおカネに余裕があるときは、クルーガーランドやカナダのメイプルリーフ金貨などを買った。一二～一三個、金貨を集めた後に、それらのコインを自分の枕の上に並べて、枕の両端を手でつかんで上に持ち上げると、コインがその勢いに乗って宙に浮いた。子供のころに夢見たことを実現できた喜びは、口で表現できないくらいうれしかった。もちろん、精神病院で、これと同じことをしない限りは問題はない。一個五〇〇ドルもするコインをたくさん持っているというだけではなく、あの007シリーズにも登場したように、この金貨を狙って人殺しまで行われているかと思うと、その価値の高さを実感できる。

金価格は、インフレ懸念の高まりから、その価値をさらに上げていった。人々は、とにかく固定資産を所有することに必死になっていた。金融部門でも、いろいろな著書が出版されていたころで、世界経済の崩壊をテーマにしたものが流行っていた。ダグ・ケーシーの『クライス・インベスティング』やジェローム・F・スミスの『カミング・カレンシー・コラプス』、ハリー・ブラウンの『ハウ・トゥ・プロフィット・フロム・ザ・カミング・デバリュエーション』、ハワード・J・ラフの『ハウ・トゥ・プロスパー・フロム・ザ・カミング・バッド・イヤー』など、たくさんの経済書や小説が出回っていた。すべて、現状の金融システム崩壊について書かれていた。

一九七九年の暮れごろには、完全に私は金のとりこになってしまっていた。そのあかしに、最初に一〇万ドルを超える儲けをアメリカ証券取引所で出したの機に、その会員権を売ってニューヨーク商品取引所の会員権を手に入れて金取引をしようか真剣に悩んだ。金の相場師、ゴールドフィンガー・シュワルツになることを夢見てしまった。考えるだけではなく、オードリーにも金相場に参戦したいと相談してみた。話し合った結果、金相場に身を投じることはあまり良い考えではないとの結論が出た。

「バジー、アメックスでうまくいっているのだから、金に興味があるのだったら、金や鉱山関連の株に投資をしてみたら」とオードリーに言われた。妻の意見の方が正しいと思った。

しかし、実際問題として、金の産出を手がけている企業がアメリカ証券取引所に上場しているのはまれだった。その中に、ＡＳＡ社の株式オプションがアメリカ証券取引所で売買されていた。このＡＳＡは、南アフリカの金産出関連企業に投資をしている投資会社だった。そして、メサ石油株のオプションを取引しているチッキーのグループがこのＡＳＡ社のオプションの値付けを担当していた。

いつも通り、ＡＳＡオプションに手を出す前に、十分な下調べをした。私のルールブックには、何かに手を出す前に、その株や商品を十分に時間をかけて調べ上げ、その分析結果が私のトレード・スタイルにマッチしていると結論を出せるものだけを売買すること、と書いてある。ＡＳＡ

社の株の動きを分析しているうちに、面白いことに気がついた。それは、アメリカやカナダの金鉱山関連株と金価格との相関関係である。調べた結果では、金鉱山株の上げ下げは、金価格の上げ下げより先行していることである。金価格を予測する上で、金鉱山関連株の動きが重要な先行指数となっているのだ。ＡＳＡも例外ではなく、金価格の動きと連動していたので、アメリカやカナダの金鉱山株が上がれば、ＡＳＡもそれにつられて、その価値を上げているはずだった。

一九七九年一二月にやっと、私はＡＳＡ社のオプションに手を出した。そのころ、金価格はうなぎ上りに上げていて、ＡＳＡ社のオプションもその売買スピードは、ものすごく速かった。もちろん、このＡＳＡにはブルーのスモックを着た立会取引会員たちが群がり、ところ狭しとお互いの体をぶつけ合いながら、大声を出して取引価格を出す光景が見られた。そんな中で、口ひげのピーターが叫んだ。

「三ドル二分の一で五〇枚の売り！」

その売りを聞きつけた他の連中は、一斉に声を張り上げた。

「買った。買った」と、まるでコーラスのように買いの声が響き渡った。こうなると、誰が買えて、誰が買えなかったのかで、けんかが始まる。

「外でけんかしろ。出て行け！」と、そのけんかを見ている他の連中が騒ぎ出した。そんな中でＡＳＡ社のオプションは売買されていたのだ。

基本的に私は、ＡＳＡ社のコール・オプションを買いに出る作戦でいた。カナダやアメリカ金鉱山株の動きを見ながら、それらの株が上がるとすぐに、ＡＳＡ社のコール・オプションを買った。

立会所内では青いスモックに身をまとい、ポケットには売買明細伝票とＡＳＡ社の株価チャートを忍ばせて、メサ石油のオプション売買を手がけているチッキーのところにたむろして、ＡＳＡ株が動き出すのを待っていた。ポケットには、売りを示す赤の伝票と買いを表す黒の伝票を十分に押し込んでおいた。そして、ポケットには、ローカルズには重要なものの一つ、のどアメもたっぷりと入れておいた。いつも叫び声を上げていたので、すぐに声が出なくなってしまい、そんなときにこのアメを口に入れた。

ＡＳＡ社のオプションを取引する上で、前日のＡＳＡ株の高値、安値、終値と金価格を覚えておく。そして、カナダとアメリカの金鉱山株の動きに目を走らせ、ＡＳＡ株が前日の高値を超えてきたら、ＡＳＡオプションを取引しているピットに駆け込んで、買いの声を張り上げた。口ひげのピーターに向かって、ＡＳＡのコール・オプションを買いたいので売値を出すように叫び声を上げると、周りの連中も声を上げげた。ＡＳＡオプションは五ドル刻みの権利行使価格が付けられていたが、変動の激しいときはその価格が目まぐるしく変わっていった。ピーターは、ＡＳＡのコール・オプションとプット・オプションの両方を手がけていた。トレーダーが群がっている中で、私の肩にもたれかかってくる者もいれば、太っちょマイクは私の首筋に熱い鼻息をかけてきたりした。その中で売買をしては、ポケットから伝票を取り出して取引内容を書き込んだ。

「ピーター！　四ドル四分の一は何枚の売り？　三〇枚？　それ全部、買い」

ＡＳＡ社の二月限の五〇ドルのコール・オプションを四ドル四分の一で三〇枚買ったことで、一九八〇年二月の第三金曜日までに、一株五〇ドルのＡＳＡ株を買う権利を一万二七五〇ドルで手に入れたことになる。熱気の中、体中汗だらけになりながら、金価格と金鉱山株の動きを追い、それらが上がり始めると、ＡＳＡ社のコール・オプションを買えるだけ買った。あまりの熱気で、ゴム底が焼け焦げるのではないかと、そのときは、思ったくらいだ。

当時、スーザンとジミーを数百ドルでクラークとして雇っていた。彼らは私の書いた伝票を集め、それを整理して、取引明細を清算会社のベアー・スターンズ社に報告する仕事をしてくれていた。

「スーザン！　ジミー！」と、私は彼らの名前を叫んでは、彼らを呼びつけた。そのたびに、「一体、どこで油を売っているんだ！　僕のポジションはどうなっている？　取引した枚数は？」と彼に問い詰めた。「四五ドルで、何枚売った？　五〇ドルでは、何枚買った？」と彼らに立て続けに質問を浴びせては、口から泡を飛ばしていた。そのころ、ＡＳＡ社の株は異常な動きを見せていた。まるで、ラスベガスに行ってギャンブルで連戦連勝を収めているようなものだった。

一九八〇年には六〇万ドル、一九八一年には一二〇万ドル儲けた。その多くがＡＳＡ社のオプション取引から出ていた。しかし、レーガン政権に交代し、インフレ退治に力を入れ始めたので、金価格は下落の一途をたどった。金鉱山関連株に動きが見られなくなったので、ＡＳＡ社のオプション売買からは手を引いた。動きのないものにまとわりついているのは、意味がない。当時を振り返って見ると、自分に合った売買法と値動きをチェックするチャート、それに自分の取引に自信と確固たる信念を持っていた。他の連中の多くは、激しい値動きについて行くのがやっとだったが、私は焦ることなく、ＡＳＡ社の株の動きを冷静にとらえることができた。そして、金価格の動きが鈍くなると、すぐに手を引いて、次の銘柄に乗り換えた。立会会員であれば、誰もがすることだ。一九八二年には、メリルリンチの株に乗り換えて、上げ相場を追った。

もちろん、今でも、クルーガーランドとメイプル・リーフの金貨を大切に金庫にしまって持っている。今となっては、金投資は全く良いところがない。私が金貨を買い始めたのが七〇年代後半から八〇年代前半で、そのころ金貨は非常に高い値を付けていた。金の買値の平均は、一オンス当たり約五〇〇ドルで、二〇年近くたった現在では、一オンス当たり三〇〇ドル前後まで下がってしまっている。いつかきっと、ゴールドフィンガーが現れて、フォートノックスを攻撃することを期待して、今でも金貨を手放さないで持ち続けることにしている。

価値が下がっても、私が金貨に寄せる思いは変わらない。とにかく、私は金貨が好きだ。金コインを持っていることは、私にとって、保険をかけているようなものだ。また、いつシュワルツ一家が惨事を避けるために逃げ出さなくてはならないか分からない。家族の歴史が、私の体の中にしっかりと刻み込まれているのだ。

金を買いに走れ

時は、一九八二年八月だった。私にとってすべてがうまくいっていた。ある金曜日の午後、私はクォートロンに流れてくる株価の動きをビーチハウスのプールサイドで眺めていた。私は新築のビーチハウスを購入したばかりだった。ニューヨークには私の専属ブローカーだったデビー・ホーンがいた。彼女との間にホットラインを設置して、このビーチハウスから売買指示を電話で送っていた。調子良く取引も進み、かなり儲けを出していた。そんなある日、もう一本の電話が鳴った。その電話を取ってみると、相手はインサイダー・スキニーだった。彼は、いつになく興奮していた。

「モッティーちゃん、大変なことになりそうだよ。天と地がひっくり返る騒ぎになりそうだ」

と、声を低くして、ささやくように話しかけてきた。

「ボルカーが上位銀行の頭取連中を休暇先から呼び寄せたみたいだ。どうも、メキシコが経済崩壊に陥っていくのは間違いないようだね。知っての通り、アメリカの銀行ときたら、中米のバナナ共和国の中で一番多く貸付をしているがメキシコだろ。彼らも、また、一緒に落ちて行く可能性が大きいよ。サイレンは、すでに鳴っているよぉー」

メキシコ経済が崩壊するという噂は、その夏の間中、至るところで流れていた。投資家にとって、いつかまた一九二九年の大暴落が再来するのではないかという不安をどこかに持っている。一般的には、あの大不況を教訓にいろいろな政策が立てられているので、二度と同じ暴落は起きないと言われている。その政策や新たな制度の中には、追証制度、売買リミット、銀行支払準備金システム、預金保険制度などがある。しかし、それらの制度を整備しても、暴落は起きないと思っているトレーダーは誰一人としていなかった。

アメリカの上位行が中南米諸国に多額の融資をしていることは隠しようのない事実だったが、スキニーがこの件を持ち出してきた以上、何かあるはずだ。彼は、銀行だけではなく、いろいろな方面の各企業と接触がある。その彼があえてメキシコが危ない、と言っている話を無視するわけにはいかなかった。彼の持ってくる話題に乗って、私はいろいろと儲けることができた。スキニーはあだ名の通りインサイダー的情報を素早くキャッチすることができるヤツだった。彼も私同様、株や債券市場で相場を張っていたが、彼には情報で相場を張ることができた。彼のリストに載ることは容易でない。それなりのインパクトを与えられるだけの資金を市場で操作しているか、もしくは彼と同じようにまだ世に出ていない情報を持っているかでないと、スキニーからの電話はもらえない。今までの経験からして、一〇回中七回は当たるという高い確率の情報を彼は持っていた。スキニーの情報は、いい儲け話といえる。

その電話を終えて腕時計を見ると、午後二時三〇分だった。金曜日であったので、とにかく銀行が閉まる前に預けてある金貨を引き出しておきたかった。週末、何が起こるか分からない。スキニーの話が本当であれば、週末にメキシコの経済崩壊が確定すると、月曜日に銀行が開かない可能性があるからだ。

独立して自己売買を始めた三年ほど前から、私は徐々に金貨やコインを集め出していた。ちょっとでも多く儲けると、すぐにクルーガーランドやメイプル・リーフを買った。そして、その金貨をいろいろな貸し金庫に預けておいた。そこまでする必要はなかっただろうが、金貨を手にすることは保険を買っているようなもので、その保管場所には人一倍神経質になった。見方次第では、資産家がその資産をいろいろな方面に分散投資することに似ている。今回の休暇の前にも、クルーガーランド金貨を一〇数枚、旅行かばんに忍ばせてきた。ニューヨークを後にして、このウエストハンプトンに着くなり、すぐにそのコインを近くの銀行に預けた。午後三時に銀行が閉店となる。あと三〇分しか残っていなかった。

「オードリー！　オードリー！」と、叫んで妻を探した。そして、妻に銀行にすぐに行ってくれるように頼んだ。

「すぐに、銀行に行って金貨を引き出してきてくれ。その間に、僕はポジションの整理をして、逆指値の仕切り注文をブローカーに出しておくから。もうメキシコが崩壊する寸前だ。アメリカの銀行もその影響を受けて、かなりすごい状態に陥るだろう」。こんな私の話をオードリーは、すぐには理解できなかったようだ。

「バジー！　何を言っているの？　あなたのお兄さんが到着したばかりよ。これからみんなでビーチに繰り出そうとしているのに、コインを取ってこいって、どういうこと？」

ヒステリックになった妻に私は淡々と言い聞かせた。

「オードリー！　詳しく説明している暇がない。もう時間がないんだ。兄貴も一緒に連れて行った方がいい。金貨の他に現金も引き出せるだけすべて持ってきてくれ。かなりの重さになるから、兄貴に手伝ってもらってくれ。さあ、早く行って」

私はニューヨークにいるデビーに電話を入れ、注文を次から次へと出した。

「買え、クソー」

「売れ！」

「うーん、そのまま」

「もっと、先物をこっちによこせ」

「金、金だ」

「原油だ、もっと原油」

狂ったように電話に向かって叫び、腰にはタオルを巻いただけだったので、はたから見ると異常な光景に見えたと思う。ふと横を見ると、そこには何が起きているかさっぱり理解できていない兄と妻のオードリーが立っていた。私は彼らを見るなり、叫んだ。

「何、そこで突っ立ているんだ！　さっさと銀行に行って金を持ってこい！　これらからどうなるか分からないのに、ぐずぐずするな」

目を丸くして私を見つめる兄と妻に向かって、怒鳴り声を上げた。

「僕の言う通りにしろ！　行け！」

「バジー！　あなたは狂っているわ。気がおかしくなっているのよ」と、妻は言い返した。そんなことには一向にお構いなく、叫んだ。

「誰がおかしくなったのか、今に分かる。銀行がいったん閉鎖されると、誰もがみんな、カネがなくて騒ぎ出す。でも、金貨を持っていれば、どうにかその場しのぎができる。自分たちを守ることができるのだ。それと、必需品も手当たり次第に買ってこい」

やっと、オードリーとゲリーはその重い腰をあげて銀行に向かった。そして、一時間後に金貨を持って戻ってきた。

「バジー！　持ってきたわよ、あなたの金貨」と言って、重いかばんを床に落とした。そして、肩を揉みながら、尋ねてきた。

「あー、腕が痛いわ。ところで、この金貨や現金をどこに隠すの？」

「決まっているよ。ベッドの下に置く。誰かがこのかばんに触れようとしても僕がその上で寝ている限り、そんなことは誰にもできない」

「そんな危ないモノの上に寝るのはイヤだわ。一人で寝てちょうだいね」

その週末、当時、ＦＲＢ（連邦準備制度理事会）議長だったボルカー氏は上位銀行の頭取たちを集めて話し合った結果、アメリカはメキシコを救済することに決めた。これによって、最悪の事態は免れた。休み明けの月曜日には、銀行も平常通り窓口を開けた。しかし、私やインサイダー・スキニー、それにスキニーの情報に耳を傾けた連中以外のほとんどのアメリカ人は、間一髪のところまで来ていたとは誰も知らなかった。

火曜日には、米債券の価格が急上昇した。歴史に残る上げを見せたのだ。債券価格の上昇は金利低下を意味する。そして、その火曜の午後、言い出すのが辛かったが、妻に向かって頼んでみた。

「最悪の事態は、どうにか避けることができた。だから、その金貨や現金を銀行に持っていって、また、預けてきてくれないか？」

「何、言っているの！　まだ、腕は痛いのよ。あなたが持っていけばいいでしょう」と、妻の反応は冷たく、あっさりと断られてしまった。

家族のことを思ってやった私の行動に対する感謝の気持ちなど全くなかった。しかし、非常事態の時には、とにかく迅速に決断を下して、それを行動に移さなくてはならない。誰に何と思われようとも、批判をされても、その時に取るべき行動は取る。そうでないと、自分の身の周りの人たちすべてを巻き込んでしまう。家族やブローカー、それに投資顧問など、いつも自分を支えてくれている人々のことを大切に考える姿勢が必要だ。

噂話は、確かに情報の一つといえる。しかし、それがどんな噂でも、一度、その話を信じると決めた以上、話だけに終わらせるのではなく、行動に移すべきだ。私にとって、自分の家族の安全が何よりも大切だ。それを犯す状況が起きようとしているのであれば、最悪の事態を想定して、それを回避する行動を取らなければならないのだ。

一日七万ドルを稼ぎ出すプレーヤーになる！

豊作のときのすべての食糧を集め、穀物をファラオの王の手元に貯め、それらを町で管理するのがよい。この食糧はエジプトに起こる七年間の飢饉に備えて貯蓄しておくべきである。そうすれば、この地は飢饉によって滅ぶことはないだろう。

創世記四一章三五～三六節

ヨセフが、ファラオがみた夢を七年の豊作のときと七年の不作のときがあると解釈して以来、先物市場は買い手と売り手が将来の商品価格の変動をヘッジする場として大きな役割を果してきた。シカゴは国際都市としてその名を世界的に知られているだけではない。そこには、シカゴ・

ボード・オブ・トレード（ＣＢＯＴ）とシカゴ・マーカンタイル取引所（ＣＭＥ）という先物市場がある。それらは元来、穀物を売買していた先物取引所である。

シカゴのほかに、ニューヨーク、フィラデルフィア、ボストン、サンフランシスコ、それにカンザスシティーなどにある取引所は、すべてカジノとなってしまった。アトラクションを次から次へと提供し参加者を誘い込むカジノと、それらの取引所は何の違いもない。カジノは、彼らにとって有利な条件を手中に収めているので、儲けを上げられる。取引所は、会費や手数料を収益としている。両者とも、取引量が多く、多くの参加者がいれば、収益は拡大する。取引所も、毎年、新規参入者を受け付けている。

しかし、一九七〇年代初め、ＣＢＯＴとＣＭＥは出来高の減少という、今までにない事態に直面した。第二次世界大戦後、新規参入者は商品先物市場には興味を持たなくなったのである。小麦、コーン、大豆などの穀物のことなど、誰も知らなかった。これは、一般投資家だけに限らず、機関投資家にとってさえも、よく分からない不可解な市場になっていた。ポークベリーを売買すると聞いて想像できるのは、重さを計った後に貨車やトラックに積んで精肉店に運んでいく光景だろう。投資家は徐々に商品先物市場から離れていった。売買対象として投資家が好んだものは、自分の手で管理できるものだった。最も注目された商品は金融商品で、その代表的なものといえば、やはり株と債券であった。そうなると当然の結果として、投資家はシカゴを捨て、ニューヨークへと向かったのである。

ＣＭＥとＣＢＯＴがこの動きに対応できないと、資金はニューヨークにすくい上げられてしまい、シカゴに閑古鳥が鳴いてしまう。そんな中、一九六九年、レオ・メラメド氏がＣＭＥ会長に就任した。リスク回避にかけては、彼の右に出るものはいないだろう。彼の家族はホロコーストに襲われたポーランドから逃げ延び、シベリア経由で日本に渡った。そして、日本が真珠湾攻撃に出る数カ月前に日本からアメリカに移り住んだ。たどり着いた先はシカゴだった。そこで、彼の両親であるイサクとフェイグルはシュロム・アレイヒム校でイディッシュ語を教える教師となった。東欧出身のユダヤ人によって使われていたイディッシュ語をしっかり理解できるメラメド氏は、古典的なユダヤ文化の中で育った。メラメド氏はＣＭＥをはじめ、ＣＢＯＴで商品取引を手がけ、富を手にした。そして、彼はＣＭＥの会長に就任したと同時に、新しい商品開発に乗り出した。

メラメド氏は、ＣＢＯＴやＣＭＥが一般投資家に与えているイメージは、穀物を売買する農家の市場であることに気付いていた。このままでは取り残されてしまうカジノを目の当たりにした彼は、新商品開発を決断する。しかし、問題は、どのような商品が一般投資家や機関投資家から受け入れられるのか、分からないことだった。ただ、彼は、金融商品をＣＭＥに上場させるのがいいのではないかと思い始めていた。ついにメラメドが待っていたその機会が、一九七一年八月一五日に訪れた。それは、「ニクソン大統領が、アメリカの米ドルと金の交換制度を廃止したことを発表し、国際金融市場に大混乱を巻き起こした」ことだった（レオ・メラメド著『エスケープ・トゥ・ザ・フューチャーズ』)。

この突然の発表が金本位制度を廃止に追いやった。それまでは、各国通貨は金との交換比率が決められており、また、金と米ドルは、一オンス当たり三五ドルと定められていた。しかし、何の前触れもなく、各国通貨が刻々と変動する市場で需給によって価格が決められる制度に一夜にして変わったのだ。突然、通貨は自由に取引できる商品になったのだ。メラメド氏は、彼の著書の中で、「ポークベリーから足を洗う時が来た。穀物から究極の商品であるあらゆる金融商品にシフトする時が来たのだ」と書いている。

取引所の関係者が賛同することを確信したメラメド氏は、一九七二年一月、国際通貨市場(IMM)を設立し、CMEとは別の取引所で通貨先物の売買をスタートさせた。ちょうどこのころ、CMEの兄貴であり、最大のライバルに当たるCBOTは、カリフォルニア大学バークレー校の優秀な経済学者であるリチャード・サンドア氏を象牙の塔から引き抜き、経済主任に抜擢した。それは、CMEの動きが気になっていたCBOTが新たな商品を上場させようという考えに基づいた人事だった。それはまさに、映画『マイ・フェア・レディー』に登場するヒギンス教授がオードリー・ヘップバーンの演じる田舎娘のイライザ・ドゥーリットルを都会の洗練されたイメージを持つレディーに変身させようとしていたように、サンドア教授はCBOTを変身させようとしていた。

サンドア教授はまず最初に、CMEが通貨を手がけたので、金利商品をCBOTに上場させようと思い立った。そこで、彼は、一九七五年に抵当先物、ジニー・メイをCBOTに上場させた。しかし、この先物商品は受渡しに問題があったため、新たに一九七七年に三〇年物国債先物（Tボンド）を開発した。政府が発行する債券であれば、その取引ニーズは多く、ニューヨーク証券取引所に負けない取引量が確保できると考えたのだ。Tボンドは、CBOTをイライザ・ドゥーリットルのようにさせる転機となる潜在的な力を持っていた。

一九七〇年代後半には、大量の資金がニューヨークからシカゴに戻ってくると考えられたが、実際にはそれほど簡単ではなかった。その原因は、牛やコーンから、すぐにCMEの通貨やCBOTのTボンドに変えることはできないのである。それに、ニューヨーク証券取引所で資金を動かす投資家は、あえてシカゴの先物市場に参戦する必要性を感じていなかった。農業生産者の市場というイメージが強く、どれだけの金額を動かせるか、誰もが疑問に思った。一度、作り上げられたイメージを変えることは、容易ではなかった。

相場を張る上でよくあることだが、メラメド氏の取った行動がシカゴに利益をもたらさないようにみえたが、結果は見た目とは裏腹に、大きな利益と発展に結びついた。税金回避場所として、このCMEとCBOTは一般に利用されるようになったのだ。証券取引では、年末に証券を売って損を確定させ、年初にその証券を買い戻すことは禁止されていた。この「ウォッシュ・セール」と「ショート・セール」によって確定申告の金額を低くすることができなかった。しかし、先物売買には、この規制はなかった。つまり、先物売買を年末に行い、利益の先送りができたので、トレーダーだけではなく、ロックスター、有名な俳優、それにスポーツ選手までがシカゴの先物市場に注目を始めた。当時は、メリルリンチをはじめ、多くの証券会社がこの税金回避を取り扱う部署まで作り、先物取引を顧客に売り込んだ。一九八〇年代初めに、国税庁（ＩＲＳ）が乗り出してくるまで、この税金回避は利用された。

この一件から、ＣＢＯＴとＣＭＥの取引量は急増して、手数料などの収益も上がった。ＩＲＳがこの問題解決に動き出したときは、ライバル同士のＣＢＯＴとＣＭＥは手を結び、対策を練った。その結果、メラメド氏と当時のＣＢＯＴ会長であったレス・ローゼンタール氏は財政委員会の委員長でシカゴ出身の下院議員だったダン・ロステンコウスキー氏に相談した。メラメド氏によると、ロステンコウスキー下院財政委員長の質問の第一声はいつも「シカゴにとって、それは重要なことか?」で、彼は「いつもシカゴ先物取引所を守ってきた、最も頼りになるガードマンだった」という。

ロステンコウスキー氏の良きライバルで、ニューヨーク州選出の上院議員ダニエル・パトリック・モイニハン氏に率いられた東部リベラル派の抵抗は強力だった。しかし、メラメド氏によると、上院議会でこの税金回避対策が討議された結果、先物取引に対する租税が見直されることになった。そこで、当時、議会小委員会の委員長でもあったロステンコウスキー氏は、妥協案を探る努力をしていた。

しかし、新たな規制がシカゴに活力を与えることになった。一九八一年の経済復興租税条例が一九八一年六月二三日に公布された。いろいろな方面に影響を与えたこの条例は、雑多な寄せ集めででき上がっていた。「すべての先物取引は、年末の市場価格で清算する。その売買損益は、四〇％が短期のキャピタル・ゲイン、六〇％が長期のキャピタル・ゲインとして課税対象にする」というものであった。

これは、全く思いもよらない有利なものだった。先物は短期商品である。それこそ、二〇分以内に先物商品を売買することが十分にできる。しかし、売買収益の六〇％が一般所得としてではなく、キャピタル・ゲインとして課税されることになった。一般所得税の税率は五〇％で、キャピタル・ゲインの税率は二〇％であった。なぜこんなことが起こったのだろうか？　この条項は論理を完全に無視したものだったが、シカゴ勢にとって論理など最初から無関心だった。シカゴの連中は、ロステンコウスキー氏に感謝すると同時に、この新しい条例を存分に活用した。ラスベガスのカジノは、コーヒーや個室をタダで提供してくれる。それだけではない。ショーガールやフランク・シナトラに至るまで、いろいろなものを使って客寄せをするが、それ以上にすごい客引きをシカゴでできるようになったのだ。

アメリカ証券取引所でオプション売買を始めてから、一九七九年には四カ月で一〇万ドル儲け、翌八〇年には六〇万ドルを稼ぎ、そして、八一年にはついに一〇〇万ドルの儲けを上げるまでになった。株式売買や債券取引、それに、ゾエルナー氏から教えてもらったサヤ取りで利益を上げていた。もちろん、オプション取引は私の収益の大部分を占めていた。私の売買スタイルは、短時間で売買するもので、数時間ないし数分でその取引を完了させていた。私の収益は、短期のキャピタル・ゲインなので一般所得税率に基づいて所得税を申告しなければならなかった。当時、ニューヨークに住んでいたため、連邦所得税五〇%とその税引き後に地方税が一四%課せられ、合計で五七%の税金が取られていた。これは、かなりの負担であった。また、租税回避として先物取引が使えないとなると、なおさら、五七%という高い税率が重くのしかかってきた。しかし、先物取引を売買して長期キャピタル・ゲイン税の対象となれば、一ドルに対して一八セントも有利になるので、誰でも先物取引を無視できなくなってきた。具体的には、その利益の六〇%が長期キャピタル・ゲインとして二〇%の税率が課せられるので、利益全体では一二%の課税。そして、残りの四〇%が一般所得として五〇%の税率が課せられる。要するに、四〇%のうちの五〇%とは、所得の二〇%が課税されることになる。合計すると、連邦税は全体の三二%になり、今までの五〇%とでは、一八%もの差が出てくる。

シカゴの先物取引をするのには、清算会社に口座を開く必要がある。当時、ニューヨークの証券会社の多くは先物取引を扱っていなかった。そこで、ニューヨークに支店を持つ、スペア・リード・アンド・ケロッグ社（ＳＬＫ）に一二万ドル分の米短期国債（Ｔビル）を預けた。これは、一九八二年三月二日のことであった。通常、先物商品の価値は、証拠金の一五倍から二〇倍の価値がある。つまり、一二万ドルの短期国債を預けることで、一八〇万から二四〇万ドルの資産を運用できることになる。この二〇倍のレバレッジが利いているため、その先物商品価値が五％下落すると、預けた一二万ドルがゼロになるが、仮に五％その価値が上がると、一二万ドルの利益で計二四万ドルとなり、今度は四八〇万ドルの資産が運用できる。

短期国債を証拠金として預けることで、先物売買で儲けを上げるだけではなく、その国債から利息がもらえる。こんな有利なことは、この世の中にどこにもない。株の売買だと、その取引額の全額が必要になる。先物では、勝ち続ければ資本を増資する必要は全くないのだ。

ＳＬＫ社は、デビー・ホーンを私の担当につけた。当時、デビーはニューヨーク先物取引所（通称、ＫＮＩＦＥ）のピットでデビッド・ハーシュコウィッツの下で働いていた。そこから、デビーはシカゴのＣＭＥとＣＢＯＴにホットラインを使って売買注文を出していた。その年の三月と四月に、試験的に金、ユーロ・ドル、スイス・フラン、ドイツ・マルク、そして、ＣＢＯＴのＴボンドの取引を始めた。しかし、まだそのころは、株式売買が中心だった。アメリカ証券取引所で、オプション売買から利益を上げていた私にとって、通貨や債券取引は、まるでブラックジャックやルーレットに賭けている感じだった。クラップテーブルに匹敵するギャンブルを探していたが、当時はまだ、株価指数先物は上場されていなかった。仕方なく、オプション取引と株の売買に重点を置いて、シカゴの先物市場ではそれほど多くの取引をしなかった。

それだけではなく、過去の嫌な思い出がシカゴの商品先物に手を出すのを拒ませたのだろう。一九七三年に、ポール・ゴールドステインというおカネもなくコンピューターを夜中にしか借りられなかったヤツに預けた五〇〇〇ドルを先物市場でなくした。ロシアの小麦輸入の話に乗って、ビリーの友人のリッキーの指示で二万ドルを先物市場に投じたが、結局、すべて損した。これらの苦い思い出がそのころまだ私の頭の中に残っていたのだろう。

そして、もう一つ、先物取引に集中できなかった理由は、一九八一年一一月に私の人生の中で衝撃的な事件が起きたからだ。妻オードリーは、そのころ、妊娠二〇週目だった。初めての妊娠だった。しかし、オードリーが羊水の検査を受けたときに産婦人科医は、その羊水が少ないので流産すると言われた。妻と私はかなりのショックを受けた。祖父パピー・スナイダーが口ずさんでいた『サウス・パシフィック』という歌は、「夢がなかったら、どうやって、夢をかなえられる?」だったが、夢を奪われるというのはどれほどその人間に打撃を与えるか、その歌には出てこなかった。誰からも教えられなかった苦い経験だった。

妻が流産した後、私たちは話し合った。その結果は、人生は短い、もっと楽しもうではないか、だった。稼いだお金を使う時が来た。オードリーも私も結婚前から、夏はビーチハウスを借りて、そこでいろんな仲間たちと休暇を過ごしたものだ。それがきっかけで、私たち二人が出会ったのだ。結婚した今、ニューヨークで二部屋のアパートにずっと住んでいるのでは息が詰まる。そのため、ずっと欲しかったビーチハウスを買うことにした。一九八二年一月一日の時点で、約一二〇万ドルの資産を持っていた。その三分の一に当たる四〇万ドルで、ウエストハンプトンにビーチハウスを購入した。

運転資金の三分の一を不動産に急に振り向けることは、決して賢いことではない。それだけのおカネがあれば、十分にトレーディングで多く稼げるからだ。しかし、夏場の三カ月をビーチで過ごして、その家のプールサイドでクオートロンを眺めながら売買するのを夢見ていた。実際には、プールサイドでトレーディングするのは、簡単ではない。クオートロンの周りをタオルで巻いて、日陰をつくらないと画面が見えないのだ。そのタオルで覆われたスクリーンを見るためには、そのタオルの中に自分の顔を突っ込まなくてはならなかった。そのときの私の姿は、とてもカッコイイとはいえなかった。ともかく、私にはこの三年間で収益を上げてきたという記録と、また、これからも儲け続けるだろうという自信があった。

打ちのめされても、決してカウントを八つまで数えられることなく、すぐに立ち上がって戦いに向かった。私は、失敗しても、次は成功できると、堅くそれを信じている。ダウンさせられ、マットの上でのんびりと横になっているより、相手を倒すチャンスがあるなら、すぐに立ち上がって戦うのが私の生き方である。私たちがビーチハウスを買って二カ月後の一九八二年四月二一日にS&P五〇〇指数先物がCMEに上場した。レオ・メラメド氏の言う「今世紀最高」の先物商品がシカゴに誕生したのだ。そして、それは事実だった。このS&P五〇〇指数先物は、企業五〇〇社の株価を基に作られている。この商品は、私にぴったりマッチすることがすぐに分かった。それは、株の先物だからだ。私が作り上げたすべてのテクニックは、その株価指数を取引するためにあるようなものだった。マジックTや一〇日間指数平均、それにオシレーター系の指数も、この株価指数先物で稼ぐためのものになった。まるで今まで一ドル単位でブラックジャックを張るテーブルしかなかったカジノに、突然、一万ドルまで賭けることができるクラップテーブルが出現したようなものだった。

一九八二年四月二九日、初めてS&P五〇〇指数先物を取引した。S&P五〇〇先物の六月限を二〇枚買ったが、結局、三七〇ドルの損をした。翌日、同じ六月限を四〇枚、一一七・二〇で買った。この先物商品は、その先物価格に五〇〇倍したものが、そのS&P五〇〇種の価値である。つまり、一一七・二〇×五〇〇×四〇＝二三四万四〇〇〇ドルである。これだけの価値がある株を一二万ドルの短期国債を担保に買ったのである。五〇〇倍という今までにない異常な倍率を持つ先物商品である。数時間後に、一一七・七〇ですべてを手仕舞いし、一万ドルの利益を上げた。

この年の春と夏を通して、このS&P五〇〇指数先物の試運転をした。すぐに気に入ったとはいえ、細心の注意を払った。新商品は、その動きや流動性などが、いつどうなるか分からないからだ。最初は、誰もが試しから入るので、取引所としてもその商品が今後発展するかどうかを見極めるのが難しい。このテスト期間中に、三〇分間隔で値動きの変化を記録してみた。潮の満ち引きをチャートで調べるのと同じように、相場の力がどのように変化しているかチェックした。仮にS&P五〇〇指数が五〇セント上がって、三〇分後にまた、三〇セント上がった。そして、三〇分後には一〇セント上がったとする。上げの力が弱まっていることが分かる。カーブが下降を描こうとしている。スイッチを切り替えるときだ。レッドライトからグリーンライトに変わった。売りを仕掛けよう。

このＳ＆Ｐ五〇〇指数先物は、その驚異的なレバレッジだけではなく、いろいろな利用価値があると思った。多くの銘柄を買わないでもポートフォリオを作ることのできるこのＳ＆Ｐ五〇〇指数先物は、ヘッジにも使える商品である。保有している株を売ることなく、この先物商品を替わりに売ることで相場の変動リスクを抑えることもできる。それに、このＳ＆Ｐ五〇〇指数先物を取り入れることで節税も可能になった。

しかし、まだ、私は取引量を少なく抑えていた。八月にポール・ボルカーＦＲＢ議長は、マーサ・ベイヤード、ジャクソン・ホール、バー・ハーバー、ニューポート、南フランスで休暇を楽しんでいた大手銀行の頭取たちをワシントンに呼び集めた。メキシコ救済に乗り出す決意をしたおかげで、米金利は低下し、米株は買われていた。メキシコの債務不履行が噂されていたので、投資資金の多くを短期金利商品に投資していた年金運用者や投資信託や保険業界などが、一斉に株式市場にその資金を移動させてきたのだ。一八％という高金利商品から株に投資先を換えるにはそれなりの理由があるはずだった。八月一七日、ダウ・ジョーンズ工業株平均指数は、三九・八一ポイントという最大の上げを記録した。アメリカ証券取引所でオプション売買に追われていた私には、Ｓ＆Ｐ五〇〇指数先物を見ている余裕はなかった。

それに、通貨先物とサンドロ教授が導入したＣＢＯＴのＴボンドで十分に利益を上げていたので、Ｓ＆Ｐ五〇〇指数先物に手を出す必要をまだ感じていなかった。アメリカ政府は債券の発行量を増やし続け、Tボンドのニーズも急上昇した。イライザ・ドゥーリットルが洗練された女性に変身したように、Tボンドは四番バッターに成長し、ついにその取引量は世界最高となり、シカゴは再び、世界から注目されるようになった。ロステンコウスキー議員が打ち出した複雑な条例のおかげでもあった。

同じころ、私は画期的な情報伝達能力を誇るマシーン、テレレートに出合った。このテレレートから流れてくる情報を基にTボンドを売買した。CBOTでTボンドが取引されていても、現物の取引所は存在しない。すでに発行されたTボンドを売買するには、仲買を務める証券会社を通じて、個人投資家や機関投資家同士でしなければならず、その価格は証券会社に問い合わせる必要がある。しかし、各証券会社によって、その価格には違いがあった。金利の変動に合わせてTボンドも上下するが、ある証券会社は一〇一ドルの売値を提示している一方、他では同じTボンドでも売値が九八ドルであったりした。量とその種類や期間によって、値段は決められていたので、ベストの価格は、農家が穀物を直接、売ったり買ったりしているように、各証券会社に問い合わせないと分からなかった。

カンター・フィッツジェラルド社で債券の営業をしていたニール・ハーシュは、早くから各種現物の債券価格を一つのリストにして、その情報を提供することを考えていた。このハーシュがテレレート社を創設した。テレレート社は、各証券会社に絶えず連絡を入れて、それぞれの現物の債券価格を調べ、その一分ごとの価格を独自の端末で提供していた。債券を売買するトレーダーはテレレート社からこの端末を借りて、トレードができるようになった。この非常に単純なアイデアからハーシュは富を作り上げ、最後に、テレレート社をダウ・ジョーンズ社に売却した。

アメリカ証券取引所で立会会員としてオプション売買をしていたころに、私はこのテレレート社の情報サービスを手にした。相場では、均等状態から離れ、市場に歪みが生じたときにチャンスが訪れる。この歪みを見つけることは非常に重要である。このテレレート社のサービスを使うことでTボンド取引を有利に進められると確信した。本来、私は機械ものが好きで、特に新製品には目がなかった。時間に余裕があると、アメリカ証券取引所の立会所には足を向けず、二階のオフィスからシカゴの先物商品を売買していたが、取引所の規制で、立会会員は毎日フロアに実際に立つことが義務付けられていた。そこで、午前中はアメリカ証券取引所のフロアに立ち、そこで個別銘柄のオプションを売買して、午後三時ごろには二階に設置したテレレートをチェックしながらTボンド先物を売買した。アメリカ証券取引所では株と個別株オプションが取引されているだけで、Tボンド売買にその力を発揮するテレレート社のサービスは不必要だったので、テレレート社の端末は一台も立会所には置かれていなかった。当時、Tボンド先物は午後三時にその取引を終了していたが、現物Tボンドの取引は証券会社が扱っていたため、取引時間は彼らの営業時間に合わせられていた。Tボンド先物市場が終了した後の現物市場の動きは、翌日のTボンド先物市場を予測する上で非常に参考になった。

九月一〇日金曜日の午後、私は立会所から二階のオフィスに引き上げてテレレートの端末を見ていると、あることに気がついた。

「オードリー！　ちょっと、これを見てくれないか？　どうも、現物TボンドとS&P五〇〇指数先物には、強い相関関係があるみたいだ」

「バジー、ちょっと手が離せないわ」と、オードリーは返事をした。このころ、オードリーはそれまで働いていたアメリカン・ペーパーを退職して、私と一緒に働くようになっていた。独立してトレーダーとして生計が立てられると確信したころ、妻と話し合って、家族計画も立てた。妻の仕事は、主にチャートの作成と取引明細内容についてブローカーと確認を取る事務が主だった。それ以外に、私の相場感などにも耳を貸してくれていた。妻は、私がその取引にどれぐらい力を入れているのか、それに何か新しいことを試しているのかなど、短時間のうちに理解できるようになった。

「ちょっと来て、これを見てくれないか、オードリー？」と、再度、妻に話かけた。ビーチハウスからニューヨークに戻ってきたばかりで、オードリーは書類の整理に追われていた。不機嫌そうな顔つきのまま、椅子を私の方に向けて、私が指し示したテレレート社の端末を見始めた。

「今までは、現物Tボンド市場の動きを参考に、Tボンド先物市場の動きを予想していた。でも、考えてみると、金利の動きに合わせて株も動く。金利が上昇すると企業にとって資金コストが上昇するため、収益の悪化が生れる。同時に、消費者にとっても金利上昇は、借り入れが難しくなるから、企業の収益はさらに低下していく。つまり、その企業の株価も下落するんだよ」と、私はオードリーに経済システムについて説明した。

「で、それが一体どうしたの？」と、妻は全くそんな話には興味がないと言わんばかりに、私に向かって言った。

「仮に、Tボンド先物の価格が現物取引時間終了後にも、まだ上昇するようだと、金利低下を予測しているので、翌日のS&P指数先物は高く寄ると考えられるよ」と、妻に説明しながら、チャートを取り出した。

「このチャートを見てくれ。八月三〇日は、現物Tボンド市場は引け前の一時間で四分の三ポイント下げている」と言いながら、一〇日指数移動平均線が書き込まれているチャートをオードリーに見せてさらに説明を進めた。

「ほら、ここ。八月三一日の最初の三〇分のS&Pを見てみて。〇・八〇ポイント安く寄り付いているだろう。これは先週の相場だけど、Tボンドが引け間際に二分の一ポイント上げて終わっている翌日は、S&P指数は〇・六五ポイント高で寄り付いている」

「だから、どうしたの、バジー？」

「オードリー！　これは大変な発見だよ。この関係を基に売買することができる」と、興奮して妻に説明を続けた。

「Tボンド先物は午後三時に取引を終了するが、S&Pは四時一五分まで売買されている。だから、仮に現物Tボンド価格が三時から四時一五分の間に上昇するようだと、S&P指数先物を引け間際で買えばいいんだ。でも、現物のTボンドが下げていれば、S&Pを引け直前に売ればいいんだ」と言いながら、テレレートのスクリーンを指し示した。

「ここを見て。現物Tボンド価格が、この三〇分で二分の一ポイント上がった。この相関関係が成り立つと、月曜日のS&P指数先物の寄りは高くなるよ」

「バジー、四時一〇分よ。あと五分あるわ。試してみたら」と、オードリーは腕時計を見ながら言った。

妻に言われる前に、すでに電話の受話器に手にしていた。

「現物Tボンドが、この一時間で二分の一ポイント上げているようだと、すでに手遅れかもしれない。S&Pをチェックして見るよ」と言いながら、私はSLK社のブローカーで私の注文を受けていたデビー・ホーンに電話をかけた。

「デビー、デビー！　S&Pの一二月限は、今、いくらだ？　早く、教えてくれ、今いくらだ。そうか、素晴らしい。まだ、動きがないようだな。三〇枚を成り行きで買ってくれ」

その週末は、この相関関係をさらに調べてみた。パーフェクトではないが、この現物Tボンドの引け際の動きと翌日のS&P指数先物の寄り付きには、何らかの関係が見られた。検証の結果、このパターンは、実によく私の使っているマジックTや一〇期間指数移動平均、ストキャスティックスのインディケーターとマッチしていた。

月曜日の寄り付きが待ち遠しかった。その日、私とオードリーは、いつもより早くオフィスに着いた。着くなり、クオートロンに流れてくるニュースやその他の情報に目を通してみたが、S&P指数先物は高く寄り付いてスタートすると確信した。寄り付きは、一一九・四〇と、思惑通り、高く始まった。

「やったぜ！」と叫び声を上げて、すぐにデビーに電話して叫んだ。

「成り行きで売ってくれ」

しかし、その後、同じような歪みをその週には見つけることはできなかった。ある日は三呼値、翌日は二呼値の動きが現物Tボンドで見られただけで、S&P指数先物を動かすほどではなかった。しかし、九月二〇日の月曜日に、またチャンスが訪れた。現物Tボンドが引け間際に大きく上げた。

「オードリー、チャンスだ。明日のS&Pは高寄りするはずだ」

「でも、どれぐらい高く始まるの？」と、妻は冷静に質問してきた。

「それは、まだ、分からない。データ数が少ないから、はっきりとは言えないが、少なくとも〇・二〇ポイントは上がるよ」と言って、四時一〇分にデビーに電話をかけた。

「デビー！　S&Pの一二月限は、いくらだ？　一二三・四〇？　分かった。五〇枚、成り行きで買ってくれ！」

一分後にデビーは折り返し電話をしてきて、注文は、一二三・四五で通ったと伝えてきた。私は一九八二年一二月限のS&P指数先物を五〇枚買った。その価値は、三〇八万六二五〇ドルである。もちろん、現金でそれを支払うのではなく、証拠金として預けてある短期国債を担保に、この取引は成立したのだ。翌日の火曜日に、S&P指数先物は一二三・六五で寄り付いて、すぐに一二三・七五まで上がった。一瞬にして、七五〇〇ドルの含み益が出た。再度、自分のインディケーターをチェックしてみると、相場はまだ上昇過程にあることを示していた。

「オードリー！　一体どうしたらよいのだろう？　利益を確定するべきか、それとも、もっと買うべきか？」

「バジー、もうちょっと持ってみたら」と、妻は言った。その後、まもなくS&P指数先物は一二四・四〇まで上げた。この動きを見届けて、一二四・三〇で手仕舞った。この取引で、二万一二五〇ドルの儲けを出した。寄り付きから儲けを出せると、その日は気が楽になる。そして、なんとその日の午後、またチャンスが訪れた。現物Tボンドが引け際に大きく上げた。また、S&Pを四時一〇分に五〇枚買って、翌日の寄り付きまで待った。思惑通りに、翌日は高寄りし、一万八七五〇ドルの儲けをつかんだ。もう、気分は最高だった。

九月二三日の木曜日に、今度は現物Tボンドが引け間際に、三二分の一二ポイントも大きく売られた。今までとは逆の動きだ。売りをトライしてみるチャンスが来たのだ。

「デビー！　一二月限は？　一二三・八五か、うーん、二五枚成り行きで売ってくれ」と、デビーに注文を出して、オードリーの方をみた。妻は、軽くうなずいた。私はすかさずデビーに向かって注文の変更を伝えた。

「いや、今のは取り消す。五〇枚にしてくれ。成り行きで五〇枚の売りだ」

翌日の寄り付きは一二三で、一〇時一分に手仕舞った。一万八七五〇ドルの儲けだった。S&P指数先物を一二三で買い戻すことができた。イェース！　売り買い、両方にこの方法は使えると、このとき私は確信した。

この九月いっぱい、私は売ったり買ったりと、頻繁に売買をしていたが、それもこのテレレート社のサービスのおかげだった。相場そのものは、狭い範囲を行ったり来たりの往来相場だったが、この現物TボンドとS&P指数先物の相関関係を基に取引を始めて、プラス一六万ドルという結果を出していた。

しかし、一〇月に入って、相場は一転してすさまじい動きを見せるようになった。六日の水曜日には、一日に三七・〇七という史上第二位の上げ幅をダウ・ジョーンズ工業株平均は記録した。この株高に乗って、アメリカ証券取引所の立会会員たちも取引量を増やし、利益を上げていった。売り買いの伝票が立会所一面に落ちていて、その紙くずがフロアを覆っていた。一日が終わり、誰もがバーに向かって急いで外に出ていく姿を見ながら、私は二階のテレレートのスクリーンの前にへ直行した。

「オードリー！　現物Tボンドはどうなっている？　S&Pの一二月限は？」と、尋ねた。オードリーはすぐにデビーに電話を入れて、S&P指数先物の価格を聞いた。

「バジー、現物高に連れられて、S&Pは一二六・四五まで上昇したわ」と、妻は答えた。もちろん、この動きに私は乗っていた。現物Tボンドが徐々に上げてくるのを確めた。三時三〇分には、現物Tボンドは一一ポイント上げていた。そして、三時四五分には、三四ポイントまでその上げ幅を伸ばしていた。これは、S&P指数先物にかなり大きい買いを呼ぶだろうと、私のインディケーターは示していた。恐ろしいほどの上げだ。トイレに行きたくても、スクリーンの前から動くことができなかった。ついに四時には、四二ポイントも現物Tボンドは上昇したのだった。

「デビー！　S&P一二月限を成り行きで一五〇枚買ってくれ。いやいやちょっと待った。二〇〇枚の買いだ。二〇〇枚買ってくれ。注文がすべて通ったら、すぐに、折り返し電話をくれ。この儲けで、この次はラスベガスに行って儲けてやる」と言って、電話を切った。完全に興奮していた。

翌日の朝、S&P指数は一二八・七〇で寄り付いた。私は、平均買値一二六・五三で二〇〇枚持っていた。なんと、二二万七〇〇〇ドルの儲けが出ていた。これは、今までにない儲けだった。

「オードリー！　これがうまくいけば、次のレベルに到達できるよ」

これはまさしく新しいレベルに到達した瞬間だった。

この一〇月は、現物TボンドとS&P指数先物の相関関係を利用して、かなり稼いだ。一〇月二二日、選挙前にFRBは公定歩合を引き下げないという噂が流れると、現物Tボンドは引け際に暴落して、S&Pは翌日、一・八五ポイント安く寄り付いた。もちろん、この動きに対しても一五〇枚売っていたので、がっちりとつかんだ。寄り付きの一分後に買い戻して、一三万八七五〇ドルの儲けを出した。そして、月末までに、一四〇万ドルの儲けを上げた。あまりに激しく飛び回っていたので、足には痛みが残り、デビーに向かって怒鳴りすぎて、ノドがつぶれて声が出なくなっていた。この感激と喜びをオードリーと一緒に味わっていた。

二月に一二〇万ドルあった資産から四〇万ドル引き出して、ビーチハウスを買った。このビーチハウスの購入を決断するのは、勇気が必要だった。しかし、今では一カ月でそれまで持っていた資産と同じ額を稼ぐことができるようになっていた。生れて以来、こんな大金を手にしたことがなかった。このときの感動は言葉では言い表せない。二〇日間連続で儲けを出した。取引所からキャデラックに乗って自宅に戻ると、平均して一日に七万ドルずつ貯金が増えていっているようなものだった。証券アナリストを続けていたら、一年かけても七万ドルの貯金は作れなかっただろう。

突如、私は三七歳にして、億万長者に成り上がった。ここまで来られたのは、今までの努力が実ったからである。自分の性格に合った売買スタイルで、新しく発見した相場の動きをうまくとらえることができたからだ。このTボンドとS&P指数先物の相関関係を取り入れたのは、私が最初だったかもしれない。これも当時では珍しく、通貨、株、そしてTボンドと幅広く相場の動きを追っていたからだろう。そのころ、多くのトレーダーたちは金融市場でも、一つの商品を専門に売買していた。だから、彼らには商品間の相関関係など見つけることはできなかったのだろう。それと、なんと言ってもこれほどテレレート社のサービスを十分に活用できたトレーダーは、私の他にはいなかったと思う。ギャンブラーだったら、誰もが夢見る明日の動きを、私は事前に知ることができたのだった。

ただ単にラッキーだったという人もいるだろう。もちろん、私は運にも恵まれていた。しかし、これもすべてハードワークのおかげだ。当時、誰も気がついていなかった相場の動きを見つけることができたのはこの私で、その結果、私は家族が一生食べていくだけの資産を作ることができたのだ。このとき初めて、私はヨセフより優れているのではと思った。

ヨセフの兄弟たちが来たという噂がファラオのうちの人にも伝わった。そのことはファラオとその臣下たちを喜ばせた。ファラオはジョセフに言った。「お前の兄弟たちに言いなさい。『お前たちは次のようにせよ。お前たちの駄獣に荷を積んでカナンの地へ行き、お前たちの父と家族を連れて、私のところに来なさい。私はお前たちにエジプトの良きものを与えよう。そして、この地でお前たちの一番好きなものを食べるがよい』」

創世記四五章一六～一八節

スイッチヒッター

いつも判断を下すときには、最悪の状況も考えておく。

ケーシー・ステンゲル

立会会員となって、デジタル・エクイップメントのオプションをフラニー・サンタンジェロを相手に売買していたとき、その株価がどうなっているのかフロアからでは確めることができなくて苦労した。立会所では、自分がチェックしたい情報をすぐには手にできなかった。当時は、クオートマシーンを借りている連中だけが、それぞれレンタル料を払って自分が見たい株価のコードネームを登録していたのだ。チッキーはメサ石油をスクリーンにいつも表示していた。ジョーイは、テキサコの株価を登録していた。そして、フラニーはデジタル・エクイップメントの株価をスクリーンに映し出させていた。しかし、誰も私が取引している銘柄すべてを一つのスクリーンで表示させてはいなかった。

そのころ、フラニーが「マーティー、二階のオフィスにクオートロンを置いてあるから、自由に使ってもいいよ」と言ってくれた。フラニーは、日中はフロアに立ってオプションを売買していたが、かなり手広く取引をしていて、スタッフを二階のオフィスに置いていた。その中の二人がジェリーとレオンで、彼らはフラニーの資金を元に売買をしていた。私の腕を見込んで、フラニーはオフィスを提供することを思い立ったのだろう。フロアでは、一六分の一のスプレット値を私にぶつけてきて、二階ではジェリーとレオンに私の動きを観察させていたのだ。

このフラニーの行為には感謝した。昼時に誰もが一杯やりに外に出かけている間に、私はサンドイッチを手に二階に駆け上がっては、クオートロンとチャートを前にして、後場をどのように攻めるかをじっくり考えていた。必要があれば、フロアにいるデブのマイクに電話して注文を出した。いちいちフロアに下りていかなくても、マイクが私の注文を通してくれた。

ジェリーとレオンは私が稼ぐのをみて、最後には、私の動きについてくるようになった。もちろん、フラニーが影で彼らに私の動きを観察させていたのは知っていたが、オフィスと機材を自由に使わせてくれたので何一つ不平はなかった。それにこの二人は非常に感じのいい連中だった。私がデブのマイクに注文を出すと、すかさず彼らも同じ注文を出していた。提灯をつけてくれる彼らには感謝もしていた。

メサ石油からASA社のオプションに乗り換えたころ、二階のオフィスからマイクに、五月限のオプションを五〇枚買うように指示を出した。ASAは、そのころインフレ懸念から値動きが激しく、短期売買をする私にとって最高の銘柄となっていた。この注文をジェリーとレオンはそばで聞いていたのだ。私は、彼らが何をしているのか、全く気に止めていなかった。マイクから注文が執行できたとの確認の電話をもらってから、フロアに下りていった。立会所を歩きながら顔見知りの連中に挨拶をして回っていた。ヘイズやドニー、それにフラニーやマイクと話しながら、株価の動きを追った。しかし、私の考え通りに株が動いていなかった。「どうも変だ」と、自問し、すぐに買い持ちを手仕舞って、今度は一転して、売りに出た。そして、二階のオフィスに戻ってみると、ジェリーがクオートロンの端末をじっと見詰めながら、不安げに私の方に向き直って、「マーティー、マズイよ、このままじゃ」と、言った。

私もそのスクリーンをみて、「だから、売り持ちにしたよ」と言った瞬間、ジェリーは叫び声を上げた。「売った！　え、一体、いつ売ったの？　さっきは、買い持ちだったじゃないか」と言って、私に攻め寄ってきた。

彼の質問に、あっさりと私は「フロアに下りてみると、どうも様子が変だったので、売りにスイッチしてみたんだよ」と答えたが、ジェリーは興奮のあまり顔が赤らんでいた。ジェリーは椅子から立ち上がると、机の横に立て掛けてあったバットを手に私の方に向かってきた。「殺してやる！」と叫びながら突進してきた。彼のアイルランド人の血が騒ぎ出したのだろう。

「ジェリー！　落ち着けよ」と、私は彼に話しかけた。彼は落ち着くどころか、バットをビュンビュンと振り回して、さらに大声で私に攻め寄ってきた。「マーティー！　なんでそんなことをしたんだ？」と言われて、私は椅子に座ったまま、「必要な行動を取ったまでだ」と答えた。そして、私はジェリーをなだめるように、「家族を守るためだ」とも言った。「残念ながら、僕の家系図にはアイルランド人の血が混じった者はいないんだよ。イスラエルまでアイルランドまでは到達できなかったみたいだ」と言うと、ジェリーも落ち着きを取り戻したようだった。彼がバットを置くのを見てから、私は彼に言った。「ジェリー、僕はスイッチヒッターだからこそ、ここで稼げるんだ。野球と一緒だよ。右のピッチャーが出てきたら左打席に入り、サウスポーがマウンドに立てば、右のバッターボックスに立つ」

マーケット・タイマーと呼ばれる短期間で勝負に出るトレーダーであれば、売りも買いもこなす必要がある。曲がれば、すぐにポジションを建て直す。これができるまで練習を続ける。中には、自然にこの動きができるトレーダーもいる。しかし、マーケット・タイマーとして成功を収めるためには、とにかく、身のこなしを素早くできるように練習することだ。

この売買方法を一般投資家には勧めない。プロを目指しているトレーダーには、私の意見を参考にしてもらいたい。大衆は、みんな、株を買うことだけに集中している。また、それで十分なのだ。空売りなど仕掛ける必要はない。空売りはプロのワザといえよう。

共和党政権を相手に空売りはするな！

それは、一九八二年の中間選挙の日だった。オードリーと私は、市場が開くのを机に向かって待っていた。私たちは投票を済ませていたが、どことなく私は落ち着きをなくしていた。私は、元々、民主党支持者であったが、今回の選挙ではどうしても民主党に一票を入れることができなかった。子供のころから、フランクリン・ルーズベルトの写真が飾られていた家で育ち、両親も民主党を支持していたので、私も当然、民主党を支持してきた。しかし、トレーダーとしておカネ儲けができるようになってから、自分のルーツを忘れかけていたのだろう。私は共和党に一票を投じた。

当時、ニューヨークに住んでいたので、五七%という非常に高い税率が所得に課せられていた。

そんな政府を見ていると、私はたかり屋に自分の稼ぎを吸い取られているような思いで居たたまれなかった。デコボコの道路といたずら書きされて見苦しくなった地下鉄、治安の悪さを思うたびに、私の納める税金が有効に使われているのかどうか疑問だった。公務員の興味はストライキだけで、仕事に精を出しているとは到底、思えなかった。今回の選挙では、自分の意思とは関係なく、自分のおカネを守るために共和党に票を入れた。このころは、S&P五〇〇指数先物のおかげで、かなりの大金を作り上げていた。

S&P指数先物に手を出してから、六月を除いては、毎月、儲けを出していた。この六月は、アムハースト大学の一五回目の同窓会に出席した。そのときに、私は思い上がって、昔の友人相手に自慢話をしたのだ。大学の同窓会は、自分がどれだけ成功を収めているかを示すには絶好の場所といえるからだ。それも一五回目となると、誰がこれから大きな成功を収めるか見当がつく。医学部に進んだ連中は専門医として活躍している。また、弁護士になった者はパートナーを見つけて独立しているころだ。大学院に進んだ者は博士号を手にして、助教授として教鞭を執っている。ビジネス界に飛び込んだ連中も一通りの分野をこなして、一つの部署のトップとなって、経営にも参加しているころだった。同窓会もこれほど回を重ねると、参加者の中には、すでにかなりの成功を収めている者もいる。何かすごい発見をしたり、大きな訴訟に勝ったり、また役員に昇格したりと、話題はどうしても各々の出世物語を語り合う場となってしまう。これが二〇回目となると、誰がトップに上り詰めるか話し合われる。そして、二五回目には、その結果が出ている。頂点を極めた者は、優雅に酒を飲みながら、寄付金を大学関係者に手渡している。目標に到達できなかった連中は、同窓会会場の隅でビールを片手に、どうにかコネを作ろうと必死になっている。

間違いなく、私はスターへの道を歩んでいた。特に、この五年間の功績は、自慢するに値するとさえ思っていた。一〇回目の同窓会に参加したときは、私はまだ証券アナリストとしてハットンに勤めていた。おカネもなく寝室一つの賃貸アパートを借りていた。全く自分に自信を持てず、オードリーに結婚を申し込むことができないでいた。そんな私を見て、旧友たちがどう思っていたか容易に想像できた。しかし、この一五回目の同窓会に参加したときには、私は独立したトレーダーになっていた。それに、自己資産は一〇〇万ドルを超えていた。イーストサイドのマンションに住み、ハンプトンにはビーチハウスも所有していた。何よりも、オードリーと結婚できて幸せだった。

アムハースト大学に入学した一九六三年の秋、ウィルソン学部長が新入生を前にして次のように言った。

「ここにいる新入生の多くは、それぞれの高校で上位一〇％の成績を取った優秀な学生でしょうが、あなたたちが卒業するときは、このクラスの半分が下位五〇％の成績になっています」

このスピーチを聞いてから、私は急にファイトがわいてきた。必ずトップ一〇％の成績を取って卒業してやると、このとき決意した。この一五回目の同窓会に出席したときに、初めて本当のトップ一〇%に入ったと思った。ワニ革の靴を履いて、左手にはローレックスの時計をつけ、そして右腕には最愛の妻オードリーが寄り添っていた。まるで見せびらかすように、キャンパス内をゆっくりと歩いて回った。その後、家に戻って、相場で三万五〇〇〇ドルの損を出した。

しかし、七月と八月は、ビーチハウスから相場に参戦したが、自分を取り戻すことができたので、三三万三〇〇〇ドル稼いだ。そして、あの九月に現物TボンドT市場とS&P指数先物との間に相関関係を見つけたことで一六万ドル儲けた。一〇月には、収益は飛躍的に伸びて、一四〇万ドルという初めて一〇〇万ドルを一カ月で超した。信じられなかったが、テレレート社のサービスのおかげだろう。この一九八二年一〇月は記憶に残る月だった。そのときの私は、アメリカ証券取引所の誰も捕まえることができないぐらい素早く相場の動きに乗ることができたトレーダーだった。

そのころは、私が取引口座を開設しているベアー・スターンズ証券会社の事務所の隅っこを借りて、オードリーと私のための机を置かせてもらえることになった。トリニティー・プレイス七四番地の九階に、そのオフィスはあった。そろそろ、自分のオフィスを持ちたいと思っていたので、渡りに船とばかりに期待していたが、ベアー・スターンズは最初の約束していたスペースを他のトレーダーに渡してしまったのだ。その顧客の方が私よりも多くの売買をするとでも思ったのだろう。しかし狭いながらも、とにかく私たちはスペースを確保することができた。

手にした場所はオフィスとは言い難い非常に狭いスペースだった。それも、私たちのすぐ後ろには、地場筋がたむろしていて、毎日、愚痴をこぼしていた。中には、格好をつけただけの小者が葉巻をふかしていた。タバコの煙に弱い私にとって、最悪の場所であった。それに、女性のあまりいない場所に置かれたオードリーの気持ちを考えると心が痛んだ。しかし、取引所の近くにいる必要があったので、どうしてもこの場所にいなくてはならなかった。地場筋も立会会員と同じく、興奮のあまり叫び声を上げる者がいつもいた。

「見せろ、コノー、いくらだ？」「お前は、本当にとろくて使い物にならないな！　さっさと売れ」「やった！　ホームランだぜ」「コール・オプションの値を、とんでもないプライスで執行しやがって！」「アホ、ドアホ。ローカルズに先を越されたぜ」

こんな文句ばかりを、毎日、耳にした。

L字型のスペースをもらっていたので、私とオードリーは肩を並べるようにして座っていた。全くバランスの良く取れた最高のチームだった。私は相場の動きを追い、そして、オードリーは私の動きを追っていた。妻は私の心理状態を完全に把握していた。私がいつものように指数移動平均線やクオートロンのスクリーンに凝視していると、オードリーはすでに私の取りたい行動を察することができた。それは、私の体の動きや、私とゾエルナー氏やデビーとの会話の内容を聞いていたからであった。

私がスクリーンを見ながらちょっと口にする一言に、オードリーは素早く反応していた。私が「相場は、まだ強そうだ。S&Pの買い場が来たな」と言うと、オードリーは「バジー、自信があるのだから買ったら」と言ってくる。また、あるときは、テレレートに映し出される引け際の現物Tボンド価格を見ていると、オードリーは私の耳元で、「バジー、このお膳立てが気に入っているでしょう。張ってみたら」と囁いた。その指示に従ってS&P先物指数を買ってみると、翌日、高く寄って、儲けを上げることができた。オードリーがそばにいてくれたので、私は非常に心強かった。

私たちは、選挙日には相場の動きは鈍くなるものと思っていた。大統領選挙日は市場が閉鎖されるが、上下両院議員選出の中間選挙日は、市場は開いている。銀行はその日も閉店で、市場関係者たちの多くは選挙結果を確めるまでは、誰も動き出そうとしなかった。それに、市場が本当に共和党の勝利を快く受け止めるかどうか判断できなかった。この中間選挙では、レーガン政権のサプライサイド経済政策がどのように有権者からみられているかをテストするには、非常に良い機会だと思っていた。

一九八〇年に、共和党はホワイトハウスと上院議会の多数を握った。グレート・コミュニケーターとして国民に受けの良かったレーガン大統領が、サプライサイドの経済政策を訴え、有権者から支持を集められるかどうかがこの中間選挙の争点だった。一方、民主党はそれに対抗して、一〇・一%という大恐慌以来の失業率を理由に共和党の経済政策を批判した。また、選挙後に、共和党は社会保障給付金の削減を実施するだろうとも、民主党は主張した。それに対して、共和党は、政策運営の結果が出るまでには、まだ時間がかかると反論していた。『ウォール・ストリート・ジャーナル』紙によると、共和党は有権者にこのままついて来いと主張しているが、民主党はこの呪いから解放されるチャンスだと訴えていると書いていた。予想では、共和党は上院で多数を占め、民主党は下院では議員数を増やせるだろうとされていた。私も同様に、別に大きな動きはないと思っていた。

しかし、驚いたことに、その日は寄り付きから株が買われ始めたのだ。ダウ平均は一六・三八ポイントの上昇で終わったが、一時は、かなり買われていた。株式売買高も一億四七七万株と月曜日の七三五三万株と比べると、かなり増えていた。選挙日にしては珍しかった。選挙結果は予想通り、共和党が上院で多数を確保し、民主党は下院では過半数を手にした。市場は、ただ単に、買い材料を探していた。

私は寄り付きから買いに回り、その後、一転して売りに出た。急な上げを場中で見せると、相場は引けにかけては売られる傾向があるからだ。ダウ平均は、八月から三〇％以上も上昇しており、一九七三年以来、初めて一〇〇〇ドルを超えていた。S＆P指数先物は、一三七・七〇で寄り付いた後、一四〇・九〇の高値を付けて、一三八・八五で引けた。私のインディケーターのすべてが、相場は買われ過ぎを示していた。また、結果はその通りになり、引けにかけて相場は売られた。その日は、かなりうまく儲けることができた。テレレートをチェックしても現物Tボンドの動きは鈍く、S＆P指数先物を仕込んで持ち越すことは避けた。

「バジー、新しいコートが欲しいわ」と、オードリーが帰り間際に言ってきた。彼女が母親と電話で話しているのを耳にしていたので、別に驚かなかった。ミンクのコートが欲しければ、それを買っていいよと、素直にそう思った。妻は本当によく仕事をしてくれていた。それに、妻はまた妊娠していた。母子ともども、この寒さの厳しいニューヨークの冬を乗り切るにはミンクのコートが必要だとさえ思った。

「もちろん、いいよ。相場は選挙の結果をすでに織り込んでいるようだし、明日は、それほど動かないだろう。一日ゆっくり休んで、お母さんと一緒に気に入ったコートを探しておいで」と、妻に返事をした。

翌日、グレーのキャデラックに私は一人で乗って、オフィスに出勤した。共和党も民主党も、それぞれの勝利を祝っていた。この選挙結果がどのように相場に影響を与えるかがはっきりするには、もう少し時間がかかると思った。私は、株式相場に大きな動きは当分ないと思っていた。

株式相場は思っていた通り動きがなかったが、Tボンド市場に変化が現れていた。かなり、Tボンドが買われていて、S&P指数先物は〇・三五ポイント高い一三九・二〇で寄り付いたのだ。選挙戦も終了した今、FRBが公定歩合の引き下げに出ると予想したのだろう。この引き下げを一〇月二五日の定例会議で発表すると市場は見ていたが、実際には政策変更はなく、ダウ平均は三六・三三ポイントという史上第二位の下げを記録した。

私は流れてくるニュースといろいろなコメントを読みあさっていた。経済学者の多くは公定歩合の引き下げを予測するコメントを出していた。私はS&P指数先物を一五枚買い持ちにしていたが、どうもインディケーターが買われ過ぎを示しているので落ち着かなかった。いつものように振り返ってみたが、そこにはオードリーはいなかった。休みを取って母親とショッピングに出かけたのだ。外からオフィスに電話を入れてこないかと少し期待したが、その望みはかなわなかった。あの二人が一度一緒に買い物に出ると、私のことなど眼中にあるはずがない。

一一時を過ぎるころから、私のいら立ちは、一層激しくなった。市場は全く止まることなく上げ続けていた。後ろにいる地場筋の叫び声が徐々に大きくなってきた。

「誰かがノーザンテレコムの株に火をつけたぞ」「ＩＢＭも動き出した。いよいよブルーチップの買い時だ」「スクリーンの値動きは遅すぎる。今いくらだ？」「どうでもいいから、とにかく、Ａ Ｔ＆Ｔを五〇〇〇株成り行きで買ってくれ！」

その怒鳴り声は、やむことを知らなかった。

私もクオートロンのスクリーンに目を向けたが、やはりすべての銘柄が暴騰していた。一体、どうしたらいいのだろうと、私は考え込んでしまった。そして、私は「どうせ、昨日と同じ動きだ」とささやいてみたが、オードリーの返事を聞くことはできなかった。「インディケーターが買われ過ぎを示している以上、必ず売られてくる」と、自分に言い聞かせてみた。しかし、内心は、オードリーがどう回答するか気になって仕方がなかった。

居たたまれなくなって、私はＳ＆Ｐ指数先物を売り始めた。受話器を取って、デビーに注文を出した。

「デビー！　動き始めたようだ。どうせ長くはそんなに続かないよ。今、いくらになった？一三九・二〇？　今朝、買い持ちにした一五枚を成り行きで売ってくれ。それと、もう五〇枚を新たに売ってくれ」

しかし、相場は上昇を続けた。そこで、私は昼過ぎに、一四〇・〇五で二五枚売り増した。さらに、午後一時一〇分に、一四一・四〇で、もう二五枚売った。午後二時ごろになって、やっと相場は静けさを取り戻し、少し下げた。そこで、私はデビーに電話をして市場の様子をチェックしてみた。

「デビー！　今、いくらだ？　一四〇・九五だって。僕の思った通り、相場は買われ過ぎだ。成り行きで、もう五〇枚、売ってくれ」

しかし、午後三時半を過ぎたころから、再び、市場は息を吹き返した。

テレレートのスクリーンを見ると、現物Tボンドの値は高騰していた。ついにS＆P指数先物は、一四三・八五のストップ高を付けてしまった。当時、S＆P指数先物の値幅制限は、規定により、前日の決済値から五・〇〇ポイント上か下とされていた。前日の決済値が一三八・八五であったので、五・〇〇ポイント高の一四三・八五が取引された時点で、その日の取引は停止された。ストップ高の場合は、その値で売りが出ない限り、翌日まで市場は閉鎖される。端末を見詰めながら、妻と彼女の母親を恨んだ。

「一体、コートを買うのに何時間かけているんだ？」と、オードリーの座っていない椅子に向かって叫んだ。

怒りが込み上げてくると、今度は、自分の判断が正しいと思い込んでしまった。テレレートを見ると、現物Tボンドの価格は上げ続けていた。しかし、私にとって、現物Tボンドの動きなど、どうでもよかった。S&P指数先物はもうこれ以上、上がれないと思い込んでしまった私は、とんでもない行動に出た。受話器を取って、デビーを呼び出した。市場が閉まる二八分前だった。

「デビー！　今、いくらだ?」と聞いてみた。

「マーティー！　一四三・八五のストップ高のままで張り付いているわ」

「もう五〇枚、売ってくれ！」と、デビーに指示を出した。

「ストップ高なのに?」と彼女はつぶいた。その声を聞いた私は激怒して、叫んだ。

「聞こえただろ。さっさと売れ！」。私は完全に自分を見失っていた。オードリーがそばにいてくれたら、間違いなく、このバカげた行動を止めただろう。ストップ高の市場で、あえて売りを出すのは狂っている。自分を破滅に追いやってしまった。どうして彼女は電話をしてこないんだ。こんなに損をしているのに、なぜ、何も言ってこないんだ。しかし本当は、妻が、「バジー、自問自答してみるのよ！　何、バカなことをしているの。ストップ高なのよ、今すぐに手仕舞いなさい、今、すぐよ」と言ってくれるのを待っていた。

私は最も信頼を寄せているインディケーターを無視して、無謀なナンピン売り上がりをしてしまった。シカゴの先物市場でS&P指数先物が頻繁に取引されているのを見て、ニューヨークにも先物取引所が開設された。それが、ニューヨーク先物取引所である。そこで、別名ナイフと呼ばれるS&P指数先物に似た指数先物のNYFEを上場させた。ニューヨーク証券取引所に上場している銘柄を指数化したものがNYFEである。残念ながら、シカゴのS&P指数先物と比べると、その取引量はかなり少ない。このNYFEは、S&P指数先物に比べ、四対七の比率で価格が建てられていた。仮に、NYFEが四ポイント上げていれば、S&P指数は七ポイント上昇している計算になる。いつもは、NYFEには目もくれないが、S&P指数先物がストップ高を付けた以上、NYFEの動きにも注目すべきだった。オードリーがそばにいたら、ナイフを取り出して、私のポジションを切り落としただろう。しかし、そのころ、妻は母親と一緒に毛皮を物色していた。

午後三時五八分に、クオートロンをチェックしてみると、NYFEは四・〇五ポイント上昇していた。NYFEは取引量が少なく、それに低価格で取引されていたのでストップには達していなかった。NYFEの動きを無視してS&P指数先物を売った私は、ある事実に気づいていなかった。自分の傲慢さを満たすためだけに、バカげた売りをしたのだ。NYFEが四・〇五ポイント上昇しているということは、その時点でS&P指数先物の価格は前日の清算値から七ポイント以上も上げているはずだ。つまり、S&P指数先物に値幅制限がなければ一四五・〇〇以上で取引されているはずだった。それなのに、私はストップ高の一四三・八五で五〇枚売ったのだ。理論的に、この五〇枚を売った瞬間に、五万ドルの損を被っていたのだ。全く、バカげた話である。

私は黒点理論という持論を持っている。非常に少ないが、二％程度の確率で、コントロールを失い、無謀な行動に走ることを、黒点理論と名付けている。このときの私は、この二％の確率に捕まってしまったのだ。端末に映し出される現実から目を反らし、自己主張を押し通したのだ。スクリーンに向かって、「ＮＹＦＥなんて、全く当てにならない」と叫んでいた。「クソー、そんなバカなことがあるものか」と言って、現実から逃避していた。何よりも、妻がそばにいなかったことが、何とも言うようがないほど悔しかった。自分が苦しんでいるのに、オードリーが楽しくショッピングに出かけているのが、気に入らなかった。チームメイトが苦しんでいるときに、助けてくれない相手では、チームは組めないと思っていたのだ。しかし、本当は、自分の過ちを認めたくなかったのだ。

市場が終了した時点で、私はＳ＆Ｐ指数先物を二五〇枚、売り持ちにしていた。そのときは、自分の行為を疑った。ブリーフケースを持って、コートを羽織って、ドアに向かったとき、私はボーとしていた。ドアの向こうには、トレーダーのレイ・グラが椅子に座って、取引明細書を整理していた。彼は私に向かって言った。

「マーティー、今日はものすごかったな。この三日間で八％の上昇だぜ。今日だけでも、ダウは四三・四一ポイントも上げたよ。マーティーもたっぷりと儲けただろう」

「すごい一日だったよ、レイ」と答えただけだった。

レイは、私よりも歳は上で、根っからのヤンキースのファンだった。彼は、オードリーに対しても好意的で、本当に人の良いトレーダーだった。

「大儲けをして、笑いが止まらないと思ったよ。マーティー、顔色が悪いけど、大丈夫か？」と、私を見ながらレイは言った。

「大丈夫だよ、レイ。今日は、すごく苦労したよ」と、レイに答えるのが精一杯だった。しかし、そんな私の気持ちなど無視して、レイは言った。

「四三ポイントも、一日に抜けるのだったら、そんな苦労、どうってことはないさ」と言った。

もちろん、儲けたのだったら苦労などしたとは思わなかっただろう。しかし、損をしたとなると、家路を急いでも、その距離が途方もなく遠く感じる。こんなに一日で負けたことはなかった。売り持ちのポジションを清算値で洗ってみると、少なくても、六〇万ドルは含み損が出ていただろう。しかし、値幅制限がなければ、もっとその損が拡大していたに違いない。ＮＹＦＥの動きからして、Ｓ＆Ｐ指数先物はストップ高を記録した値よりも、もっと上に行っていたはずだ。なぜこんなバカげた行動を取ってしまったのだろう。スター街道をまっしぐらに進んでいたはずの自分が一転して、負け犬の道に落ちていくのかと思うと、私はその恐怖と怒りを誰かにぶつけたかった。

ちょうど、それは一〇回目の同窓会に出席したころの自分に戻ってしまった思いがした。いつもおカネがなく、ＴＲ６に乗り、狭い寝室一つのアパートに住んでいたころで、証券アナリストとして働きながら、いつ職を失うかドキドキして民主党に一票を投じていたころのことである。

民主党が掲げる生活保護政策を、いつ必要とするか分からない自分は、まるで勝つことに自信を失ったトレーダーのようだった。

アパートに戻るなり、妻に向かって私は自分の怒りをぶつけた。

「オードリー！　どうして電話してくれなかった？　S&Pを二五〇〇枚も売り持ちにしたよ。一〇〇万ドル、失うかもしれないんだ」

「バジー！　落ち着いてよ。大変な一日だったのは分かるわ。終わったことを悔やんでも仕方ないわ。今日の失敗を繰り返さないようにするだけよ」

「大変だったって？　冗談じゃない、オードリー！　たった四時間で一〇〇万ドルの損だよ。どうして、電話の一本もしてくれなかったか聞きたいよ」

「お母さんと一緒に毛皮のコートを見て歩いていたのよ。注文してきた毛皮を見たら、きっと、あなたも気に入ってくれるわ」

オードリーが毛皮を見ている間に、私は相場に自分の皮をはがされていた。全く皮肉な話だ。今となって、あのときのことを思い出してみると、妻の偉大さがよく分かる。オードリーは一切、私が相場で儲けようが損をしようが感情的にならないのだ。妻にとって、おカネはただの紙切れなのだ。そして、妻は私が納得のいく行動をちゃんと取っていれば、損した金額などすぐに取り戻して、より多くの利益を生んでくれると信じている。全く、私の成功を疑っていないのだ。

しかし、あの晩は、妻の言うことなど耳に入らなかった。相場を理解している誰かと、私は無性に話したくなった。どのようにして、この最悪な状態から抜け出せるか、私に教えてくれるのはゾエルナーしかいなかった。

かなり夜遅くにゾエルナーに電話入れると、彼の奥さんが電話を取った。

「ハイ、ヴィッキー？　遅くに済みません。マーティーですが、ボブはいますか？　ちょっと彼に相談したいことがあって……、申し訳ないです、……。ボブ？　S＆Pを二五〇枚売り建てるけど、死にそうだよ。どうしたらいいのだろう」

「マーティー！　お前は気が動転している。落ち着いて考えろ！　いつも言っているだろう。車のギアをファーストからバックに入れるのに、必ず一度、ニュートラルにするだろう。方向を変えるには、一度、そのポジションを整理する。そうすると、すべてが、よく見えてくる」

「ボブ！　買われ過ぎだと思わないか？　僕のインディケーターは、すべて買われ過ぎを示している。今は、下りる時ではないと思うけど」

「マーティー！　落ち着けよ。お前のインディケーターがどう示していても、相場には勝てない。市場は、選挙が終わった今、FRBが公定歩合を引き下げると思っている。金利が下がれば、機関投資家は、その資金の多くを短期金利商品から株に移してくる。もちろん、多少、売られるかもしれないが、それをいつまで待てる？　ポジションを整理することが先決だ。損切りを怖がるな。一つだけ言っておく。勝利の女神は、いつも、お前の目の前にいる。それが、見えないようだと、勝利はつかめない」

「ボブ！　ありがとう。でも、一〇〇万ドルの損を出すのは、ちょっと、キツイよ」

「マーティー！　損切りだ」

その晩は一睡もできなかった。どうしていつも、うまく事が運び始めると、何かがそれを邪魔する。数日前まで、自信にあふれていた自分がウソのようだった。それに明日の朝、一〇〇万ドルを失うかもしれないのに、なぜオードリーは熟睡しているのか、私には理解できなかった。

翌日、キャデラックに乗って、私とオードリーはオフィスに向かった。買い戻して、多額の損を確定させるのが怖かった。S＆P指数先物が安く寄ることを祈った。仮にそうなれば、この売り持ちをできるだけ有利な値で買い戻せる。もしかすると、私の見方が正しくて、相場が天井を打ったかもしれないなどと、最後までいろいろと考えていた。とにかく、今日は、そばにオードリーがいるので安心していられる。

S＆P指数先物は、一四五・〇〇で寄った。昨日の引けから一・一五ポイント高かった。

「そんなに、高くないな。NYFEが四・一〇ポイント上げたことを思うと、S＆Pは一四五・五〇以上で高く寄るはずだが。もしかすると、天井を打ったかな」と、そんなことを言っている私に向かってオードリーは叫んだ。

「バジー！　ポジションを減らすのよ。もうすでに話し合ったでしょ。決めたことを実行するのよ。さあ、早く！　すぐによ」

オードリーの叫びを聞きながら、私は徐々に買い戻しを始めた。買い戻してポジションを小さくすると損を縮小できる。寄り付きから四五分で、私は売り持ちをすべて整理した。一〇〇万ドルの損を出したと思ったが、実際に計算してみると、損は八〇万ドルだった。ゾエルナーの言う通り、ポジションを整理した途端、私は、何ともいえない解放感を味わい、やっと、息が吸えるようになった気分だった。

それからの四週間は、がむしゃらになって相場に打って出た。もう少しで、損をすべて取り戻すところまで行き、一一月末には、損は五万七〇〇〇ドルまで縮小されていた。そして、一二月に九二万八〇〇〇ドルを稼いで、その年は先物取引だけで三〇〇万ドル以上の稼ぎ上げた。確かに、私は大きなミスを犯した。オードリーがそばにいないときに、自分のバランスを失い、ストップ高なのに、あえて売りに出るという異常な行動を取った。今でも、オードリーとゾエルナーには感謝している。私は自分の過ちに気づいて、それを訂正でき、彼らのおかげで、自信を失わずに済んだ。そして、損した金額よりもっと多く儲けることができると、改めて確信できた。

一二月末に、オードリーは新品のコートを受け取ってきた。彼女と同じくらいに美しいミンクの毛皮のコートだった。箱から取り出したコートを着て、モデルのようにくるりと回ってみせて、オードリーは言った。

「バジー、どう、このコート？」

私は妻の後ろに回り、彼女を抱きしめながら、「とっても、きれいだ」と言った。生れてくる子供を温かく包むには、この毛皮が一番だと思った。私はオードリーに皮肉っぽく言ってやった。

「きれいに決まっているさ。八〇万ドルもしたんだから」

連敗

誰もが経験することだが、勝ち残れるトレーダーだけが連敗しても立ち上がってこられる。連敗すると、自分の判断や自信を疑ってしまう。時には、自信喪失から、相場から足を洗ってしまう。何かがうまくいっていないことに気づいても、どうしてよいか分からずに自分を見失う。こんな状況に陥ると、いくらもがいても苦しんでも出口が見つからない。リズムが狂ってしまったときは、いったんすべてを損切り手仕舞いして、最初からやり直すことだ。

負けが続いたときは、損切りするだけではなく、自分のエゴを切り捨てることだ。私は、ラスベガスでクラップに賭けているときに、このことを学んだ。資金をしっかり管理することが大切だ。負けを取り戻そうと、賭け金を上げていくようでは、いつ破産するか分からない。連敗を止める最良の方法は、**賭けを止めることだ**。そうすると、損をすることはなくなる。そして、傷口も広がらない。一歩、相場から離れ、呼吸を整えてからまた参戦する。相場はいつでも、トレーダーを待っている。

言っておくが、私のアドバイスを理解するのは簡単だが、実行するのは難しい。一九九六年八月、私は今までない負けを味わった。この負けとは、相場の流れを見極めることができても、損をするのが怖く、勝つ自信を失ったことが原因だった。この恐怖心から私の反応は遅れ、タイミングを逃してばかりいた。瞬時に行動を取れないと、リスクが拡大する。こんなとき、一休みしてリラックスするべきだったが、それもできなかった。ゴルフの誘いに乗っても、出かける前に、どうしてもポジションを取りたくなった。市場が動くのに、それに乗り遅れたくなかった。それで、一〇枚買い持ちにして出かけたが、結局、二万五〇〇〇ドルの損をした。この日、私の自信は音を立てて崩れ去った。

ギアをバックからファーストに入れる前に、一度、ニュートラルに入れなくてはならない。**まずニュートラルに入れることで、悪いポジションの方向を変える**。**つまり、止めるのだ**。この損をするのではないかという恐怖心が高まると、落ち着いて物事を考えることができず、しまいには自信を喪失する。すべてを停止することで、落ち着きを取り戻し、物事を真っ向から見ることができるようになる。時間はたっぷりある。

焦ることなく、しっかりと計画を立て、それを行動に移す。もう一度、自分の売買スタイルを理解して、集中力を取り戻す。そして、取引枚数を少なめにして、売買を再スタートする。また、**一発ですべてを取り戻そうと考えないことだ。**

落ち着きを取り戻したら、自分の好きなお膳立てが整うまで待って、損切りをきつめに置いて、取引枚数を少なめに張る。逆に動いても、すぐに損を確定する。私は、連敗したときに、自分にいつも言い聞かせることがある。それは、「儲けは小さくてもよいが、とにかく、勝つ」である。体調を崩して、気分が悪くなったときのように、いったん休んで回復を待つ。私は自分の自信を取り戻そうとして必死だった。**儲けではなく、勝てるという自信を取り戻すことだ。**私にとって三枚という取引量は極めて少ないが、ある日、この三枚で一万五〇〇〇ドルの儲けを上げた。この儲けは、決して少額ではない。翌日、儲けを四万ドルまでに増やすことができた。突然、私の中に言い表せない自信がわき上がってきた。

私のアドバイスを実行に移すのが大変だと思ったら、休む期間を長く取って、より一層少ない取引量から始めるようにしてほしい。重要なことは、自信を取り戻すまで投資資金を危険にさらさないことだ。誰でも負ける。そして、その負けが続くのを経験する。これは、このゲームに参加する者が誰でも味わうことだ。確固たる規律を持っているトレーダーだけがギアをニュートラルに入れ、休むことができ、連敗を終わらせ、新たにスタートできる。

世間に認められたチャンピオン・トレーダー

『ライアーズ・ポーカー』の著者、マイケル・ルイス氏曰く、「多くのトレーダーは、自分が誰よりも優れていると思っている」。しかし、それも一九八三年までは、誰が一番優れているのか判断できなかった。八〇年代初めまで、トレーダーという職業は一般的ではなく、あくまでも小人数のプライベート・クラブのような存在で、トレーダーは、世間一般では認められていなかった。一般の人たちが手に負えないほど大きなリスクを背負って、毎日、売買をしているトレーダーという職業があることさえ知られていなかった。ごくまれに目にする投機家の記事といえば、ハント兄弟やビリー・ソル・エステのように巨額の損失を出した連中のことばかりであった。しかし、ほとんど場合、世間には知られていないけれど、毎日、苦労しながら働いている。大きな破産でもしない限り、世間に認知されることはない。

一九八三年一月のある日、私は金融雑誌に載っていたある広告に興味を持った。それには、次のように書かれてあった。


アメリカの株、オプション、商品のトレーディング・コンテスト

誰がアメリカ・ナンバーワンのトップ・トレーダーか?

コンテストに参加して、自分の腕を確かめてみませんか?


〈コンテストの概要〉

二月一日からスタートするこのトレーディング・コンテストは、最初にどの部門に参加するか決め、ブローカーから受け取る月間収益表のコピーを提出します。リーダーは毎月、収益率の最も高い順に発表されます。それは、二月一日からの収益率によって判定されます。株式投資部門、株とオプション部門、商品部門はそれぞれ最低五〇〇〇ドルの投資資金からスタートし、オプションだけの部門は、最低一〇〇〇ドルからスタートします。

お問い合わせは、フィナンシャル・トレーダー協会(二一三)八二七—二五〇三

この広告を見た瞬間に、このコンテストに参加することに決めた。テレレート社のサービスをここまでうまく使いこなして、S&P指数先物で大儲けしているトレーダーは私しかいないと思っていたからだ。それに、私は誰かと競い合うのが根っから好きだ。もちろん、一番になる自信があった。

私は広告に書かれていた番号に電話すると、向こうから、「フィナンシャル・トレーダー協会のノーム・ザデーですが」という声が聞こえた。彼が誰なのか、ましてやこんな協会など知らなかったが、そんなことはどうでもよかった。

「ノーム、あなたが誰だか知らないが、このコンテストに参加したい」と私は切り出し、かなりの自信から、「必ず、勝つ」とまで言った。

このノーム・ザデー氏は、金融界でのドン・キングだった。キング氏は有名なボクシングやエンタテイナーのプロモーターである。ノームは、ドンのトレードマークである爆発しているヘアースタイルとは全く対照的に、ビリヤードの玉のようなつるつるのハゲだった。この二人の共通点は、異色の経歴を持っていることだろう。『ギャンブル・タイム』誌によると、ノームは全米で第四位にランクされるギャンブラーとされていた。彼は、プロのポーカー・プレーヤーであり、また、プロスポーツを専門とするギャンブラーでもあった。彼の著書『必勝ポーカー・システム』は、一九七四年に出版されロングセラーになっている。どう考えても、彼の肩書きはラスベガスを代表する賭博師だが、以前はUCLAで教鞭を執ったことがある数学者だった。

　ジョン・リシオ氏が一九八九年七月一九日付の『バロンズ』誌に書いた記事によると、ザデー氏がUCLAで講師をしていた八〇年代初めに、トレーディング・コンテストを開催するアイデアを思いついた。ザデー氏は、同じ大学で経済学を教える教授陣の反対を押し切り、空想論や講義ではない実践のトレーディングを教える科目を作ってしまったのだ。このクラスでは、実際におカネを使って、商品先物などに投資をして、生徒にも取引に参加するように呼び掛けていた。初めに一四〇％のリターンを上げ、クラスの人数も一〇人から八五人まで増えたところで、ザデー氏は大学から追い出されてしまった。

　ボクシングの試合のように、ザデー氏はこのトレーディング・コンテストを四部門に分けた。それらは、株、オプション、株とオプションの組み合わせ、そして、ヘビー級の先物部門だった。私は先物部門と株とオプションの組み合わせ部門に参加した。

　私にとって、コンテストに参加する前から、先物についてはボクシングに一五ラウンドあるように、一日を一五に分けて考えていた。これは、Tボンド取引開始の午前九時からS＆P指数先物取引終了時間の午後四時一五分を三〇分ごとに分けて市場の動きを追っていたのだ。また、シカゴのCMEでは三〇分間隔でいろいろな指標を発表していたので、自然と私もこの三〇分サイクルに慣れていた。経済指標が発表になる一時間前と、それが発表になってからの三〇分間は取引量が最も多い。CMEで先物を売買した経験があるトレーダーであれば誰でも、この三〇分サイクルを知っているはずだ。

ボクシングでいうと、私のトレーディング・スタイルは、ジャブを多用して得点を上げるやり方である。ノックアウト・パンチを狙うことは避ける。一発食らって全財産を失い、家族に迷惑をかけるようなことはしない。私はノックアウトされないように注意している一方で、全ラウンドでポイントを稼ぐことに徹している。この方法が、私にとって最も安全な取引方法である。華やかさはなく、非常に地味に収益を増やしていくスタイルである。一年間で取引日数は二五〇日とすると、そのうちの二〇〇日は、損も利益もほとんど同じ金額で、一回に五〇〇〇ドルの損や一回で六〇〇〇ドルの儲けを上げる売買を一日に数十回する。しかし、残りの五〇日で、大きく儲けている。Tボンド先物で一回に七万五〇〇〇ドルを儲けたり、株で一〇万ドル稼いだり、オプションで一二万五〇〇〇ドルの利益を出す。そして、S＆P指数先物で一五万ドルを一回の取引で稼ぐ。このように収益を積み上げて、一年で五〇〇万ドル稼いでいる。

このコンテストは、誰でも参加できるように投資資金を少なく設定していたので、私にとって不利である。私のやり方では、先物に五〇〇〇ドルの投資資金では少なすぎる。私は自分のスタイルを維持するために五〇万ドルを初期投資資金として、毎日の収益を積み重ねていくことにした。しかし、四カ月という短いコンテスト期間と初期投資資金が低く設定されているので、アマチュアが五〇〇〇ドルすべてを使って、一発勝負に出ることも考えられた。

同じコンテストに参加していても、私は相場で稼いだおカネで生活を支えているが、例えば、ニュージャージー州の歯科医が患者の一人から企業買収の情報を得て、五〇〇〇ドルをその株に投資して三〇〇％のリターンを上げるかもしれない。私と他の多くの参加者とでは、戦う土俵が違いすぎるのだ。歯科医が五〇〇〇ドルを相場で損をしても、金銭的に大きなダメージを与えないだろうが、私の場合、ノックアウトは破産を意味する。私にとっても投資資金を低く設定して、このコンテストのように一発勝負をすることも選択肢の一つだが、それでは私のトレーディング・スタイルを変えることになってしまう。しかし、そんな気は毛頭なかった。妻と知り合う前の私は、いつも一発勝負で大金を稼ぐことを夢見ていた。あのころの私は、全く相場で儲けることができなかった。そんなあのころに戻る必要はない。今は、自分自身に合ったトレーディング・スタイルを確立している。そう思うと、投資資金の設定は大きな問題ではなかった。

参加費は、株式部門で一五〇ドル、その他の部門は一九五ドルだった。第一回のコンテスト参加者はたったの七四人で、主催者が参加費から収益を上げているとは到底思えなかった。ザデー氏には、何か他の目的があって、このコンテストを主催しているに違いなかった。ノミ行為をどのように避けるのかザデー氏に問いかけてみると、彼の答えは、月間収益表の提出と日々の取引明細を電話報告させることだった。この電話報告は録音されて、月間収益表とつき合わせて、参加者のパフォーマンスをチェックすると、ザデー氏は説明した。

この電話報告こそ、彼がこのコンテストを主催する目的だと、すぐに気がついた。参加者の中から成績が良いトレーダーの売買に提灯をつける（相乗りする）つもりだったのだろう。しかし、私はザデー氏の目的が何であれ、全く気にならなかった。ＣＭＥのピットに立って私の注文をさばいている連中以外に私のトレーディング法を理解できる訳がないからである。案の定、ザデー氏はS&P指数先物を一日に何回も売買する私のスタイルを見て、この電話報告はしなくてもよいと言ってくれた。私は月間収益表と取引明細書を送ることで、ザデー氏と同意した。

初回のコンテスト成績は、先物部門で三位、同じく株とオプションの部門でも三位だった。この成績を見て、さらに闘志がわいてきた。七四人中の三位という成績は悪くないが、それでは納得がいかなかった。私の中でアムハースト大学のウィルソン学部長の話がよみがえってきた。クラスの五〇％は下から数えて五〇％なのだという学部長のあの話を思い出していた。大学生のころは、アンドーバーやエクスターのような進学校出身者とまで競うつもりはなかったが、今回のトレーディング・コンテストは訳が違う。誰にも負けない強さを持っていると信じていた。それを証明するために、次のコンテストにもすぐに応募した。

第二回目は一九八三年八月一日から一二月一日までの四カ月間だった。参加者は一三三人に増えていた。私の成績は、先物部門で六九・二％のリターンを上げて六位だった。そのときの一位は、三八八・四％のリターンを成し遂げたトレーダーで、どうせ少額の投資資金を手に一発勝負に出たのだろう。しかし、私は最高収益獲得者という賞をもらった。実際、他の参加者全員の収益を合計しても私の稼ぎには及ばなかった。リターンは六位だったが、儲けていくらの世界に生きる私にとって、あくまでも儲けが重要だった。

ザデー氏はコンテスト結果を金融誌に必ず掲載して、次のコンテスト参加者を募集していた。

『バロンズ』『フューチャーズ』『インベスターズ・デイリー』『ストック・アンド・コモディティ』、それに『ウォール・ストリート・レター』に成績優秀者の名前とその収益率が発表され、自分の名前をその中に見ることは本当に気分が良かったが、私はチャンピオン・トレーダーになりたかった。

一九八三年、年間チャンピオンの座に輝いたのはフランキー・ジョーだった。フランキーは当時、四二歳で、以前、ニューヨーク証券取引所の立会所でクラークをしていた経験の持ち主だった。彼は先物部門で一八一・三％のリターンを記録し第二位、株とオプション部門では七〇・六％のリターンを出して第一位だった。私は、彼が実際にどのくらいの資金からスタートしたのか知る由もなかったが、それより次回のコンテストで彼を負かしてチャンピオンの座を獲得することを目標にした。一九八四年二月からスタートする次回のコンテストに応募する際、私はザデー氏に電話で言った。

「ノーム、フランキー・ジョーに今回は僕がトップを取ると伝えておいてくれ」

どの世界でも、勝つという自信は大切だ。トレーディングにも同じことがいえる。その自信がないのにリングに立つことは許されない。しかし、この自信が一歩間違うとエゴになる。エゴは誰でも持っているが、疲れたボクサーがマッサージをして筋肉をほぐすように、トレーダーも徐々にそのエゴを取り除いていかなければならない。数学者でハスラー、それにギャンブラーのザデー氏は、この自信とエゴの関係をよく理解していた。勝つことで自信がつき、一般にその勝利が認められることで満足感を味わう。

アメリカ・トレーディング・チャンピオンシップに、誰もが興味を持つようになっていた。参加者も増え、一九八四年二月一日スタートのコンテストには一八五人の応募があった。また、一九八四年二月一八日付の『ニューヨーク・タイムズ』に、このコンテストについての記事が載った。

「趣味と実益の投資コンテスト」と題されたこの記事には、フランキー・ジョーと私の顔写真も掲載された。チャンピオン・トレーダーの座をものにしたフランキーの顔写真はいかにも幸福そうな中国人風、それとは対照的に最高収益賞を受賞した私の顔写真は苦痛に耐えるユダヤ人そのものだった。しかし、本当のスターはプロモーターのザデー氏だった。この記事には、ザデー氏は元大学教授で、カリフォルニアで優雅に暮らす数学者であったが、トレーディング・コンテストを主催し、その参加費から多額の収益を得ていると書いてあった。このコンテストで彼がどれだけ儲けようと私の知ったことではなかった。

この記事には、私のことを紹介する一節が載っていた。

「一九八三年度、最高収益獲得者は先物部門で一七五・三％のリターンを上げ、一四〇万ドル稼いだマーティン・シュワルツだ。シュワルツ氏は三八歳で、元証券アナリストの経験を持ち、アメリカ証券取引の会員である」。この記事には、私が受けたインタビューの一部が載っていた。

「私が勝者になれたのは、敗北を認めることができるようになってからだ」

私はこの記事を数百枚コピーして、ピラミッド社のありとあらゆる壁に貼りつけてやりたかった。ファラオたちにこの記事を読ませたかった。そして、私をクビにしたことがどれだけピラミッド社にとって損失だったかを、彼らに分からせてやりたかった。しかし、私が手を汚さなくても、私の思いはピラミッド社に通じていたようだ。その証拠に、二月一九日にピラミッド社と深くかかわりを持つインサイダー・スキニーから電話をもらった。

「モッティー！　笑い話を聞いたよ。ピラミッドの予言者と祭司が、どうやってお前さんに投資資金を運用してもらうか相談しているってよ」

「本当か？　モーゼの出エジプトのときのように紅海が真っ二つになれば、電話するように言っておいてくれ。でも後悔、先に立たずだよ」と、私は答えた。この話を聞いたとき、私の中にあったすべてのエゴが満たされた。これこそ、私にとって、ピラミッドに対する最高のリベンジだった。コンテスト主催者のノーム・ザデー氏には、本当に感謝している。

このコンテストを誰もが意識するようになり、ザデー氏はコンテストの中間結果を毎月、金融雑誌に掲載して多くの参加者を呼び込んだ。特に、フランキー・ジョーと私が大接戦を繰り広げていたので、このコンテストの注目度はさらに高くなった。この三カ月間、フランキーとの差はほとんどなく、どちらが勝利を収めるのか、全く分からない接戦だった。五月の中旬に、初めてフランキーから一本の電話をもらった。

「マーティー、俺は、もう十分、このコンテストを楽しんだよ。もうタオルを投げて、降参するよ。これから少し休暇を取ることにするよ」と、フランキーは言った。

フランキーの電話から勝利を確信した私は、オードリーに言った。

「パーティータイムだ、オードリー。フランキー・ジョーが休みを取るんだったら、いっそのこと、僕たちも休暇を取ろうか」

しかし、休暇から戻って、私は驚かされた。フランキーは私をだまして、私たちの休暇の間にも取引を続け、残り一日にして、〇・一%の差でフランキーが優勝する寸前だった。この信じられないような大接戦は、コンテスト主催者の思い通りの展開だった。私はノームに電話して、「これは、もう戦争だ！」と言って、フランキーに宣戦布告したのだ。私の宣戦布告を聞いてノームは興奮したらしく、すぐに『ウォール・ストリート・ジャーナル』紙に連絡を入れた。そして、彼は、このコンテストでのフランキーと私の大接戦が両者を共に感情的にさせていると言った。

そして迎えた最終日、私は開始のベルが鳴ると同時に取引を始め、ノンストップで四時一五分まで売買を繰り返した。そして、終了のベルが鳴った時点で、フランキーに三・四%の差をつけて、勝利を手にした。最終的にこの四カ月間で、四八万二〇〇〇ドルの投資資金を一二〇万ドルまで伸ばした。リターンにして、二五四・九%だった。フランキーの投資資金は分からないが、彼は二五一・五%のリターンを上げた。一九八四年六月七日付の『ウォール・ストリート・ジャーナル』紙には、次回のコンテストが八月に予定されていることとフランキーが次回は参加しないことを伝えていた。フランキーは「四二歳の自分が八六歳のように感じる」とコメントして、戦いの疲れをいやしたいと語っていた。しかし、私はチャンピオンの座を防衛する意思があると『ウォール・ストリート・ジャーナル』紙の取材には答えておいた。そして、私のコメントが載った。

「シュワルツ氏はこう語った。『誰が来ても、勝ってみせる』と」

もちろん、私はこの発言通りに次のコンテストに参加して、二六二人を相手に四四三・七%というリターンを先物部門で上げて優勝した。フランキーは不参加だった。そして、残念なことにフランキーは心臓発作を起こし他界した。元々、トレーディングには、ストレスは付き物だが、誰もが注目をするコンテストに参加していれば、さらに精神的なプレッシャーを受ける。フランキーは決して冗談で八六歳と言ったのではなかった。トレーディングに人生を賭けている者であれば、誰もが経験するストレスをフランキーは「八六歳の老人」として表現したのだ。

時がたつにつれ、私はザデー氏の狙いが分かってきた。彼は、単に優秀なトレーダーの動きに合わせて独自に売買をするだけではなく、このコンテストを利用して次から次へとビジネスを拡大していっていた。彼は、優秀なトレーダーと投資会社を結びつかせ、コンサルタント料を徴収していた。そして、投資信託を設定して、コンテスト参加者の中から選抜したトレーダーにその運用を任せていた。それに、ザデー氏は『サマリー・オブ・トップマネジャー』という機関紙を発行していた。私としては、ザデー氏の狙いが何であれ、全く関心がなかった。それどころか、

世間に認められたチャンピオン・トレーダー

優勝できたことで私の名は売れ、一九八九年に自分のファンドをスタートさせる上で、このコンテストはかなりの助けとなった。

ファンドを運用するようになってからは、コンテストに参加している時間がなく、チャンピオンのままコンテストから引退した。コンテスト以上にファンドの運用は刺激的だった。そして、一九九二年までコンテストに参加することはなかった。この一九九二年に、自分の人生の目的とその意味を探していた私にとって、初心に返って、このコンテストに再び参加することには大きな意義があった。私はザデー氏に電話を入れ、参戦の意思を伝えた。そして、彼に一度引退したチャンピオンが再度、リングに立ち、タイトルを勝ち取るように、私もコンテストでの優勝を彼にそのとき約束した。私のカムバックを話題にしたジョン・リシオは、『バロンズ』誌で次のように書いた。

「この数週間、S&P指数先物ピットのボブ・フィッシャーとまで言われた、元トレーディング・コンテスト優勝者、マーティー・シュワルツ氏と話す機会が数回あった。そして、彼が現役のチャンピオンに勝る力を十分に持っていることを確信できた。他のトレーダーたちと同じリングに立っても、終了のベルが鳴って、その場に残っているのは、やはりシュワルツ氏だろう」

リシオの予言は正しかった。私は一九九二年に先物部門の五〇万ドルプラス級で優勝することで自分のカムバックを鮮やかに飾った。プロモーターとしての才能を持っているザデー氏は、先物部門でも投資資金別にクラスを作って、多くの参加者を呼び込んでいた。クラスが多くなると、自然と参加者も増え、そのゆえコンテストからの収益も上がる。ザデー氏は切れる男だ。私はカムバックを果して、また引退を決めた。引退といっても、いつ、また参戦するか分からない。ジョージ・フォアマンやシュガー・レイ・レナードも引退してカムバックして、素晴らしいファイトを披露した。私も彼らと同じことをするかもしれない。

しかし、二度目のカムバックはあり得ないだろう。ザデー氏がトレーディング・コンテストから手を引いたのだ。一九九六年一二月二六日付の『ウォール・ストリート・ジャーナル』紙には、次のように書かれてあった。「証券取引委員会の取り調べを受けたのとほぼ同時期に、ザデー氏はトレーディング・コンテストをやめた」。その記事によると、ノームは各参加者の取引内容を正確に調べないまま、投資家たちに優秀な成績を収めたトレーダーたちを紹介していたようで、証券取引委員会はその点に注目したようだった。ノームの言い分は、すべての取引明細をチェックして、その成績は承認されたとしているが、一体、誰が承認するのだろう。この点は、ノームもドン・キングも非常によく似ている。このコンテストを通して、ノームは相場の世界に高い地位を築いた。しかし、それと同時に、彼を批判する者や彼の行動を隅から隅までチェックする連中を出現させた。ノームは数多くの分野で活躍していたが、コンテストの内容は厳密に調べられ、他の分野とは全くかかわり合いがなかったと主張した。もちろん、簡単に取引明細書を確認できたとは言っていない。私にとって、ザデー氏の主張はどうでもよかった。この記事で、『ウォール・ストリート・ジャーナル』紙はザデー氏を、ＵＣＬＡやスタンフォード大学で数学を教えた

世間に認められたチャンピオン・トレーダー

客員教授と紹介していた。ザデーは、実にいろいろな顔を持つ男だ。

私自身、このコンテストで優勝できたので、いろいろな金融情報誌から注目を浴び、インタビューも受けた。相場の世界で私の名前は認められ、家族や友人からも私は成功したトレーダーとしてあがめられた。他人に認められると、不思議と自分の内面に潜んでいるエゴまでも柔らげられる。ノーム・ザデー氏は、私を孤独な相場の世界から華やかな表舞台に引きずり出してくれた恩人である。

一九八九年七月に、家族と休暇をアルプスで過ごした帰りに、ニューヨークのラガーディア空港でスーツケースが出てくるのを待っているときだった。何気なく『バロンズ』誌を買ってざっと目を通していると、ノーム・ザデー氏のトレーディング・コンテストについてジョン・リシオが書いた記事に目が止まった。その記事の真ん中に私が自宅のオフィスでトレードしているところを写した写真が載っていた。その顔写真を子供たちに見せた。まだ、四歳と六歳だった子供たちも、なぜ私が他のお父さんのようにスーツとネクタイを身につけて仕事に出かけないのか不思議に思い始めたころだった。子供たちに、「これは、誰かな?」と聞いてみた。そうすると、子供たちは、一声に、「お父さんだ! お父さんだ!」と叫び出した。

子供たちも少し大きくなって、友だちからお父さんがどんな仕事をしているか聞かれると、子供たちは、「僕のお父さんはチャンピオン・トレーダーなんだ」と答えていた。子供たちが私をチャンピオンと認めてくれたことが、何よりもうれしかった。

損切りを忘れるな

トレーダーが持つことのできる最大の武器は、「損切り（ストップロス）」である。この損切りとは、トレーダーが決めるポイントで、自分の非を認め、エゴを捨て、そして次の取引に参加するだけの資金を保護する目的で使われている。しかし、この最強の武器を使いこなすのに、困難さを感じるトレーダーも多いようだ。損を確定せずに、そのままポジションを引きずってしまうケースが多く、いつか市場が自分の思惑通りに動くと考えがちである。一般的には、このような各自の単なる希望を市場に求めることは、破滅への道をたどることになりやすい。ジョン・グランビル氏曰く、「マーケットは、そのトレーダーが売り持ちだろうが、買い持ちだろうが、全く知る由もない」。つまり、自分のポジションに対して感情的になるのは、そのポジションを持っているそのトレーダーだけである。市場のメカニズムは、需要と供給によってその価格が決められ、売り手や買い手がどのように自分のポジションを支援するコメントなどを出したところで、別段、効果はない。

損切りは、自分の非を認めなくてはならないので、実行に移すのが非常に難しい。しかし、相場の世界で、損は付き物だ。毎回、取引に参加する際、損切りのポイントを決め、その価格まで来たら、損を確定させられるだけの精神力が必要だ。

友人とゴルフを楽しんでいるときのことだった。彼のあだ名は、ダブル・ボギー。彼がベイ・ネットワーク社の株に手を出したときの話になった。彼は、いまだに失敗の原因が何か理解できていなかった。そもそも、彼は、このベイ・ネットワーク社の話題を耳にしたのは、その株価が三〇ドル台のときだった。そして、その話の通り、株価は四〇ドル台に上がっていった。そこで彼は、その株価がいったん下げるのを待って、四三ドルで購入した。しかし、その株価は下げる止まることなく、ついに三五ドルまで下落してしまった。ダブル・ボギーは、あることを思いついた。それは、三五ドルで以前の株数よりもはるかに多い株数を買うことだった。その後、その株価は回復の兆しがないまま、一〇ドル台にまで落ちてしまった。ダブル・ボギーは私に、「憎たらしいことに、下げの合間にも、幾度か、買い上げられるシーンはあったのに、そのまま何もしないで見ていたことだよ」と言ってきた。そこで私は彼に、どんな戦略を立てていたのか聞いてみた。彼は「ただ、四〇ドル台に戻るのを待っていたんだ」と答えた。

アマチュアの典型的な行動パターンは、プランを完全に立てることがないまま、取引に手を出す。彼らは、利益目標を持っているだけで、損については全く何も考えていない。車のヘッドライトの光を目にした瞬間、凍りついてしまう鹿のようなもので、死を待っているのみだ。株を買い持ちにして、その株が下がり始めると、神の助けを請おうとする。

「神様、どうか、この株を上げてください。もう同じようなミスはしませんから」

しかし、これは、全くの嘘っぱちである。仮に、願いがかなって、運良くその株価が回復すると、神の存在などすぐに忘れてしまう。そして、あたかも、自分の力で相場を動かしたように錯覚をして、同じことを繰り返し、最後に相場につかまる。つかまったら最後、その地獄から抜け出すことができなくなる。一般に、損がかさんでくると、資金を失うだけではなく、目標までも見失う。ラスベガスのカジノでクラップに賭けているときに、自分の負けを相手との戦いに負けたと思い始めることがよくある。きつめのドレスに太った体を無理やり押し込めている脱色金髪嬢がサイコロを握り締め、クラップテーブルで賭けている。負けがかさんだころに、だんだんと意地が出てきて、そんな女には負けられないと思うようになる。しかし、彼女は、他の連中のことなど眼中にないのだ。彼女は、あくまで、サイコロを転がしているだけなのだ。意地やエゴ、それに欲が出てくると、判断力を低下させる。相場でも同じことがいえる。この金髪嬢もマーケットも、参加者のことなど考えていない。だから、自分のエゴを捨てることが大事なのだ。規律を持って、損切りをするのが難しいと思うのであれば、ストップロスのポイントを決めて、自分自身を柱に縛りつけておくのが最良だろう。

損切りには、通常、二通りの方法がある。その一つは、あらかじめブローカーに損切り注文を出しておくやり方。それともう一つは、自分で決めた損切りポイントに価格が触れた時点で、ブローカーに損切り注文を出して執行してもらう方法だ。どちらのやり方でも、結果は同じであるが、損切りは、自己資金を守るための投資なのだ。ポジションを一度整理して、傷口を広げないように心がける。墓穴を深く掘らないようにして、すぐにそこからはい上がれるようにする。損切りは、自動的にトレーダーを相場から引き離し、ニュートラルの状態に戻してくれる。もちろん、損を出すと資金は減るが、集中力を失うことなく、次のチャンスを待つことができる。

損が拡大すると、自然と目標を失い始める。**損切りをすることで、頭の中が瞬時に整理でき、目的の再確認も可能になる**。買って損しても、また再び買いに出ることになるかもしれない。同じ方向にポジションを建てるのが賢明と判断したのであれば、そうすべきである。チャンスはいくらでもある。マーケットがなくなることはない。資金を守り、次の機会に小さなリスクで勝負に出るように心がけているのが、本物のトレーダーだ。

魑魅魍魎が跋扈する「緑の街」シカゴ

「シュワルツさん、あなたの申し込みが受け付けられたとして、毎月の管理費はどのようにお支払いですか?」と、パークアベニュー・マンションの自治会長が私に聞いてきた。

この場に及んで、管理費の支払いをどうするかで話し合うのは、本当にバカげていた。三〇〇万ドルで一二部屋ある高級マンションを購入した人間に向かって、毎月、管理費が払えるかどうか確めるとは全く信じられなかった。

しかし、この会長は、そんな私の感情など全く無視して質問を続けた。

「先物商品を取り扱っておられるようですが、ギャンブルのような仕事に携わっている方の場合、収入が安定しません。ですから、何かが起きて管理費が支払えないようですと、ここから出て行ってもらうことになります」

私は一瞬、オードリーの顔を見た。妻は私が怒りを爆発させるのではないかと心配そうだった。妻を悲しませないように、大きく深呼吸をしてからゆっくりと話し始めた。

「申し込み用紙にも記入しましたが、この五年間、毎年一〇〇万ドルを超える収入があります。今のところ、全資産は約九〇〇万ドルあり、管理費の支払い能力を疑われるようなことはないと思います」

「しかし、シュワルツさん、市場は予想するのが極めて困難ですから、あなたの身に何が起きるか分かりませんよね」と、同じようことばかり繰り返した。ネガティブなことばかり考えている暗い性格の持ち主には負け犬が多い。怒りを抑え、ここは妻に心配をかけないように、もう一度、大きく深呼吸をしてから会長に向かって言った。

「最悪の事態が起きれば、もちろん、この場所から出て行くことになります。そのときには、出て行くように言っていただいて結構ですよ」

これは一九八四年一一月のことだった。会長の部屋に呼ばれたとき、この会合には昔から住んでいる他のメンバー一二人も出席していた。このマンションに住もうとしている新入居者は、彼らの同意を得なければ、住むことはできないらしい。分厚いメガネをかけた年寄りの洋服仕立て人が、私たちの体にぴったりと洋服のサイズが合っているか確めているようだった。同意が得られれば、私たちはこのマンションに住む、最も若いカップルとなるはずだった。

もちろん、資産内容からして私たちの申し出を断るはずはないと思っていたが、ここまで面倒な会合になるとは思ってもいなかった。どうせ同じマンションの住人として認める前に、誰がこのボスで、このマンションに住まわせてやるのはわれわれで、誰でもがこのパークアベニュー・マンションに入居できるわけではないことを、知らしめておきたかったのだろう。それにしても、あまりにも失礼な質問に、大変不愉快な思いをした。それでも、同意を得られるか不安になってきたところに、会長が判決を言い渡した。

「イエス」と言った後、会長は話を続けた。「管理費が支払えないようなことになれば、ここからすぐに出て行ってもらいます」。それを聞いて、他の二人も納得した様子だった。そして、会長は、「パークアベニューの住人になることを歓迎すると共に、末永くお付き合いさせていただけますようお願いします」と、挨拶をしてくれた。

このころ、オードリーは二人目の子供を身ごもって、三カ月目だった。この新しい生命の誕生に合わせて新居に移る決意をしたのだが、九〇〇万ドルの資産から三〇〇万ドルをこのマンションに費やすことはショックだった。この三〇〇万ドルあれば、かなり大きな相場も張れる。しかし、以前にも同じような決断を下したことがあった。二年前にビーチハウスを購入したときも同じような状況だった。あの購入資金をファンドに回していれば、今ごろ、一〇〇万ドルに膨れ上がっていただろう。そうしていれば、家族のためになっていたかもしれない。

しかし、私はそう思わない。これは、トレーダーがよくはまる罠だと思う。大成功を収めたトレーダーの多くは頂点に立つまで、その成功を味わうことがない。中には、何も得ることなく終わるトレーダーもいる。多くの場合、相場に勝つことが成功のあかしであって、おカネはそれを裏付けるものでしかない。また、おカネを持つことで権力をつかんだり、その権力を保持することで自分のエゴが満たされる。私自身、権力には全く興味がない。また最終目的が何であれ、それを達成する過程で、何らかの報酬を得たいと思っている。だから、稼いだおカネを存分に使うことには抵抗がない。S&P指数先物というマネーマシーンを手にした今、いつでもおカネは稼げる。ビーチハウスが欲しければ、それを手に入れる。パークアベニューに一二部屋のマンションが欲しければ、それも手に入れる。儲けたおカネを使うことが、今までの努力が報われる一つのあかしである。それに、自分がどれだけ稼いだか他人に見せびらかすことも喜びに感じている。

一九八五年四月四日木曜日に引っ越しの予定だったが、やはり予定は未定だった。翌日はイースター前の金曜日のため祝日で、市場も閉鎖されるので、木曜日の午後にはすべてを終わらせておきたかった。しかし、マンションは片づいていなかった。前の住人が依頼した業者のミスでマンションから引っ越せないでいた。そこで、どうしてももう一日引っ越しに必要だと申し出てきた。

私自身、契約に書かれてあることを実行するだけで、他人が何と言おうと気にしない性格だが、世間一般にはどうも私の考えが通用しない場合がある。私たちの引っ越し業者はマンションの外で待っているだけで何もできない状態だった。部屋が空にならない以上、移り住むことができない。こうなってしまうと、月曜日までに機材をセットすることは不可能になった。電話局や情報サービス会社にスケジュールの変更を依頼しても、すぐに彼らが対応してくれるとは限らない。オフィスを整えるのに、さらに一週間はかかりそうであった。

不幸中の幸いといってもいいだろうか、トレーディングをするつもりはそれほどなかった。最初の子供が生れたときの教訓から、臨月から出産後二カ月は取引に集中できないと分かっていた。妊婦の体に変化が起きると、夫もその変化に合わせる必要が出てくる。出産を間近に控えた妻を置き去りにして、夜遅くまでチャートや指数計算をするようでは、良い夫とはいえないだろう。それと出産後、最低でも二カ月は赤ん坊の世話に追われて、十分な食事も睡眠も取れない。夜中に数回、泣き声で起こされ、そのたびにオムツを取り替えようとするが、慣れないことでスムーズにいかない。疲れが取れない状態では、集中力も散漫になってしまう。長女が生れた一九八三年六月七日前後に、私は損を積み重ねていた。ストップ高の相場に売りで立ち向かったバカな経験をして以来の負け越しである。一九八三年五月、六月、そして七月の三カ月間に一五万ドルの損をした。

今回は出産だけではなく、パークアベニューへの引っ越しと大きな出来事が重なっていた。通常の生活が営めないことは確かだった。引っ越しは、結局、金曜の午後遅くに終了できた。オードリーは、土日も休むことなく荷物の整理して、家具の配置を換えたりしていた。出産前にすべてを終わらせておきたい妻の意向をくんで、私は言われるままに部屋の中をぐるぐると歩き回っていた。内装をすべて模様替えする計画を妻から聞かされたとき、その工事にかかる費用を考えただけで目まいがした。壁紙を新しく張り替え、その上にキッチンを作り直す。そして、窓ガラスを取り替えて、風呂場を直す。その計画を聞いているうちに、会長から言われた言葉がふと頭に浮かんだ。私はそのとき、管理費が払えなければ出て行くという約束をしていた。かなり稼がなくてはならない状態に置かれていたが、プレッシャーは感じていなかった。一度、走り出したら休むことなく、S&P指数先物で稼げるとの自信があった。そうして、稼いだおカネで内装をすべてと、一生分の管理費を払ってみせると自分に言い聞かせていた。

S&P指数先物を取引するようになって三年が過ぎていたが、決して、楽ではなかった。かなり稼いだが、それでも苦労は多かった。シカゴ先物市場の厳しさは、ニューヨーク証券取引所など比べものにならない。昔から語り継がれているジョークに、「ケンカと思ったら、シカゴの先物取引所だった」というのがある。シカゴは、気性の激しい町だ。リチャード・デイリー（市長）が保安官になって、この荒くれ者ばかりのトゥームストーンを取り締まっている。『シカゴ・デイリー・ニュース』の有名な伝説的コラムニストのマイク・ロイコが書いている。「シカゴ市のモットーは『緑の町』だが、それを『財宝はどこ？』に変えるべきだ」。CMEの規制は、クイーンズベリ公爵によって書かれたわけではない。格式など通用しないのがピットである。その場立ちになるには、学歴や良心など無用といえる。タフで力のある重要人物をどれだけ多く知っているかが最重要視される場所、それがシカゴの先物取引所だ。

よそ者を受け付けないのがCMEの特色ともいえる。仲間同士が助け合い、ファミリーを形成している。ファミリー・メンバーでない者には、風当たりが強い。ニューヨークでは自己勘定で取引をしていれば、そのトレーダー自身がボスで、顧客の注文を取り次いでいれば、手数料がもらえるエージェントだ。このシステムがシカゴでは通用しない。シカゴでは二重勘定を持つことができ、ブローカーでありながら、自己口座の取引も同時に可能である。客玉を使って自己取引をすることもできる。一般に言われる「フロント・ランニング」をすることができるのだ。

このフロント・ランニングとは、顧客の注文を執行する前に自己の注文を執行することをいう。ファミリーの一員が客の注文をしっかり把握しているので、他のメンバーがその注文を利用して儲けを出せるように援護している。全く損を出さないやり方である。その例として、S&P指数先物を八〇で一〇枚買う注文を客から受けていたとする。これを知っているメンバーが同じく八〇で一〇枚の買いを入れる。八〇で取引されて、一〇枚を客より先に買うことができれば、価格が下がってもその一〇枚を八〇で客に売ることができる。八〇で買って、その後で価格が上昇すると、客には「ND（注文が出来なかった）」と連絡される。そして、上がった値で一〇枚を売って、ファミリーは儲けを上げる。自分が出した注文価格が数回、スクリーン上で取引されているのを見た後で、この「ND」が言い渡されると、頭の血管が切れそうになって怒り心頭する。

ブローカーに出した注文がヤツらに遊ばれると、普通、すぐに他のブローカーに口座を移す。ある程度良心的なブローカーは、それでも客の注文を少しでもよいから執行する。注文価格が数回取引されていれば、一〇枚すべてではなくても四枚はその価格で買えたと報告してくる。少しでも注文が執行されていると、そのブローカーは真面目に客玉を扱っていると思ってよいだろう。誰もがブローカーは一生懸命に注文を取り次いで手数料を稼いでいると思いがちであるが、十数ドルの手数料をもらうよりもメンバーと一緒になって数千ドル稼いだ方が得に決まっている。ニューヨークでは、フロント・ランニングは絶対にタブーとされているが、シカゴでは職人芸とされているのだ。

S&P指数先物が上場してすぐの三年間は、今みたいに激しい値動きをすることは少なかった。そのころ、私が好んで使った売買法にアコーデオンというのがある。相場が陽転すると思った時点で、買いの注文を数回に分けてブローカーに出す。例えば、一〇セント下がるごとに五枚ずつ買っていく。そして、合計が五〇枚になるように設定する。すべての買い注文が執行されるか、その途中までで、相場が陽転して上昇すると、今度は、売りの注文を数回に分けて仕掛ける。最後の売り注文が通った時点で、今度は陰転するようであれば、買い持ち玉を手仕舞うだけではなく、売り増して売り持ちを作る。この繰り返しを数回行う。私の指標の読みが正しければ、このアコーデオン戦略は有効である。また、動きが鈍い商品であれば、この作戦は使い方次第で多くの利益を上げることができる。

私は以前、トニーというブローカーを使っていた。彼にはソニーという兄弟がいて、彼ら二人は同じピットに立って取引をしていた。時がたつにつれ、ソニーがどうもフロント・ランニングをしているように思えてきた。それは、私がいつもスクリーンを眺めながら、ブローカーの連絡を待っていると、注文価格で何回も売買されても、私の五枚が執行されたという、トニーからの電話はかかってこない。

そのころ、アコーデオン戦略を用いて、ナンピン買いやナンピン売りをしてもいつも私の注文は一番、最後に執行されていた。もちろん、躊躇することなく、ブローカーを問い詰めてみた。アメリカ証券取引所でローカルズをした経験を持っていても、シカゴ先物市場は一種独特なスタイルを持っていて、シカゴでの経験がない私には分からないことも多い。シカゴでは、誰もがカネの匂いのするところに飛び込んでいく。ニューヨークには、チッキーやフラニーのような値付け業者が存在しているが、ＣＭＥにはそのようなシステムはなく、誰もが売買注文を好き勝手に入れてくる。ＣＭＥでは、順番という観念はない。ブローカーに注文の執行を迅速にするように注意しても、彼らからの返事はいつも同じだった。

「マーティー、すまない。先取りされてしまったよ。でも、これだけ儲けを出せば、文句はないだろう」。確かにかなり稼いでいるが、それでも私は彼らの手口を認めた訳ではない。

このフロント・ランニングが最も厄介な代物であるが、ＣＭＥの取引システムを考えると、ある程度、避けて通れない面がある。「オープン・アウトクライ」といって、ピットに立ってトレーダーやブローカーがそれぞれ売買価格を声に出し、そして手信号で取引している。この公平にみえるシステムでも、市場に大きな動きが起きたとき、トレーダー間で取引が成立したかどうかで、いつももめる。

「レニー！　取引成立だな」「お前とは取引してないぞ。俺が見ていたのはお前の右後ろにいるヤツだ」「ふざけるな！　俺の後ろにいるのはお前の弟だぜ」

こんな会話の後には、必ずケンカが始まり、取引所から処分を課せられる。しかし、罰金などは、あくまで、ビジネスを運営する上でのコストにすぎない。ピットに立って、ケンカを売られたら、そのケンカを買って立つのが常識とされている。一度、引いてしまうと、他の連中になめられるのがCMEというところだ。

信じられないだろうが、CMEには「バック・トゥ・ザ・フューチャー」というタイムマシーンが備え付けられている。ピット委員会という名のタイムマシーンは、ピットでも大口の取引をするトレーダーで操作されている。本来、彼らはピットの保安官的存在だが、その権力を私益に使うことも可能である。囚人に牢屋のカギを渡しているようなものである。利益を多く上げれば、それだけ会員権の価値も上がる。そうなると、ピット委員会の力はさらに増す。彼らは、売買成立を無効にする権限を持っている。過去にさかのぼって、成立したはずの取引を無効にできるのだ。無効どころか、その価格が取引されなかったと決めつけることもできるのである。ある日、私はS&P指数先物の動きを見ながら、そろそろ天井を打つと判断して、買い持ちのポジションを五〇で一〇枚売る注文をブローカーに出した。その後、すぐにスクリーンでは、五五が数回、取引されているのが映し出された。しかし、ブローカーから注文が執行されたという報告がなかなか入ってこなかった。そうこうしているうちに、市場が四〇、三〇、二〇、一〇、〇〇と値を徐々に下げていった。私の注文がどうなったのか分からないまま、ブローカーからの電話を待つ羽目になった。注文が執行されるのに時間がかかるのは問題だが、それ以上に全く注文が無視されるのはもってのほかだ。

私の人生の中でこの一〇分は最も長く感じられた。結局、どの価格で一〇枚売られたのか、それとも注文が執行されなかったのか、いまだに一〇枚の買い持ちになっているかどうか、分からないではないかとブローカーに電話で問い合わせてみた。もちろん、私は冷静さを失って、電話口でかなりの罵声をブローカーに浴びせていた。そして、ブローカーの最終的な答えは、五五の取引は無効で、五〇も取引されていないという、全く信じがたい回答であった。その結果、私は買い持ちが一〇枚のまま、利益確定のチャンスを失って損を被る羽目になった。

この後すぐにCMEに連絡を入れ、今回の不祥事を取り調べるよう要求したが、私はCMEの会員でないため、何も満足のいく回答を得ることはなかった。

CMEには、すべての取引が成立した時間とその内容を記録するシステムを備えているが、ピット委員会の判断で取引無効となった場合、そのシステムからその取引内容は削除されてしまう。単なるミスとして片づけられてしまい、ハッキリとした理由は分からないままになる。このような事件は、日常茶飯事であり、永遠に闇の中に消えてしまう。

CMEでS&P指数先物を始めて三年が過ぎたころ、シカゴには独自のルールがあることを学んだ。自分の家族を守るだけの目的でトレードしているはずが、実際は、シカゴにいる見も知らぬファミリーの面倒までみることになってしまっていた。シカゴに移り住んで、ピットに立って自己防衛をしない限り、これはどうしようもないことだ。それは、スリッページのことである。スリッページとは、注文価格と執行価格のズレである。シカゴでは、このスリッページはビジネス・コストと考えられている。ＣＭＥの名誉会長であるレオ・メラメド氏は彼の著書『エスケープ・トゥ・ザ・フューチャー』の中で、「価格は需要と供給で成り立っていることは知っていたが、取引所は会員が有利な立場に立てるところだとは知らなかった」と、ＣＭＥの第一印象を書いている。まさに、「財宝はここ」である。

ＣＭＥで先物取引を行うには、取引会員権を保有している清算会社に口座を設ける必要がある。数多い清算会社の中から優れているところを選ぶのは、それほど簡単ではない。先物市場は、日々の値洗いを元に現金でその口座残高を管理している。清算会社は、各トレーダーが行った取引内容を確め、すべての取引を取引所に報告して、そこで毎日、清算している。儲けが発生した日は口座残高が増え、逆に損が出た日は口座残高は減る。株の売買とは違って、ポジションの保有に関係なく、日々、口座残高は精算される。このシステムがあるのでＳ＆Ｐ指数先物の取引は可能なのである。五〇〇社の株のすべての証書を交換していたのでは、取引は潤滑に進まない。

スペアー・リーズ・ケロッグ（ＳＬＫ）のデビー・ホーンは非常に優秀なブローカーで、彼女の注文さばきには文句はなかったが、ＳＬＫの手数料は他より高かった。Ｓ＆Ｐ指数先物を取引して一年目たった時点で、私の名はピットにいるトレーダーの間で知られるようになった。その理由は、私の取引量の多さによるものだった。二万五〇〇〇回の売買を一年間で行った私は、S&P指数先物の全取引量の〇・五%を一個人で占めていたのだ。異常な取引量であるが、これが私の売買スタイルであって、この方法以外に私に合った取引形態は存在しない。売り買いを繰り返し、アコーデオン戦略を取り入れて、支持ポイント、抵抗ポイントで売買をするのが私のやり方だった。当時、SLKは往復で一枚につき二五ドルの手数料を要求していた。この手数料では、一年で六〇万ドルもかかってしまい、利益の二〇%が手数料に消えていってしまう。一年後にSLKに手数料引き下げを求めたが、いい回答が得られず、他の清算会社を探すことにした。

最初の一年で手数料とスリッページを引いた後に三〇〇万ドルの儲けをS&P指数先物で上げた。この数字から私の売買スタイルがどれだけ優れているか分かるはずだ。S&P指数先物が私のメインのゲームになることは分かりきっていた。そこで、一九八三年にCMEの指数オプション会員権(IOM)を購入した。通常、片道に一ドルの清算費をCMEは課すが、会員はその清算費を義務づけられていない。この会員権を五万三〇〇〇ドルで手に入れたが、一年以内に元は取れると分かっていた。しかし、会員権を持っていても、清算会社に口座を置くことに変わりはなかった。

小さい清算会社からはいつも口座開設の勧誘を受けたが、私はニューヨークに基盤を持つ大手証券会社との取引を望んでいたが、当時は、証券会社が先物を手がけていなかった。八〇年代の初めは、先物取引は農業関係者がヘッジに使う手段として考えられていたからだろう。基本的には、この清算会社を設立することは簡単で、条件としては会員権、電話、それとある程度の運転資金さえあれば誰でもスタートできる。ＣＭＥで取引をする個人トレーダーの中には、コスト削減を目的に清算会社を持っているケースもある。それだけではなく、顧客の注文を取り次いで、そこで手数料を得ることも同時にできる。一石二鳥なのだが、手数料をコンスタントに払ってくれるトレーダーを見つけることは困難である。

一九八四年三月にＳＬＫ社のデビー・ホーンから私の元に電話が入った。彼女は元々はシカゴ出身でもあるので、Ｕターンしてサード・ラサール・サービス社で働くことになったと伝えてきた。債券先物をトレードしているマコーチ兄弟が経営している会社であった。この会社名ラサールとは、シカゴ金融街の通りの名前である。この名称は、一七世紀のフランスの冒険家ラサールがシカゴで最初にビーバーの毛皮の取引をするシステムを持ち込んだことに由来していると言われている。

サード・ラサール社はＣＢＯＴとＣＭＥの両取引所のメンバーであった。デビーの勧めもあって、社長のジャッキー・マコーチと話してみることにした。その結果、往復で七ドル五〇セントの手数料で、デビーを私の尊属ブローカーとする契約を交した。この安い手数料だけでなく、優れたブローカーまで備えてくれるとなると、私としては申し分なかった。

ワシントンで権力を振るっているシカゴ勢も、商品先物取引委員会（ＣＦＴＣ）の前ではおとなしくなってしまうようだ。CFTCは、シカゴの連中が古くから存在する農業製品取引の仕組みしか理解できないことを知っていた。金融商品取引に現金決済方式を取り入れることを許可したCFTCの最大の不安は、一般投資家の安全性についてだった。現物引渡方式でなくなると、清算会社の財務状態が健全でないと取引を保証できなくなる。それまで、シカゴにある先物清算会社の多くは規模も小さく、個人トレーダーが自己管理できる程度であった。そこで、CFTCは保証金制度を採用した。この保証金には二種類ある。そのうちの一つが現金口座で、顧客から預かった現金である。この現金清算会社は、各取引決済をする際に使用している。つまり、清算会社はこの現金を自由に使うことができる。

先物清算会社は、この現金をレポ市場で運用することができる。このレポ市場とは、現金を貸し付けて、その保証に証券を受け取る。そして、借り手はこの証券を定められた日に約定した価格で買い戻す契約を交している。銀行、証券などの金融機関は、このレポ市場を利用して現金を調達して、FRBから言い渡されている準備必要額を満たしている。レポ市場で取り扱われている期間は非常に短く、一般的には一日である。この一日でも、この現金運用をすることで先物清算会社は利益を上げることができる。

もう一つの保証金は、CFTCによって定められた一定の金額を短期証券で持つことが義務付けられている。追証がかかり、顧客から預かっている現金では足りない場合に、この保証金を使うことになる。先物市場をスムーズに機能させるには、この保証金制度は重要なポイントである。

人命救助ボートといっても構わないだろう。この保証金を勝手に使うことは禁止されているのだ。あくまでも、顧客が追証を払えない場合のみ、その保証金を使うことが許される。

私にとって先物市場で自己資金を運用するのは、低い所得税率が受けられ、なおかつ大きなレバレッジが与えられるからだけではない。コンスタントに先物市場で利益を上げている私にとって、現金を清算会社に預ける必要がなかった。このサード・ラサール社と口座開設に伴う交渉をした際、CMEから義務づけられている当初証拠金の一二〇万ドルを短期証券で預けることに同意した。この短期証券から受け取る利息は私に支払われる仕組みになっている。場所代を払っても、なおもお釣りがくるようなものである。例えば、ある株を購入した場合、その代金を全額支払わなくてはならない。しかし、先物取引で儲けを上げ続けることができれば、当初証拠金だけでその他に現金を持ち出す必要がない。利息がもらえ、先物取引では儲けが出る、願ってもない状況である。

パークアベニューのマンションに引っ越したころは、サード・ラサール社と取引を始めて一年ぐらいたっていた。彼らとの取引には非常に満足していた。私にとって、デビーは最高のブローカーだった。彼女の責任感の強さ、それに無駄のない動きには、いつも感心させられた。デビーの言う通り、マコーチ兄弟は私の面倒をよく見てくれた。実務を担当しているジャッキー・マコーチは口座開設後、すぐにニューヨークまで来て、私とオードリーをリトル・イタリーにある最高においしいイタリアン・レストランに招待してくれた。また、クリスマスには、ワインを一箱プレゼントしてくれた。このワインは、ウォール街でよく知られているラフィティー・ロスチャイルドではなく、最高級イタリア・ワインで、シカゴのトップ・トレーダーが好んで飲むワインを一ダース送ってくれたのだ。かゆいところに手が届くサービスをサード・ラサール社は私に提供してくれた。

ジョニー・マコーチはジャッキーとは違う役目をサード・ラサール社では担っていた。ジョニーはそのがっしりとした体格を生かしてピットに立ち、顧客注文をさばいていた。彼は、二八〇ポンドで六フィート五インチという体をフルに利用して、デビーがトラブルに巻き込まれるとすぐに駆け寄ってきて、相手のトレーダーにガンを飛ばしてはすべてをまるく収めた。この三人から素晴らしいサービスを一年近くも受けていた。

引っ越してから一週間がたった四月一一日、木曜日のことだった。電話線や情報端末もすべてセットし、準備万端だった。そろそろ相場に戻ろうと思い、CMEのピットに直接つながる電話を使ってデビーにコンタクトを取ってみた。

「デビー！　どう？　随分と待たせたね。このマンションに引っ越しても、これからの内装工事にかかる費用を見たら、相当、稼がなくてはならないよ。オードリーのリストは、一マイルもあるからね。今日から、また、たっぷり稼いでみせるよ」と彼女に言っても、その反応は鈍かった。そのとき彼女から私は卒倒するような話を聞かされた。

「マーティー！」というデビーのか細い声が電話口から聞こえた。「今日、取引はできないわ」

という驚きの一言を聞かされた。

「どうして？」と言ったものの、私は事の真相がつかめないでいた。デビーも戸惑っていた。

「ジャッキーに直接聞いてみて。どうも、ベービル・ブレスターと関係しているみたい」

「ベービル・ブレスター？　何の話だ？」

「ベービル・ブレスター・アンド・シュルマンという債券を中心に取引をしているニュージャージーにある証券会社が倒産したのよ。今朝、『ジャーナル』の一面にそのニュースが載っていたわ。ジャッキーは、どうも、その会社と取引があったみたいなの」

「デビー！　僕のカネは一体どうなった？　カネを返せよ」

「マーティー、落ち着いて。ジャッキーに電話してみてちょうだい。彼なら、事の真相を説明できるはずよ。でも、ジャッキーは、預り金はすべて保護されているから大丈夫だと言っているわ」

「オーケー、クソーッ。でも、シカゴの連中なんか、信用できるか。カネを返せよな」と叫んで、電話を叩き切った。そして、もう一本の電話でサード・ラサール社の代表番号を回し、ジャッキーに取り次ぐようにオペレーターに言った。オペレーターは、かかってくるのは抗議の電話と分かっているのか、か細い声で電話に対応していた。

「マーティー・シュワルツだが、ジャッキーを出してくれ！」

「シュワルツ様、申し訳ございません。マコーチは、ただ今外出中です」

「じゃ、ジョニーを出してくれ！」

「申し訳ございません。ジョニー・マコーチも外出中しております。メッセージがございましたら、受け賜わりますが？」

「メッセージを受け賜るだと。間違えないように伝えろよ。インチキ野郎に、今すぐに、僕の預け入れ金を指定の口座に振り込め、と言っておけ」

電話を切った後、あまりの怒りで手が震えていた。気が済まないので、目についた電話を床に投げつけた。昨日までの取引口座の明細書を確認してみると、現金は一切残していなかった。引っ越しの前にポジションをすべて整理して、現金は短期証券の購入に当てた。こうして少しでも利息を稼ごうと思って取った行動が吉と出たのだ。サード・ラサール社には、一二〇万ドルの短期証券を預けてあったが、この証券は規制により勝手に手をつけることができないはずだった。追証を支払えないときは別だが、ポジションを整理した以上、そんなことを心配する必要はなかった。サード・ラサール社に何か問題が起きたとなれば、それは保護されていない口座にトラブルが発生したのだろう。取引所の規定を読む限りでは、私の預け入れ金は保護されているはずだが、シカゴでは何が起きても不思議ではない。実際に、自分の預け入れ金が手元に返ってくるまでは安心できない。

部屋を出て、エレベーターに乗り込み、一階の郵便受けに『ウォール・ストリート・ジャーナル』紙を取りに行った。デビーが確か、新聞に今回の事件について書かれていると言っていたのを思い出したからだ。一階に着くと、そこには、自治会長も新聞を取りに来ていた。

「おはようございます、シュワルツさん。何か不都合でも?」と、この会長の言っている意味が私には分からなかった。

「もちろん、すべて順調に進んでいますよ。不都合なことと言いますと?」と、私から会長に問いかけてみた。

「引っ越しは面倒なものですし、奥様が出産間近では、何かと大変ではないですか?」

「それでも、すべて順調に進んでいます。それでは、失礼します」と、私は会話を中断して、『ジャーナル』を手に取り、すぐに部屋に戻ることにした。ついていないときは、すべてがうまくいかないものだ。この会長が私たちを追い出したがっていることは知っていた。こんな日に、彼に会うとは、全くついていない。

『ジャーナル』によると、ベービル・ブレスター・アンド・シュルマン社(BBS)は国債と地方債を主に取引をしている証券会社で、その本拠地をニュージャージー州リビングストンに置いていた。その関連会社のアセット・マネジメント社がレポ市場で貯蓄貸付組合を相手に取引をしていた。このアセット・マネジメント社が四月八日月曜日に倒産してしまった。この倒産を期に、四月一〇日、証券取引委員会はBBSをはじめ、関連会社の業務停止を命じ、管財人を立てて、その業務内容を整理することにした。BBSは顧客から預かっていた証券を乱用していた疑いがあった。

サード・ラサール社とBBSにはどんな関係があったのか理解できなかったが、レポ市場で何らかの取引をしていたのだろう。しかし、レポ市場では現金を貸して、証券を担保にもらうシステムになっているので、私の預けてある短期証券が危険にさらされるはずはなかった。例えば、サード・ラサール社がレポ市場で、私の証券を貸し付けて、現金を借りていれば話は別だが、それは規制上できないはずだった。しかし、シカゴでは何が起きても不思議ではなかった。

私はいろいろなシナリオを考えてみたが、すべてネガティブな結果しか頭に浮かんでこなかった。サード・ラサール社に何度も電話を入れて、ついにジャッキーを捕まえた。

「ジャッキー！　一体、どうなっているのだ？　理由はともかく、今すぐに、預けてある短期証券を指定の口座に移してくれ！」と、彼に怒鳴りつけた。

「マーティー、落ち着いてくれよ。何も問題はないから、この前に贈ったワインでも飲んで、落ち着いてくれよ」

「ふざけるな！　今、あんなクソワインなんか、飲んでるほど、暇じゃないんだよ。ジャッキー、とにかくカネを返せ。人のカネには一セントも触るな！　取引所の規定によって、預けてある短期証券は保護されているはずだ。とにかく今すぐに、指定する口座に移せ！　さもなければ、今からシカゴに乗り込んでお前らをぶちのめしてやるぞ！」

「マーティー、ちょっとしたコンピューター問題だけで、ジョニーは、今、その対応に当たっているから心配ないよ。僕を信じてくれよ、すべてうまくいっているよ」

「アホか、そんなウソを言っても、だまされるものか」と、私が言ったと同時に、電話は切れてしまった。彼らが短期証券を失ったと直感した私は、居たたまれなくなった。保護といっても名目だけで、保険がかけられていなかったのだろう。今、一二〇万ドル失うことは、かなり大きなダメージだ。この超豪華なマンションに移ったばかりで、オードリーは今にも産気づきそうな状態で、一二〇万ドルを取り戻すのは容易でない。管理費をどうやって払っていこうか考えただけでぞっとした。もう一度、CMEに電話をしてみた。

「取引所がサード・ラサール社を正会員として認め、清算会社として登録している以上、取引所にも責任がありますよね。私の立場からでは分からないことも多くありますが、私も正会員ですので、この問題を迅速に解決していただきたい」という私の申し出にCMEは、調べてみるとだけ返事をした。

今度は、私の弁護士に電話を入れ、サード・ラサール社を告訴したいと告げた。

「コーンステインか。インチキ野郎を告訴して、とにかく、カネを取り戻して、ヤツらにたっぷりダメージを与えてやって、完全に息の根を止めてやりたい。僕のビジネスや生活を台無しにした連中を許しておくわけにはいかない」と、私は一方的に自分の意向を弁護士に伝えただけだった。彼のアドバイスは、真相がはっきりするまで数日、何も動かないで待った方がいいというものだった。

そして、今度は、ベアー・スターンズ証券のマイク・マルゴリスに電話入れてみた。彼らはシカゴに支店を置いていることは知っていたし、ここの重役のジミー・ケーンがCME会長のレオ・メラメドと親友であることも知っていた。

「マイク！　頼みがある。預けてある一二〇万ドルを失いそうなんだ。ケーンに頼んで、一体どうなっているか調べてくれないか？」。マイクの返事は、できるだけのことはやってみるだった。

一日中、電話にかじりついていたが、それでも、はっきりしたことは分からなかった。一二〇万ドルのことを考えると、その晩は一睡もできなかった。翌朝、また、電話をかけまくった。

「デビー！　何か新しいニュースはないか？」

「ジャッキーとジョニーは何も言ってこないけど、他のみんながサード・ラサールは倒産するだろうと言ってるわ。どうも、預り金は、すべて、他の清算会社に移されたみたいよ。そんな記事が、今日の『ジャーナル』に出ていたわ」

「ところで、僕のカネはどこに行ったんだ？」

「マーティー、私には分からないわ」

デビーの話を聞いて、すぐに一階に新聞を取りに行った。ところが、今日も例の会長さんが私の郵便受けの横に立っているではないか。そこで、彼は他の住人と話をしていた。金融欄を見ながら、頭を横に振っているから、たぶんBBSの記事を読んだに違いない。もしかすると、彼らは私が置かれている状況をすでに知っているのではないだろうか。ロビーに置いてあるついたての陰で、彼らが立ち去るのを待った。

彼らが姿を消した瞬間、『ジャーナル』を郵便受けから引ったくって自分の部屋に戻った。そこには、デビーの言っていたようなサード・ラサールについて書かれた記事があった。

「シカゴ商工会議所の発表によると、サード・ラサール社の関連子会社ブローカーズ・キャピタル・オブ・シカゴ社は、BBS社とのレポ取引で一〇〇万から二〇〇万ドルの損失を出した。サード・ラサール社は、事業廃止を決断して、顧客から預かっている資金を他の清算会社に移行するよう手続きをした。商品先物取引委員会は、顧客の口座はすべて保護されて、一銭の損害も発生していない、と発表した」

この記事を読んで、すぐに、CMEに電話入れて、私は一二〇万ドルの行方を追った。

「新聞には、他の清算会社と書かれているだけで、私の口座がどこに移されたの知らされていない。一体、どこが僕のカネを持っているのか教えてくれ！」

私の問い合わせには、昨日と同じ返事しか返ってこなかった。取引所もCFTCもこの件に関しては調査中で、何かが分かり次第、連絡をくれるというものだった。

昨日と同じ返事を耳にして、怒りのあまり、「ふざけるな！」と相手を怒鳴りつけてしまった。

「預け入れ金は規定の口座に振り込まれているはずだ。お前たちだけがワシントンにコネを持っている訳じゃないんだ。今日中に僕のカネの居場所を連絡してこないようだったら、こっちがCFTCにお前たちの対応の悪さを訴えてやる。この会話は記録されているからな」

昨日と同様、弁護士のコーンステインや、株のブローカーであるマルゴリス、それにデビーにも電話を入れてみた。ゾエルナーやアメリカ証券取引所で値付け業者をしているフラニーにも相談してみた。誰か他に電話を入れるところがないか聞いてみたが、誰もこれといって、どのように対応してよいか分からなかった。

そんなときに、ソール・ストーン社から電話がかかってきた。シカゴにある清算会社で、サード・ラサール社から私の口座を引き継いだと報告してきた。彼らは、私が預けた一二〇万ドルの短期証券を受け取ったと言ってきたのだ。そして、彼らに口座開設の条件にデビーを私の専任ブローカーとして雇ってほしいという条件を伝えると、快く応じてくれた。

「マーティー、明日から取引を開始していただいて結構です。今回、あなた様の取引をお手伝いすることになり、私たち一同、心から喜んでおります」

全く信じられないことだったが、とにかく、問題は解決したようだった。歯に詰まっていたものが取れた感じがした。それと同時に肩の荷を下ろした脱力感でいっぱいだった。ピットに電話をかけ、デビーにこのことを伝えた。

「デビー、どうにか僕の預け入れ金は安全だったようだ。これで、また、取引ができる。デビー、明日からソール・ストーン社で働いてくれよ」

「どうして?」と、何があったのか、まだ理解できていないデビーが聞いてきた。

「僕の口座をストーン社に移す条件の中に君の移籍も含めておいた。問題はないだろう?」

「マーティー、それは問題ではないけど、一体、何があったの？」

「デビー、正直言って、僕にも分からない。彼らはどうにか一二〇万ドルの穴埋めをして、僕に取引を続けさせたいのだろう。もう、それだけで十分だよ」

実際、私の口座がどのように保護されたのか、今でも分からないが、とりあえず短期証券は無事に私の手元に返ってきた。他のトレーダーがどのような対応を受けたのか、私には知る由もないが、ＣＭＥの役員が集まって、何らかの解決策を打ち出したのだろう。取引所のイメージを崩すことなく、事を丸く収めることができるのがシカゴである。

その晩、私は泥のように眠った。翌朝、新聞を取りにロビーに下りていくと、例の会長さんがまたそこに立っていた。今朝の私は笑みを見せながら、会長に向かって挨拶をしながら近づいていった。

「おはようございます。商売の方はいかがですか？」と、話しかけた。

「おはようございます、シュワルツさん。引っ越しは完了しましたか？」と、会長はにこやかに返事をしてくれた。

「すべて完了しました。取引も始められます」と、朝の軽い挨拶を交わした。

ジャッキーとジョニーは清算会社を整理して、その後もＣＢＯＴで債券先物の取引を続けていた。シカゴでは、ちょっとした失敗は誰にでもあるゲームの一部、としてしか受け止められていない。

自分自身を知ること

私にはマーク・クックという友人がいる。彼はオハイオ州で農業を営んでいるが、トレーダーとしても素晴らしい才能を持っている。彼は独自の相場分析を顧客にファックスで流している。マークの評判を聞いて、彼にコンタクトを取って以来、お互いの相場観や戦略について意見を交換している。テリー・ランドリーに電話したときのように、マークとも気楽に話し合える仲である。「マーク、マーティー・シュワルツと申しますが、良いトレーダーと知り合うことで、私の情報とあなたの持っている情報を交換できれば、お互いが向上できると思って、電話しているんですが」と、私は切り出してみた。

一九九七年一月二三日、マークから特別号として、「いかにトレーダーとして成功するか？」

というタイトルのファックスを受け取った。私自身、よくトレーダーとして成功する秘訣を聞かれるので、マークのコメントには非常に興味を持った。

第一条件として、マークは、トレーディングに専念することを掲げていた。**フルタイム・トレーダーのみが相場の世界で成功を収めることができる**と書かれてあったのだ。トレーディングを一つの職業としてみなし、あくまでもビジネスとしてトレーディングに接しているからこそ、感情に左右されないですむ。マーク自身、毎日、寄り付きから大引けまで休むことなく相場に向かっている。時として、一日に四〇回もの売買をこなす。しかし、いったん手を抜くと収益はガタ落ちする。彼が言うには、「一度、気を抜くと、市場はそれをすぐに感じ取って、そのトレーダーに手痛いしっぺ返しをする」。

第二には、**各自の性格や個性を生かしたトレーディング・スタイルを持つこと**だという。例えば、すぐに感情的になる人であれば、この性格を否定するのではなく、うまく利用できるように、できるだけ前向きに物事を考えるようにする。欲と恐怖心にとらわれて、トレーダーは誤った判断をする。マークは、彼が臆病であると知っているのだ。そのためか、恐怖心が募ると、相場で買いに走る傾向があるという。この一種のカンがどのように自分自身に働いているかを見極めておくことは、非常に大事である。マークは「恐怖心が膨らむと、どうしても買い建てに走りたくなる。しかし、この感情よりも、規律を守って、行動を起こす方が大きな利益につながる」とファックスに書いていた。

第三番目に、マークが書いているのは、**戦略を前もって綿密に立てておくことで、良い成果を収めることができる**、ということだ。最悪のシナリオを想定して、それを基本に戦略を立てるのがよい。前もって準備万端整えておけば、実際に取引をする際に躊躇なく行動が取れるのである。実際にポジションを持ってしまうと、誰もが感情的になる。だからこそ、前もって戦略を綿密に立てておく必要がある。そして、結果が思わしくない場合は、すぐに判断ミスを認め、マークの言うように、「いったんポジションを手仕舞って、戦線から撤退する。そして、明日、また戦場に向かえるだけの気力を残して、戦略を立て直す。逃げることを引け目に思わず、勝負には引け際が肝心だと自分に言い聞かせる」。マークの考えは、他のトレーダーの考えとさほど大きな違いはないだろう。

もう一つ、私がよく聞かれる質問に、相場で成功を収めるには天性の才能が必要なのか、それとも、努力して身につくものなのかというのがある。私自身の考えでは、その両方が備わっていないと相場で成功をすることはできないと思う。私は、数字には自信があり、競争心が強く、ギャンブル好きである。しかし、この私の生まれ持った性格を相場の世界にうまく利用するためには、それなりの努力と経験が必要であった。アムハースト大学では一生懸命努力することを学び、コロンビア大ではビジネスの仕組みを学んだ。海兵隊ではどんなパニックの状態にあっても平常心で行動することを身につけた。トレーダーはプロスポーツの選手と同じで、ある種の才能を持ち合わせている。しかし、その才能を磨かないと使い物にはならない。

人生にはおカネよりも大切なものがある

一九八五年五月八日、オードリーは男の子を無事出産した。六ポンド一一オンスのとてもハンサムな子だった。しかし、この吉報とは裏腹に、その年の一一月に、妻は乳ガンと診断され、私はどん底に突き落とされてしまった。これはちょうど、一九八一年一二月に妻が流産をしたときに味わった深く悲しい、やり場のない気持ちと同じだった。稼ぐことに夢中になり、手にしたおカネを使うことを味わえないので、何のために自分の身を削ってまで、毎日、相場に立ち向かっているのか分からない。人生をもっと楽しむべきだと、このとき、改めて感じた。

翌年、季節も春に変わったころから、オードリーのマンション内装リフォーム計画は実施された。妻は、台所を新しく直し、トイレと風呂場も完全に模様替えをした。窓ガラスは取り替えられ、壁をすべて塗り直した。この内装工事は、この年の夏まで続いた。巨額な資金を投じて行われたリフォーム工事だったが、もうおカネは問題ではなかった。妻が使いきれないぐらいのおカネを稼ぐチャンピオン・トレーダーに成長した私は、もっと多くのおカネを使う計画を立てていた。

一度、巨額な金額を手にしてしまうと、趣味にまで影響を及ぼす。テッド・ターナーは、一〇メートル級のアメリカス・カップ出場用に作られたヨットを持っている。ジョージ・スタインブレナーはニューヨーク・ヤンキースを所有している。ウエイン・ニュートンは競争馬を、そしてチャールズ皇太子には愛人がいる。私はヨット、プロスポーツ、競走馬には興味を持っていなかった。ましてや、オードリーがそばにいてくれるので、私にとっては相場が愛人だった。私の興味は絵画を集めることで、それには多額のおカネを払ってもよいと思っていた。

子供のころ、母に連れられてニューヨークにある美術館を回った。電車に乗ってニューヨークまで来て、メトロポリタン、近代美術館、グッゲンハイム、それにウィットニーを回って一日を母と過ごしたことが数回あった。そのころは、美術館巡りよりもエディー・コーヘンの家の地下室で賭けトランプをして時間をつぶしたかったが、子供に対するしつけの一貫として母が芸術に触れるようにしてくれたおかげで、自然と私の体に絵画に対する興味が植えつけられてしまった。母はお土産に有名画家の作品を模写したポスターを買って、それを家中に飾っていた。そのほとんどは、モネ、マネ、ドガ、セザンヌの代表作品で、子供のころから優れた絵画に囲まれて育った。それらは本物ではなかったが、芸術を愛する気持ちは自然と芽生えていた。おカネを手にした今、今度は本物の絵画を家の中に飾ってみたくなった。

オードリーのリフォーム計画が終了した後、私たちはアッパー・イーストサイドに画廊を持つアル・フレスコとクリフ・パレッタに会いにいった。アルとはコロンビア大のビジネス・スクールで一緒だった。アルとクリフはいとこ同士で、二人とも父親からこの画廊を引き継いでいた。また、彼らの祖母はアメリカ印象派画家、ジョン・H・ウォッチマンと関係があり、デュポン家に嫁いでいた。彼らの家系からみて、アルとクリフが画廊をアッパー・イーストサイドに持っているのも理解ができる。

相場で成功し始めた八〇年代前半から、私とオードリーは週末、時間を見つけてはいろいろな画廊を回って歩いた。その中でも、フレスコ・パレッタ画廊には、よく足を運んだ。当時は、まだ手が出なかった絵画も、今なら手に入れることができる。

一九八六年一〇月にフレスコ・パレッタ画廊で、アーネスト・ローソンの『冬の風景』（一九一五年作　油彩）を一〇万ドルで、また、ロバート・ボノーの『農夫の庭園』（一八九〇年作油彩）を四〇万ドルで購入した。一日に、合計五〇万ドルの絵画を購入した。そのとき、アルが『アメリカ印象派』という一冊の本を私にくれた。ニューヨーク市立大学の美術史の教授をしていたウィリアム・ガーツ氏の著書だった。

私は印象派の絵画が好きである。これは、子供のころに母親から受けた影響からだと思う。一九八四年に私はオードリーと初めてヨーロッパ旅行に出かけた。パリでは運転手を雇って、モネの生家とジベルニーの庭園を見て回った。五月初めのフランス郊外の風景は、印象派の絵画に出てくるそのものだった。この感動を胸に、ニューヨークに戻ってからフランス印象派の絵画を購入するつもりになっていたが、あまりに金額が高いので、さすがに手を出せなかった。どうしたら、トップクラスのマネやルノワール、ドガ、モネの絵画を手に入れられるのだろう。当時は、フランス印象派の絵画を買うにしても、Bクラスのものしか手に入れることはできなかった。

しかし、アメリカ印象派の絵画であれば、第一級のものを手にすることができる。アメリカ印象画を代表する、セオドア・ロビンソン、フレデリック・フリスキ、ウィンスロー・ホーマー、メリー・カサット、それに、ロバート・ボノーなどの画家はフランス印象派の影響を受けて、その素晴らしさをアメリカに伝えていた。私はいろいろな印象派の絵画を本や画廊で観て回っているうちに、あることに気がついた。どの画家でも、その作品に波があるということだ。マリー・カサットが絶好調の時期に描いた作品は、ドガの不調時に描かれた作品と比べると、数段、美しく見える。それにアメリカ人の芸術に対する考え方はフランス人のように頑固で傲慢ではなく、それが絵画の価格にまで及んでいた。Bクラスのフランス印象派の絵画と比べても、アメリカ印象派の絵画はその三分の一の価格だった。アメリカ証券取引所のオプション・トレードやシカゴのS&P指数先物取引のように、アメリカ印象派たちの絵画は私の性格にマッチしていた。アメリカ印象派の絵画は、その価値が上昇する可能性を秘めていた。まだ、注目を集めていないエマージング市場であり、私自身、アメリカ印象派の絵画を自分なりによく理解できた。そこで、アメリカ印象派の絵画の収集が私のメインのゲームになった。

アルとクリフの美術品取引に対する姿勢は、私のトレーディング・スタイルとよく似ていることに気がついた。彼らは、あくまでもベスト・プライスで、名の売れた画家の最高の作品しか買わない姿勢を保っていた。これは、相場の流動性について考えるのと一緒である。いつの世にも、名の通った画家の作品を買う裕福な収集家が存在する。私が株を売買するときは、その銘柄は流動性の高いブルーチップだけを取引するように心がけている。例えば、IBMやゼロックス、それにデュポンを買って、一時間後にそれらを売りに出したとしても、流動性が高い銘柄であるので、必ず買値が市場には存在する。フレスコ・パレッタ画廊も私のトレードのスタイルと同じように、ブルーチップだけを対象に取引をしていたのだ。しかし、問題は、画廊を通じて絵画を入手すると高くつくことである。私のユダヤの血が小売りから買うのではなく、卸元から買うのがベストだと騒ぎ出した。

画廊から絵画を購入する最大の利点は、その価値がはっきりしていることだ。アートディーラーたちは事前にその絵画を入念に調べ、その価値を判断している。だから、安心してその絵画を買うことができる反面、どうしても彼らを通して絵画を入手すると高くつく。もちろん、画廊も商売であって、ボランティアで芸術に携わっているのではない。しかし、自分の探している絵画の種類や予算がはっきりしている場合、アートディーラーを通さなくても絵画を入手できる方法はある。全く初めて、絵画に投資するとか、どんな種類の絵画を手に入れようか決めていないときは、どうしてもプロのアドバイスが必要になる。でも、今回、私はアメリカ印象派の絵画を購入することを決めていたので、ディーラーが絵画を購入する場所、つまり、オークションに足を運べば用は済むはずだった。

パークアベニューの五九丁目にあるクリスティーズとヨークアベニューの七二丁目にあるサザビーズは両社とも、アメリカ絵画のオークションで有名である。その両社から古いカタログを取り寄せて、妻と一緒にいろいろと調べてみることにした。比較ポイントは、やはり、取り扱っている画家の知名度、その絵画の質、それと競売価格である。アメリカ印象派絵画に関しては、どうもサザビーズに分があった。サザビーズでは、年二回、一二月初めと五月末にアメリカ印象派絵画を対象にしたオークションを開催していた。オードリーと話し合った結果、一九八六年一二月四日のオークションに参加することに決めた。

海兵隊に所属していたときに学んだことだが、戦場に向かう前は準備を怠らないで入念に戦略をチェックすること。オークションそのものに今まで縁がなかったので、どうも一人でアートディーラー相手に競り合うのは心細かった。そこで、オークションが開催される三週間前に、アルとクリフのところに相談に行った。

「オードリーと二人で、これからアメリカ印象派絵画の収集を始めようと思うのだが、今までと同じように小売り価格で買うつもりはない。そこで、サザビーズに行こうと思っているけれど、どうしていいのか分からない。どうしても君たちのアドバイスが必要だ。それで、提案があるのだけれど、君たちの欲しいと思う絵画を私が競り落とし、将来、誰か顧客がその絵を入手したいと君たちに依頼して来たら、私と取引をする。そうすれば、君たちがオークションに用意したカネは他の作品を購入するのに回すことができる。お互いにとって損な話ではないと思うが？」

私の持ちかけた話にアルとクリフはとても乗り気で、今回のオークションに先駆けて、できるだけ多くの情報を提供してくれると約束した。もちろん、オークションには一緒に参加してくれることになった。今回は、私の代わりにオークション会場で競りに参加してもよいとまで言ってくれた。交渉が成立したので、帰ろうとしたとき、アルは机の引き出しから一二月四日のオークションに出品される作品のカタログを私に手渡してくれた。彼は一言、「今から研究を始めていた方がいいよ」と私に言ってくれた。

そのカタログを手にしたときは、大学で期末試験用紙を教授から受け取っているような気持ちになった。このカタログを脇に抱え、マンションに直行した。部屋に着くなり、オードリーに向かって、「フレスコとパレッタ、二人を連れて今度のオークションに参加する」と言った。彼らはこのカタログの中から私たちが好きな作品をピックアップしておくようにと言っていた。私たちが選んだ絵画の中から、フレスコとパレッタがさらに数枚選んで、それを競りで落とすというのが私たちの計画だった。

それから二週間、妻と共にカタログに載っている絵画を徹底的に調べ、どのアメリカ印象派絵画がどれくらいの価値があるか、自分なりに結論を出してみた。価値のある印象派絵画を探す作業は、個別銘柄を選別するようなものだ。この一九八六年一二月号のカタログには、彫刻も含め、総計三四九点の芸術品が記載されていた。そのうち、約五〇点がアメリカ印象派の絵画だった。個別銘柄を選択するときは削除法を用いて、次から次へとその数を減らしていく。収益率、商品、マーケット・シェア、それに経営陣などを一つ一つチェックしていくうちに、おのずと対象銘柄は限られてくる。絵画についても同じような方法を取って、価格、色彩、出所、また作者といった項目を設け、どれが優れているか最終的に残った作品をオークションで競り落とすことにした。

一週間をかけて、選んだ作品は五点に絞られた。一七六番、チルド・ハッサム作『海への道』一八九五年、油彩（一五～二〇万ドル）。一九〇番、セオドア・ロビンソン作『夏の丘、ジベルニー』一八八九年、油彩（四五～五五万ドル）。一九六番、ウィリアム・メリット・チェース作『シンコックの風景』一八九五年、油彩（一五～二〇万ドル）。二〇四番、モーリス・ブラジル・プレンダーガスト作『庭園』水彩（一四～一八万ドル）。二〇七番、フレデリック・フリスキ作『川辺』一九〇九年～一九一〇年、油彩（二五～三五万ドル）。そして、アルとクリフの意見を聞くことにした。

オークションは一二月四日木曜日に予定されていたが、フレスコ・パレッタ画廊には一一月二八日金曜日に行って、彼らのアドバイスを受けることにした。もちろん、アルもクリフも私たちが選んだ作品のことは十分知っていた。アルは、「素晴らしい選択だよ」と褒めてくれた。

「カタログの写真を見るだけではうまく選別できないね。実際に、それらの絵画が展示されている場所に出向いて、自分の目で確かめるのが大事だよ」と、アドバイスしてくれた。

カタログに載っている作品は一一月三〇日日曜日から一二月三日水曜日まで、サザビーズに置かれ一般公開される。ただし、『庭園』だけは、東八二丁目にあるコエ・カー画廊でプレンダガスト・コレクションとして展示されていた。オードリーと二人でその作品を土曜日に観に行った。実物は、写真とは比べられないほど美しく、どうしてもこの作品だけは競り落としたくなった。初めてのオークション参加に加え、本物を自宅に飾れると思っただけで興奮してきた。

サザビーズでは、月曜の夜を除いて、オークションに出品されるものは一般公開されている。この月曜日の夜こそ、アートディーラーをはじめ収集家たちを集めてのカクテル・パーティーが開かれる日なのだ。私と妻は、まだこのパーティーに招待されていなかったが、どうしてもこの集まりに参加して、ニューヨークを代表するアートディーラーたちや絵画収集家の顔を見たくなった。しかし残念だったが、このときはパーティーに参加することはできなかった。サザビーズのメンバーに、私たちはまだなっていなかったからである。結局、私たちはアルとクリフの二人と水曜日の午後、サザビーズで待ち合わせることにした。ところが、外出直前になって、ベビーシッターから病気だとの連絡が入り、オードリーは家に残ることになった。

競馬場やシーザーズ・パレスのようなカジノと違って、ヨークアベニューにあるサザビーズのドアを開けて一歩中に足を踏み入れても、一体、何が私を待ち受けているのか想像もつかなかった。たぶん美術館の中のように声を殺して静かに話しながら、カタログ片手に展示されている作品を観ている光景が脳裏に浮かんだが、実際は全く違っていた。まるで、一九四八年の共和党大会会場に足を踏み入れたような感じで、サザビーズの展示会場内には、東部エリート校であるアイビーリーグ出身のワスプとその階級を目指している連中で混み合い、お互い挨拶をしながら歩き回っていた。彼らはいかにも、芸術を理解できると言わんばかりに、大声で各作品の評価を周りの連中に聞こえるように話していた。

「これこそ、レッドフィールドの最高傑作だよ」

「パックストン独自の双眼鏡からのぞいた風景がこの絵には描かれているね」

「この『少女と犬』には、本当に強いエネルギーを感じざるを得ないですな」

「ロビンソンは、ごくありふれた風景を彼独特のタッチで空間と光を取り入れて、いかにも美しい光景に変貌させているんだね」

くだらない。本当に醜悪な光景だった。普段、トレーダー相手に話している会話より悪かった。この会場に来てから、アルとクリフは少しも手を休めない。会う人一人ひとりと、握手を交わしていた。ここが彼らのマーケットなのだ。彼らは私にいろいろな人たちを紹介してくれたが、本来の目的は社交ではなく、絵画の検証であり、オークションに参加予定者の行動を把握するためにここに来ている。自分が競り落としたい絵画の前に立ち、参加者の反応に耳を傾けた。そして、いつものように、それをパターン化して分析していた。アメリカ証券取引所のスペシャリストの事前の人物チェックも、競馬場に行く前の馬のチェックも怠らない。これが、私のやり方なのだ。

帰宅後、オードリーと一緒に、今日のメモを見ながらオークションに向けて最終チェックをした。その戦略には、もちろん、私たちの目標価格や出せる最高金額なども含まれている。これこそ、海兵隊時代に私が身につけた「事前準備万端」精神なのだ。私は、この精神をトレーディングにも生かしている。精神集中をさせるには、明確な目的と行動計画が不可欠だ。私が今回、このオークションのために立てた戦略は、「プラス二」だ。競売価格が、例えば二〇万ドルという声が聞こえて、その価格が二一万ドルまで上がってきたら、ここで二二万ドルという値を付ける。オークションは、その参加者の感情に大きく左右される。だから、感情的にならずに、事前に決めた上限を守ることが大切だ。床につく前に、もう一度、カタログを取り出して、私たちが競り落としたい三作品の出ているページの隅を折っておいた。このカタログはいろいろなメモや書き込みで、見る間にボロボロになっていた。最終的に、一七六番、二〇四番、二〇七番の三作品に絞った。

サザビーズのオークションは、二回に分けられている。午前の部は一〇時一五分から開始して一番から一五〇番までを、午後の部は二時から開始して一五一番から三四九番までの作品をオークションにかける仕組みになっている。今回、アメリカ印象派絵画は午後の部に回されていたが、もちろん私は午前の部からこの未体験を経験するために会場に向かった。ちょうど七年半前、アメリカ証券取引所の入り口の前に立ったときと同じ心境だった。中に入るとコートを預けるクロークが設けられていて、それを通り越してラウンジに向かった。そこには、すでにフレスコ・パレッタ画廊の二人が待っていて、彼らの案内でオークション会場に足を運んだ。

この会場はオフ・ブロードウエーの劇場ぐらいの大きさで、その最前列の四つの席が私たちのために用意されてあった。右から順番に、クリフ、私、アル、そして、オードリーと陣取った。今回、クリフが私の代わりに競売に参加してくれるので、彼の横には私が座った。私たちの前には、テーブルの上に無数に置かれた電話とそれに応対する六人の若者が椅子に座っていた。

「前の席は、外から電話でオークションに参加してくる連中のために用意されているデスクなんだ」と、アルが教えてくれた。そして、この電話デスクの左上には、電光掲示板が取りつけられ、為替レートが表示されていた。国内に限らず、世界各地からオークションに参加できるようになっている。ドル、英ポンド、仏フラン、スイス・フラン、円、ドイツ・マルクなど主だった通貨は、すべてこの電光掲示板にレートが表示されていた。私たちの真正面には、一段高くなっているところに台が置かれて、その両脇にはカーテンが引かれてあった。この台の上にオークションにかけられる絵画が置かれ、その作品を床からライトが照らす。

「舞台は、三つに仕切られている。オークションにかけられる作品が台の上、そして競売が終了した作品は脇のカーテンの後ろに置かれ、反対側のカーテンの後ろには次にオークションにかけられる作品が置かれている」と、アルが説明してくれた。中央の台の右側には、教壇があった。

今はまだ、そこには誰もいないが、そこはオークショナーが立つ場所だということは、私にも分かった。

会場の両脇と後には、ガラスで取り囲まれた小さな部屋が立ち並んでいた。たぶん常連客の特別席なのだろう。会場に詰めかけた客はお互い挨拶や会話を交わしていたが、オークションの第一部がスタートする一〇時一五分には、各自席につき、本日のオークションを進行させるジョン・マリオンの登場を待った。周りを見渡してみると、会場内で立っているのはサザビーズの関係者のみだった。

ジョン・マリオンがオークションの説明をした後、電話デスク担当者とポーターたちの準備が整ったことを確認して、今日、第一番目の作品、バタースワースが描いた『メイフラワー号対ガラテア号』が競売にかけられた。この作品は七×一二インチ・サイズの油彩画で、二隻の一本マストの帆船が荒波を乗り越えながら、光が射している方向に向かってレースをしている光景が描かれていた。カタログには、六〇〇〇～八〇〇〇ドルが一つの目安と表示されていた。マリオンの声が会場に響き渡った。

「五〇〇〇ドルから始めます」

観客は一斉にその絵画に視線を向け、電話デスク担当者たちが会話を始めた。電光掲示板の為替レートを元に、競売価格が他通貨に換算され、担当者は電話の向こうにいる客にそれを伝え始めた。徐々に、ざわめきが会場の至るところで聞かれるようになった。

「六〇〇〇ドル、七〇〇〇ドルはいませんか?」。バリトンのマリオンの声はとてもよく響き渡り、観客の心を完全にとらえていた。「七〇〇〇ドルの声が上がりましたが、八〇〇〇ドルはございませんか? 八〇〇〇ドルの声が上がりました。九〇〇〇ドルはいませんでしょうか?」。値はどんどん釣り上がっていった。しかし、一体誰が買値をどのように出しているか、私には全く見当もつかなかった。アメリカ証券取引所のように、手信号と怒鳴り声は、この会場では通用しない。どこからともなく買値が出され、いつの間にか競売は成立していた。

「九〇〇〇ドルの声が出ました。九〇〇〇ドルです。九〇〇〇ドルです」と二回、九〇〇〇ドルと確かめた後に、「ハイ、九〇〇〇ドルのあなたに決まりました」。ジョン・マリオンは、真鍮製のハンマーで台を叩いて、最初のオークションは完了となった。一瞬の出来事で、私がその価格をカタログに書き込み始めたころには、次のオークションはすでにスタートしていた。

午前中に、クリフは何回かオークションに値を出していた。カタログに出ている「オークション・ガイド」によると、「札」を上げて競売価格を提示するとなっているが、プロは全くそんなことはしていなかった。フレスコ・パレッタの札は、クリフのひざに置かれたままだった。彼は単に、ウインクをしたり、指を鼻にのせたり、耳を引っ張ったり、ネクタイを軽く叩いたりして、合図を出していた。それをマリオンは一つも見逃さないで、次から次へと価格を上げていっては、素早く競売を完了させていった。このちょっとした身動きだけで商談成立となるので、私は緊張のあまり全く身動きができなくなってしまった。ほんの少しの動作で、あっという間に数十万ドルの金額が動いているのがこのオークション会場で、アメリカ証券取引所のフロアと何も変わらないことに気がついた。周りを見渡してみると、そこには電話、電光掲示板、買値、取引確認書、それにこの動きに早さは証券取引所のオプションを売買していたときの環境と同じだった。オークショナーのジョン・マリオンとオプション・スペシャリストのフラニーの違いは、スーツかスモック、または真鍮のハンマーか鉛のハートだけである。

第一部終了後に外に出て軽い昼食を取ることになったが、私は緊張のため、全く食欲がなかった。実際のオークションでは、カタログに表示されている参考価格をはるかに超えていた。テーブルに着くなり、私はクリフに「僕の予算は低すぎるのかな?」と聞いてみた。「何とも言えないね。作戦を変更するよりも、とにかく自分で立てた計画を実行してみることだ」とのクリフの答えはもっともだったが、私は初めてのオークションで平常心を失いかけていた。

私たちは一時五〇分には席に着き、二時からの競りを待った。二時ピッタリに、ジョン・マリオンは一五一番の作品を競りにかけた。このジョン・ラ・ファージ作の『審美家』(水彩画)は、一万三〇〇〇ドルで競売が成立した。参考価格の二倍以上の値で取引されていた。このまま価格が上がるようでは予算をはるかに超えてしまい、作戦変更も余儀なくされる。私にとってあまり良い状況とはいえなかった。それに、ここの取引はメサ石油株のオプション売買よりも早い。一分で二枚のペースで絵画が競売を終えているようにだった。

開始一二分後、一七六番の『海への道』が舞台に上げられた。ついにハッサムを手に入れる時が来た。二〇万ドルの予算をこの絵画のために組んだが、これで十分か自信がなかった。「一五万ドルから始めたいと思います」と、バリトン調の声が会場に響き渡った。その瞬間、隣に座っていたクリフが自分の耳を軽く引っぱって、オークショナーに合図を送った。

「一五万ドルの声が上がりました。一七万五〇〇〇ドルはいませんか?」。この瞬間から、私は競りに参加した。

「一七万五〇〇〇ドルの声が上がりました。二〇万ドルはいませんか?」

このとき、アルが「例のギリシャ人だな」とつぶいた。クリフが軽くうなずいた。

「二〇万ドルが出ました。二二万五〇〇〇ドルの声はありませんか?」とマリオンが言った後、しばし会場に静寂が流れた。「二二万ドルの声はありませんか?」。クリフが私の顔を見た。

「クリフ、二二万でやってくれ」と、私は小さくつぶいた。

「二二万ドルの声が上がりました。二三万ドルはありませんか?　ハイ、二三万ドル」

「オランダ人だな」と、今度はアルがつぶいた。私はクリフに声をかけた。

「行ってくれ」。クリフは鼻を軽く指で触った。

「二三万ドルの声が出ました。二四万ドルはいませんか?」

「また、例のギリシャ人だ」と、アルが言った。

どこの馬の骨とも分からないギリシャ人に負けてたまるかと思い、クリフに二四万と指示を出そうとした瞬間に、オードリーがつま先で私の足を突っついた。

「バジー、手を引きなさい。まだ、二人が値を上げてきているのよ。そこまでの価値はないわ、この絵には」と、オードリーが私の耳元でささやいたのだ。妻の言う通りだった。オランダ人とギリシャ人の戦いを見物することにした。戦いの結果、二八万ドルの値がこの絵には付けられた。初戦は負けを認めるが、焦ることなく次のチャンスを待った。オークションといっても、カジノのクラップテーブルと何ら変わらない感じがしてきていた。

七分後には、一九〇番のロビンソン作『夏の丘、ジベルニー』が四七万五〇〇〇ドルで競り落とされた。高くて私の手に負えなかったが、それでもサザビーズの参考価格範囲内であった。これは、私にとって最高のニュースだった。三分後には、一九六番のチェース作『シンコックの風景』には三〇万ドルという参考価格より五〇%も高い値が付けられた。これは、全く戦況が変わっていないシグナルだった。私が小声で「畜生！」と言ったのをアルが聞きつけて言った。

「心配するな。ハンプトンの連中は、いつも意味なく高値を付ける。それより、もうすぐだ」

私たちの二〇四番は、もう間近に迫っていた。

二〇一番、二〇二番、二〇三番と競売が進み、ついに二〇四番の作品が舞台に上げられた。

「二〇四番、モーリス・ブラジル・プレンダーガスト作『庭園』です」と紹介された。

「一四万ドルから始めたいと思います。一四万ドルの声が出ました。一六万ドルはいませんか？　一六万ドルの声が出ました。一八万ドルの声はありませんか？」と言ったところで、クリフが軽くうなずいた。

「一八万ドルの声が上がりました。二〇万ドルはいませんか？　二〇万ドルの声が上がりました。二二万ドルはいませんか？」

「フィラデルフィア画廊だな」と、そのときアルがささやいた。「顧客の依頼か、それとも彼ら自身のためか、はっきりしないけど」と、続けた。

「誰のものでもない。この絵は、僕のものだ」。私はそう思って、クリフに指示を出した。ジョン・マリオンはクリフに目をやると、「二二万ドルの声が出ました」と言った。

「二四万ドルはいませんか？」。静寂が会場に流れた。

「二三万はいませんか？」。マリオンは後ろを振り向いてから、

「二三万の声が上がりました。二四万はいませんか？」と言って、彼はクリフに目をやった。

「しつこいフィラデルフィアの連中だ」と、アルが吐き捨てた。クリフは私の指示を仰いだ。

私はオードリーの顔をのぞいてみた。妻は軽くうなずいた。私は「オーケー」とクリフに目で指示を出した。クリフはネクタイを指で叩いた。

「二四万ドルの声が上がりました。二五万ドルはいませんか？」。私のひざの上には広げたままのカタログが置かれていた。両手で額を覆って、下を向いた瞬間に、プレンダーガストの作品が私の目の中に飛び込んできた。神にすがる気持ちだった。

「二四万ドル、二四万ドルの声が上がっています」と二回、マリオンは言って周りを見渡し、真鍮のハンマーを振り落とした。

「二四万ドルであなたに決まりました」。その声を聞いた瞬間に、体に電気が流れるのを感じた。こんなに急いでおカネを使ったのは初めてだった。脱力感からアルにもたれかかった。そして、オードリーを抱きしめ、クリフに感謝の手を差し伸べた。アメリカ証券取引所で儲けを上げたときに、ヘイズと一緒に喜び合ったときのことが私の脳裏をよぎった。後ろに座っていた観客から私たちに祝福の手が差し伸べられた。この価格は予算から大きく離れずに済んだ。二四万ドルをこの絵画に、そして、二万四〇〇〇ドルをサザビーズに手数料として支払った。これで、私とオードリーはれっきとしたサザビーズのメンバーになった。

喜びもつかの間、二〇七番の競売がすぐに迫っていた。二〇六番の作品は競り落とされ、二〇七番のフリスキ作『川辺』が舞台に上げられた。その絵を見た瞬間、オードリーが口にした。

「素晴らしい絵ね」。家に残ったオードリーは実物を観ていなかったのだ。

「絶対、手に入れてね」

私は妻の命令を聞くべく、二〇七番を競り落とす作戦に出た。海兵隊時代から与えられた命令を必ず遂行する自信を持っている私にとって、最愛の妻から頼まれたからにはこの絵を落とすと覚悟を決めた。

「二四万ドルの声が出ました。二六万ドルはいませんか?」。クリフも、私の意向を十分に理解していた。

「二七万ドルが出ました。二八万ドルの声がかかりました。二九万ドルはいませんか?」

「クリフ、必ず落としてくれ！」。私の指示に従ってクリフは、体の至るところを触って、マリオンに買値を投げかけていた。

「二九万ドルの声が出ています」と、オークショナーが二回言って会場を見渡してから、クリフの方を向いた。

「あなたに決まりました」。ついに、『川辺』を手に入れた。また、後の席から祝福の声が私たちに向けられた。二九万ドルと手数料の二万九〇〇〇ドルが、あっという間に飛んでいった。一瞬にして、これだけのおカネを使うのは、マンション購入以来だった。

六カ月後、フレスコ・パレッタの二人から電話をもらった。

「バジー、実は、君が所有しているボノーの作品を七〇万ドルで譲ってほしいという収集家が現れた。その価格なら、あの絵を手放してもよいと思うよ」

「それはいい値段だね」と、私も同意した。九カ月前に四〇万ドルで手に入れた絵画が七五％の値上りをみせたのだ。そして、その絵は、フランスの美術館の手に渡った。

この数年間に、数点の絵画をフレスコ・パレッタ画廊を通して、売りに出した。絵画も投資対象であり、アートディーラーやサザビーズなどのオークションを開催する業者も、十分にそれを理解している。彼らによって芸術の市場が作られているのだが、金融商品とは違い、絵画の場合は売り手と買い手の素性が分かるので、ある種の感情が絡んでくる。

購入した絵画を自宅の客間に飾っているが、良い絵に囲まれた生活は非常に快適だ。目が覚めると、そこにはアーネスト・ローソンの作品が私を待っている。夕食はフリスキの作品を眺めながら、そして読書をする私をホーマーやハッサムの作品が見守っている。幼少のころから母の元で芸術に触れ、エディー・コーヘンの地下室や取引所では味わうことのできないこと、つまり、人生にはおカネより大切なものがあることを教えられていた。絵画が豊かな心を持つ人間に育ててくれることを、母は私に教えたかったのだろう。

パークアベニューの高級マンションに移り住んで数年がたち、私はこのマンションの会長に指名された。就任直後に、一本の電話を受け取った。

「シュワルツ会長、お会いしてお話をしたいのですが?」と、このマンションに二〇年以上も住んでいる住人からだった。その人をリビングに通して、話を聞くことにした。彼は床を見たまま、「会長、事情があって、管理費が支払えない状態にあるので、それを報告に参りました」と話し始めた。「もちろん、多少の時間をいただければ、問題は解決するのですが、規定で管理費の滞納は禁止されているので、その点を相談しに参りました」と、その住民は話を続けた。

一瞬、私は動揺した。まさかここの住人に限って、管理費が支払えないことに陥るとは夢にも思っていなかった。確かに、彼の言う通り、規定では管理費が支払えないようであれば、マンションを売り、その中から滞納した管理費を支払わせることになっている。私たちがこのマンションに引っ越す前に、このことは告げられていた。もう七年も前のことになる。ニューヘブン出身の私にとって、格式ばった決まりは、いかも肌に合わない。ましてや、ここまではい上がってくる過程で、カネや権力も持っている連中にいろいろと虐げられてきた。しかし、カネと地位を手に入れた今、私は他人にまで同じ境遇を味あわせるつもりは全くなかった。

「お話の内容は分かりました。ここに住まれて、もう三〇年近くになる方に、時間の猶予を与えない方がおかしいですよ。多少の時間なら、待てますので、そちらの問題を解決されてから、管理費を払ってください」が、彼に対する答えだった。

私の話に安堵した様子で、その住民は席を立った。部屋に飾られた絵画に目をやった彼が言ってくれた。

「素晴らしい絵画のコレクションですね」。もう、この時点で、集めた絵画の価値はこのマンションの価値をはるかに超えていた。

「そうですか、ありがとうございます。何か起きたときのために、これらの絵が役に立つのではないかと思いましてね」

大物狙い

人生にはおカネよりも大切なものがある

トレーディングをするときは、戦場に向かうときと同じく、武器をいつでも使えるようにしておかなければならない。準備を怠って、戦場に向かえば、そこには死が待ち受けている。それが理由で、自分の売買スタイルを確立させるときにも十分な時間をかけ、アメリカ証券取引所のメンバーになる前にはヘイズからその仕組みを教わった。しかし残念なことに、この大切なルールを破ってしまったことがあった。それは、「風の街」シカゴの先物取引所に初めて足を踏み入れた時のことだった。

それは、一九八七年の春のことだった。オードリーと二人で絵画の収集を始めて、ちょうど六カ月がたったころ、フレスコ・パレッタ画廊の二人からシカゴに新しくオープンするウィンディー・シティー美術館の話を聞いた。彼らからある程度の寄付金をこの美術館に送れば、そのオープニング・セレモニーに招待されると聞かされ、早速、私は小切手を美術館に送った。この美術館の創設者夫妻は、アメリカ印象派絵画の収集家としても知られ、この式典には世界各国からアートディーラーたちが参加すると聞かされた。スーツケースにタキシードを入れ、お気に入りのワニ革の靴をぴかぴかに磨き、いざシカゴに乗り込んだ。

部屋を取ったドレイク・ホテルにはセレモニーの前日に到着したが、明日の式典まですることがなかったので、シカゴ・マーカンタイル取引所（ＣＭＥ）に行って、専任ブローカーのデビー・ホーンに会いにいった。この五年間、個人トレーダーとしては最大の取引量をこなしていたが、ＣＭＥのフロアには足を踏み入れたことがなかった。ピットに立って私の注文に答えてくれている連中の姿を見るのも悪くないと思ったのだ。ニューヨークでいうところのパークアベニューに匹敵するシカゴのワッカードライブまでタクシーに乗って、ＣＭＥの前で降りた。四〇階建てのツインタワーを見上げたときは、「このビルは僕が所有している」と思った。

取引所の中に入り、会員専用入り口のところに設けられている受付に向かった。

「会員のマーティン・シュワルツだが、会員バッジをくれないか？」と、受付に話した。私の名前を聞いて、すぐに対応してくれるものだと思ったが、意外にも反応は悪かった。

「シュワルツとはどんなつづりですか？」と、聞かれ、あ然とした。受付担当者に何も期待できないと思ったが、ピットに立っている連中には私の名前を知っている者がいるだろうと思った。

アルマーニのスーツにバリーのワニ皮の靴、それにピカピカの会員バッジを胸に、堂々とフロアに入ったが、その広さにとにかく驚かされてしまった。フットボール場と同じくらいの広さで、デビーをどうやって探そうか悩んでしまった。市場が開いている間は、人でごった返し、ラッシュアワーのときのグランドセントラル駅を思わせる光景が目の前に広がっていた。S&P指数先物のピットがどこにあるのか、横を走ってきたクラークに聞いてみた。「マーティー・シュワルツという者だが、S&Pのピットはどこにある?」

「あんたが誰だが知ったこっちゃないが、ピットは向こうだ」と、この男はぶっきらぼうに答えて去っていった。向こうと言って指した方向がどこを指しているのか定かではなかったが、とにかく、言われた方向に私は歩き出した。そこには、八角形の台が何段も重ねて作られたピットにトレーダーやブローカーがところ狭しと立ち並び、大声を上げて、手信号を使って取引をしていた。これがいわゆる、アウトクライ方式である。手のひらを内側に向けるのが「買い」で、外側に向けるのが「売り」である。指を巧みに動かして、玉数を相手に示している。「六の買い一〇枚」「六月限のポークベリーはいくらだ?」「九月限のホッグは?」と、私の周りからこんな声がした。間違いなく、ここは生肉の取引ピットで、目指すS&P指数先物が一体どこにあるのか見当がつかなかった。

「スイス・フランの売値は?」「マルクの売りを八五で三〇枚」「ペソはどうなっている?」と、言っているので、今度はどうやら通貨先物のピットに来てしまったようだ。

「八〇で六月限の買いを五枚」「九月限の売り、九五で一〇枚」やっと、聞き慣れた価格のピットにたどり着いた。上を見上げると、そこには電光掲示板が設置されていた。

	始値	高値	安値	直近値	変化
6月	286.50	289.30	286.50	289.15	+2.65
9月	288.60	290.90	288.40	290.60	+2.15
12月	290.50	292.25	290.40	292.20	+1.70

ついに、S&P指数先物のピットに到達できた。

デビーを見つけるのはさほど難しいことではなかった。当時、女性のメンバーは非常に少なかったからだ。彼女がピットの連中を紹介してくれ、私の名前が知られていることに気がついてほっとした。ビリー・ザ・キットが町に顔を出したときのようだった。ピットの連中が次から次へと挨拶にやってきた。「どうも、はじめまして」「噂は以前から聞いているよ」「ピットに来るのは初めて？」「張りますか？」

連中の期待を裏切れないと思って、勧められるままにトレーディングを開始してしまった。ナンバーワンの意地が悪い方に出てしまった。デビーの横に立って、彼女に注文を出して場に参加した。これは、取引所の規定によって、登録者以外はピットに立てないことになっているからだ。

端末から見るS&P指数先物市場と、ピットで取引されている

S&P指数先物では大きな違いがある。あおられて張ってみたものの、すぐにこの違いに気がついたが、時すでに遅しだった。というのも、全く準備もしないで、場に向かって勝てるわけがない。ましてや、いつもの環境とは大きく違う。そこには、チャートも端末も置かれていない私にとって未開の地だった。指数移動平均線、オシレーター、ストキャスティックスなど私が日常使っている武器を持たずに、完全に丸腰状態で戦場に飛び込んでしまった。叫び声と手信号だけの世界では、私は視力を失った迷える子羊にすぎなかった。相場に人気が出て、上がり始めているのは分かったが、私は目先天井をつけそうな気がした。もちろん、こんなカンに頼る売買はもう何年もしたことがなかった。「二〇で五枚の買い」という声が聞こえた。そのとき、私を見詰めながら、一人の小僧が「シュワルツさん！　見に来たの、それとも張りに来たの、どっちだ！」と叫んだ。

「こんな小僧になめられて、たまるか！」と思い、たった五枚しか買うつもりがないその小僧に向かって、二〇で五〇枚の売りを浴びせた。

「デビー！　二〇で五〇枚、売りだ」。そいつが買いなら僕は売り一本で行くという、全くエゴ以外の何ものでもない考えだった。

私の売りに何人かが同調してきた。「二〇で売り」という声が一瞬聞こえたと思ったが、買いが次から次へとピットに入ってきた。「二〇で五〇枚の買いだ」「二〇で一〇枚の買いだ」「二〇でもう二〇枚の買いだ」。そして、また、例の声がしてきた。

「シュワルツさんよ！　もうおしまいか！　もっと、やれよ、ニューヨーク野郎！　お前の売りって、そんなものか？　九月限には、興味がないのか？　シュワルツさん！　六〇で二〇枚の買いだ」。一体どうなっているのだろう？　クソー、目の前には地獄の入り口が迫っていた。

それからの一時間はすごかった。売りをいくら浴びせても相場は止まることなく上げていった。ライフルには玉が残っていない。損が九万ドルまで増えた時点で、買い戻して退散することにした。ピットから立ち去るとき、年老いたトレーダーが私に言った。

「シュワルツよ！　今までのお返しだ。電話越しにお前がこのピットからカネをすくい上げていったお返しを、面と向かって取り返せたのは最高の気分だった。またのお越しをお待ちしているよ」

一九八九年にもCMEに立ち寄る機会があったが、そのときは張ることはしなかった。過去の教訓を生かして、高みの見物をしていた。相場でいいところを見せつけようとするなど、所詮、無理な話だ。他人から褒められることといえば、規律を守り、計画通りにトレードを実行し続けることだ。ウィンディー・シティー美術館とCMEに寄付した金額は、合計一〇万ドルにもなってしまった。

ソロスを負かした「暗黒の月曜日」

相場にかかわっていると、最も多く質問されるのが、「一九八七年一〇月一九日は、どんなポジションを持っていましたか?」である。その「暗黒の月曜日」に、私は買い建てをしていた。そのポジションは結果的に損を生んだが、同じ状態がまた起きても買い建てを持っているだろう。そして、また損を被ってしまう羽目になるだろう。

当時を振り返ってみると、典型的な強気相場がアメリカ株式市場をはじめ、各国の株式市場にも起こっていた。ポール・ボルカーＦＲＢ（連邦準備制度理事会）議長がメキシコ救済に乗り出した一九八二年八月以来、ダウ・ジョーンズ工業株平均は休むことなく上がっていた。五年間で、七九〇ドルから二六〇〇ドルに上昇し、その伸び率は、何と二三〇％にも及んでいた。一九八七年に入り、最初の九カ月間に六五〇ポイントの上げを記録し、これは年率で換算すると、三三％の伸び率である。ウォール街は買い一色となっていたが、この上げ相場に終焉など訪れるとは誰もが思っていなかった。この年、すでに八〇〇万ドルの儲けを上げていた私にとって、儲けられない人間がいること自体、不思議に思っていた。

そのころ、現物株にもかなりの金額を投じていた。あまりの自信からコロンブス・デイには、妻のオードリーと友人夫妻をパラダイス・アイランドに連れて行き、連休をのんびりと楽しむことにした。アンドレはウエストハンプトン出身のプロテニス・プレーヤーで、妻のガビーを同伴して、この旅行に参加してくれた。コロンブス・デイでも市場は開いていたが、ユダヤ人系とイタリア人系のトレーダーの多くは休暇を取って取引所には顔を出していなかった。北欧系とワスプ、それにアイルランド系のトレーダーや市場関係者を中心に、この祭日には市場を開けておくことを支持していた。しかし、この八年間、このコロンブス・デイに相場が大きな動きを見せたことはなかった。それでも、市場が開いている限り、私は電話から離れることはできなかった。オードリーやアンドレ、ガビーがオーシャン・バーでピニャコラーダを飲みながら、日光浴を楽しんでいるのを横目で見ながら、ブローカーに売買指示を出していた。

「テネコを一万株、買ってくれ。何？　テネコに買収を仕掛けているという話があるのか？もう二万株、買ってくれ！　買え！　売れ！　うーん、そのまま。オードリー！　カジノは何時にオープンするんだっけ？」

ソロスを負かした「暗黒の月曜日」

株式市場では、このコロンブス・デイを境に神経質な動きを見せ始めた。一〇月八日木曜日には、ダウ平均は三五ポイント下落した。翌日、金曜日は前日比、さらに三四ポイント下げた。週が明けた月曜日は一〇ポイントの下げを記録した。翌一三日火曜日には多少反発し、三六ポイント上げたが、一四日水曜日には九五ポイント下落した。一五日木曜日には下げがさらに加速して、ダウ平均は五八ポイント下げた。そして、「暗黒の金曜」が訪れた。『ウォール・ストリート・ジャーナル』には「ダウ・ジョーンズ工業株平均は一〇八・六五ポイントの下げを記録。取引高は三億三八五〇万株と非常に多く、また今回の下げは史上三番の下げ幅であるが、テクニカル分析の専門家たちは、出来高を伴った金曜日の下げは買いのチャンスを多くの投資家に与えるだろう」と書かれていた。

この記事は、いかに多くのプロが金曜日の大きな下げを調整の終了と認識しているかをよく表していた。ベアー・スターンズ証券のジャック・ソロモン氏は「大きな下げは、市場に悲観論を台頭させるが、買い相場の中では押し目と思ってよいだろう」、キダー・ピボーティー証券のデニス・ジャレット氏は「古典的な売りのクラマックス」と表現し、彼の意見は、多くのテクニカル・アナリストからも支持されていた。私自身、彼らの意見に同意していたが、唯一気になったのは、「金曜日の下げは、月曜日にも引き続く」という私のルールで、それは月曜の下げを予測していた。しかし、あまり大きな下げを記録していたので、買いから入ることにした。私の中には、「これ以上、どれだけ下げることができるか、疑問だ」という一種の偏見があった。金曜日の引け間際に、シカゴのデビーに電話を入れ、「四〇枚、成り行きで買ってくれ！」と注文を出した。彼女は、S&P指数先物を二八三・五〇で四〇枚買えた、と報告してきた。私にとって四〇枚というポジションは大きくないが、このときの相場には、これで十分だと思えた。しかし、この買い持ちを持ったがために、週末、大きな不安を抱える羽目になった。

金曜の夜、トレーディングの疲れからテレビを見ながらうとうとし始めたころ、「ウォール・ストリート・ウイーク」が始まった。疲れていたので夕食はオードリーが支度してくれた食事に手をつけながら、この番組を見始めた。ルイス・ルキーシャー司会のこの番組にマーティー・ツバイク氏が招かれていた。マーティーは番組の中で、「市場は危険な位置にあり、さらにダウは五〇〇ポイントは下げると思う」と発言していたのだ。

マーティーとは同じマンションに住んでいたので、彼のことはよく知っていた。日曜日に彼に電話して、話に来てもらうことになった。一時間ぐらい彼と話したが、債券市場は大きく崩れてしまい、すべてのインディケーターが弱気を示していることから、相場は下げに転じたと話した。もちろん、五〇〇ポイントといっても一日にそれだけ下落するというのではなく、向こう数カ月をかけて相場が下がっていくだろうと彼は予測していた。しかし、このとき二人とも、この予測があと二四時間で現実に起こるとは思ってもみなかった。

そして、もう一つ、私を不安にさせるニュースが流れていた。それは、当時のベイカー財務長官の西ドイツに対する批判的なコメントだった。ドイツ中央銀行が短期金利の引き上げを実施したことに対して、ベイカー長官は二月に両国が合意した内容を無視した行動だ、と強く反発していた。アメリカはドルの価値を調整することで貿易赤字を削減する動きを取っている最中で、西ドイツの単独行動には強い怒りを表明していた。このベイカー発言を聞いたとき、私の買い持ちポジションがかなりの危険にさらされると直感した。

月曜日の朝、いつになく緊張して市場のオープンを待った。ツバイク氏の「ウォール・ストリート・ウイーク」でのコメントとベイカー長官の発言からして、相場はかなり荒れると容易に想像できた。私は自分の限界点を認識している。今日は、そのポイントまで押されてしまう可能性があったが、問題は冷静に損切りを実行して、相場の流れについて行けるかどうかだった。あらかじめ損切りポイントを設定しておくのは非常に大切だが、一番難しいのは、実際に損切りすることだ。この損切りを、感情を伴わないで実行できるのがプロのトレーダーといえよう。

開始のベルが鳴ると同時に、マーケットは下に大きな窓を空けて急降下していった。たったの一五分間に一五〇ポイントも下落したのだ。その動きを見ながら、四〇枚のS&P指数先物を買い持ちにしたまま、端末をじっと眺めていた。先物だけでなく、大量の株式オプションと現物株を買い建てていたが、何もすることができない状態のまま、凍りついてしまった。一気に私の限界点を相場は超えてしまったのだ。パニック状態に陥ったときは、その場に立ち止まっているのが最悪の対応だと海兵隊時代に習ったが、このときの私は、全くこの状態から抜け出せなくなってしまっていた。前進か後退か、とにかくその場から動くことがこのときにはできなかった。

数台ある端末のスクリーンを凝視しながら、この世のすべてが一直線に落ちていくのを目の当たりにした。たった三〇分間で二〇〇ポイントもダウ平均は暴落した。S&P指数先物は、取引開始と同時に一九ポイント下げて、そのまま下げ続けていた。ニューヨークのNYFEは場が立たない状態のままで、ナスダックやシカゴ・オプション市場は取引を開始できないでいた。私は口ごもりながら、「これは悪夢に違いない」と自分に言い聞かせた。しかし、どうにか自分を取り戻し、相場のサポート・ポイントを探り始めた。買い戻しが入るに違いないと判断したのだ。

一〇時三〇分ごろ、やっと市場に静寂が訪れ、多少の買い戻しが市場に入ってきた。ここぞとばかりに電話をあらゆるところに入れて、相場の状態をチェックしてみた。目的は、自己ポジションの縮小だった。

「サイズはどれぐらいだ?」「売りの手口とサイズは?」「買いには何枚並んでいる?」「新規の買いか、それとも、日計りの買い戻しか?」「メルクの株が一二ドルの下げて、一七二ドルを付けている」「デジタルが二〇ドル下げて、一五二ドルなんて、全く正気のさたではない」「ここは絶好の買いポイントだ!」

こんな会話をブローカーや友人たちと交わしていると、ダウ平均が一気に一〇〇ポイント買い戻された。この戻りを待って、私はアクションに出た。

まず、シカゴのデビーに「S&P指数先物を成り行きで四〇枚売ってくれ!」と指示を出して、二六七・五〇で四〇枚を売り切った。三・一五ポイントの巨大な損失を被ってしまったが、このときの損切りは、私の人生の中で最も優れた行動だった。あの時点で、リスクを減少させることに集中できたことが、何よりも私の自慢だ。その結果、その日の高値から一・五〇ポイント下で四〇枚を売り切ることができた。この戻りも一時的なものにとどまり、相場はまた下げに転じた。とにかく、買い持ちポジションを縮めるために売りに出た。一部のオプションを残して、すべて損切った。この売れなかったオプションこそ、コロンブス・デイの連休中にパラダイス・アイランドからピニャタコラーダを飲みながら、下調べも十分にしないで買ったものだった。売りたくても、全く市場に買い手がいなかった。つまり、切ることのできない状態だった。

正午になって、ダウ平均は一五〇ポイントの下げを記録していた。その時点で、少なくとも二〇〇万ドルの損を確定していた。今までに経験したことがない金額を、あっという間に失ってしまったが、損を確定したことで、これ以上のダメージを被ることは避けられたという安堵感が私の胸の中にはあった。戦場で負傷したが、これ以上に傷口が広がらないように、いったん撤退したのだ。トレーディングでも海兵隊でも、同じ理屈が通用するのだ。明日の戦いのために、今日は撤退して、鋭気を養うのだ。

しかし、私がこの時点で直面した最大の問題は、損切りではなく、市場崩壊が起こるのかどうかということだった。一九二九年の再来ではないか。それとも、大規模な世界恐慌の始まりではないか。大不況といえば、私の脳裏には父の姿が焼きついている。父は、二つの仕事をこなして、家族を養いながら、不況を乗り越えようとしても、それは容易ではなく、苦労の日々を送っていた。何か、別の方法で自分の家族生活を保つことができないものかどうか考え始めた。家族の安全が私にとっても最も重要なことで、相場はいつも二の次である。事務所を飛び出し、アパートに戻った。

「オードリー！　金融システムが崩壊する可能性がある」と、妻に簡単な説明をした後で、宣言した。

「金に走るぞ！」。私の言葉に、妻は冷静に私の心理状態をチェックし始めた。

「バジー、本当に、そこまですごい状況なの？」

「一五〇〇ポイントも暴落しているんだから、良いとは言えないよ」

「ポジションはどうなっているの？」と、妻が聞いてきた。たぶん一九八二年の事件を思い出していたのだろう。休暇中に、銀行に出向いて金庫から金と現金を持ち帰ってきたときには、市場が元の平静を保っていて、全く無駄なことをさせられた時のことを、オードリーは忘れるはずがなかった。その金と現金を、再度、銀行に預けに行ったのは私だったが、とにかく、あのバッグの重さには嫌気がさした。あんな思いは二度としたくなかった。「もう損切りをしたので、それで十分かもしれない」と、一瞬、私は思った。

私たちの寝室には、まだ赤ん坊の息子がベビーベッドの中で寝ていた。無邪気に親指をくわえながら寝ている息子の姿を見て、私はすべてを思い直した。全システムが崩壊して、全世界がパニックになってしまったら、どうなるのだろう。腐敗した町に家族が放り出されてしまうことがソロスを負かした「暗黒の月曜日」

起きたらどうしたらよいのだろう。これだけの危機感を感じていながら、何も行動に出なかった親を子供たちは恨むだろう。やっぱり、金に走るぞ！

クロゼットを開けて、中においてあったブリーフケースを取り出して、エレベーターへ急いだ。トレーダーとしてのカンを信じて、この行動に走った。確実に、システムは音を立てて崩れ始めている。私のシナリオ通りだと、レーガン大統領はフーバー大統領が一九二九年に銀行を閉鎖したように、アメリカ全土の銀行に営業の一時停止を命ずるだろう。私は金投資口座など持っていなかった。持っている金貨は、そのすべてを銀行の貸し金庫に保管していた。そこから、すべての金貨を引き出して、家に持ち帰るつもりでマンションを出た。外出間際に、再び妻が私の行動を問い詰めてきたが、とがめる様子はなかった。

「バジー、どこへ行くの？」

「やっぱり、事態は深刻だと思んだ。金貨を引き出してくるよ」

「バジー、あなたがそう言うのだったら、今すぐに銀行に行ってきてちょうだい。でも、気をつけて行ってきてね」

私たちのマンションはパークアベニュー六五丁目の角にあって、金貨は六四丁目と三番街の角にあるイースト・ニューヨーク貯蓄銀行の貸し金庫に預けてあった。この銀行は、私たちが以前住んでいたアパートに隣り合っていた。とにかく、急いで貸し金庫から金貨を引き出してこないと何が起こるか分からないという焦りが、私の表情にも表れていただろう。外は非常に気持ちの良い秋空が広がっており、街行く人々はいつもと変わりなく歩いていた。そんな中を走り抜ける私の手は、左右に揺れるブリーフケースをしっかりと握り締めていた。チェース・マンハッタン銀行頭取のデビッド・ロックフェラー邸は六五丁目の南にあり、そのすぐ隣はニクソン元大統領がニュージャージーのサッドル・リバーに引っ越す前に住んでいたところだった。一二時三〇分ごろ、このロックフェラー邸のそばを通りすぎたとき、五、六台のリムジンが外に停められているのが目に入った。

「ほほー、どうしたんだ！　きっと、緊急会議が自宅で開かれているに違いない」と、自分に言い聞かせながら銀行に急いだ。

ブッシュ副大統領、ヘンリー・キッシンジャー、ジョージ・シュルツ、ミルトン・フリードマン、マーガレット・サッチャー、ヘルムート・コール、それにハーバート・フーバー大統領の亡霊までが参加して、緊急対策会議が開かれている違いないと、勝手に思い込んだ。そう思い始めると、おのずと走るペースが上がってきた。急いで金庫に到着しないと間に合わないかもしれない。ヤツらがこの六五丁目からホワイトハウスに電話一本入れるだけで、銀行を閉鎖させることができる。一度、閉じた金庫を開かせるのは、ジミー・ホッファーのひつぎを開けるよりも難しいだろう。

銀行にたどり着いて、貸し金庫の暗証番号を用紙に書き込んでいる最中に、額からは汗が流れ落ちてきた。その用紙を警備員に渡して金庫の中に案内してもらった。彼は貸し金庫のカギを開けると、その場から立ち去っていった。私はカギを差し込んで、ダイヤルを回して金庫を開けて、中からボックスを勢いよく引き出したが、あまりの重さに床に転びそうになった。このボックスは、少なくとも四〇ポンドの重さがあった。ボックスからプラスチックに覆われたクルーガーランド金貨を取り出して、ブリーフケースの中に押し込んだ。これだけでも二五万ドルの価値はあった。株が暴落している今、金の価値が高騰しているとなると、その価値は二五万ドルをとっくに超えているだろうと、自分では思っていた。

ボックスから私の収集しているアンティックのコインも取り出して、ブリーフケースに詰め替えた。その中には、祖母からもらった一九二五Dセイント・ガーデン二〇ドル金貨も入っていた。持ち込んだブリーフケースはパンパンに膨れ上がってしまったが、それでも一つ残さずそのケースに入れることができた。「何か忘れていないか、確認した方がよさそうだ」とつぶやいて、「明日、銀行が営業を開始するとは思わない」と声を低くして自分に言い聞かせた。

銀行を後にして、マンションに戻るとき、周りの目が気になった。昔、映画館の前で一〇〇ドル札四〇枚をノミ屋から受け取ったときのことを思い出していた。あのときは皮肉にも、当時の話題作「ゴッドファーザー」を見るために多くの人が映画館の前に並んでいた。今日は素晴らしい秋空の下、昼食時間と重なったためか、いつもより人が多かった。あのころは四〇〇〇ドルを手に握り締めただけで緊張したが、今回は三〇万ドルの価値がある金貨を運んでいるのだから、緊張度は比べものにならなかった。道に飛び出してタクシーを捕まえようと何回も試みたが、四

○ポンドのブリーフケースが重すぎて、動きが鈍くなり、他の人にタクシーを取られてしまった。全く金融システム崩壊など関係のない連中ばかりに、タクシーを横取りされた。全く世の中は不公平にできていると、そのとき思った。
タクシーはあきらめて、マンションには歩いて帰ることにした。六五丁目沿いを歩いたが、持っているケースがあまりに重いので、体がそのケースの方向に傾いていた。ロックフェラー邸のそばに来たときは、あまりの汗でシャツが体にピッチリとくっついた状態だった。とても息苦しかった。このロックフェラー邸で、各国指導者が何を話し合っていようとも、この私には絶対、被害が及ぶはずがない。家族のためにこれだけ必死に動いている私を、神が見放す訳がない。

やっとの思いでアパートにたどり着いた。部屋に入るなり、ソファに倒れ込んだ。

「バジー！　大丈夫？　顔が真っ赤よ」と、オードリーは心配そうに私の顔をのぞき込んだ。

「金だよ」と言って、私は持ち返ったブリーフケースを差し出した。

「それを寝室の金庫に締まっておいてくれないか？　これからモーガン・ギャランティ銀行に行って、現金を引き出してくるよ」

「バジー！　そんな体で、また、外出するなんて、危ないわ。そこまでする必要があるの？」

「オードリー、金融システム崩壊が始まっている。それに、ロックフェラー邸の外にはリムジンが何台も停めてあった。ヤツらが、何らかの緊急会議を開いているのは事実だよ」と言って、部屋を出て、いったん自宅のオフィスの端末をチェックしてみた。一時三〇分ごろだったが、ダウ平均は二六五ポイント下げていた。資本主義が目の前で音を立てて崩れ落ちていくようだった。シャツを着替えようと思ったが時間がなかった。いつ六五丁目からホワイトハウスに連絡が入るかもしれなかった。

アパートの入り口で、ドアマンがにこやかな笑みを浮かべながら挨拶してきた。

「シュワルツさん、また、お出かけですか？　今日は、本当に素晴らしい秋空ですから、外出には、うってつけの日ですね」

ドアマンの声など耳に入らなかった。

「タクシーを捕まえてくれ！　管理費を払い込みに行くので、急いでいるんだ」と、ぶっきら棒に答えた。

モーガン・ギャランティ銀行はアップタウンにも支店を置いていた。この辺りの白髪のカネ持ちが運転手付きの車を、わざわざダウンタウンまで走らせなくて済むように、銀行側の配慮がうかがわれる。タクシーの運転手には、五八丁目のGMビルにある支店に行くように指示した。カウンターで用紙に必要事項を記入して、小切手には二万ドルと書いて、それらを手に窓口に向かった。そこには、真新しい制服を着た女子行員が忙しそうにしていた。この国では、九九九九ドル九九セント以上の小切手を現金にするには、必要事項を別紙に書き込み、それを係員がチェックするシステムになっている。麻薬の密売人でないか、確かめる必要があるからだろう。係員の胸には、「キンバリー・バン・ペルト係長」と記されてあった。

「ここに口座があるのですが、この小切手を現金にしてください」と、彼女に言って、小切手を手渡した。

「シュワルツさん、少々お待ちください」と彼女は言って、その小切手を見てから、コンピューターに登録されている私の記録をチェックし始めた。

「この小切手を現金にしますと、最低残高を下回ってしまいます。これだけ、ご必要ですか？」

「もちろん。今ごろ、ダウ平均が四〇〇ポイント以上、落ちているかもしれない。明日、この銀行が開くという保証などないかもしれませんよ。それにこの小切手も週末には決済されるかどうか、分かりませんよ。とにかく、現金を手元に置いておきたいのです。あなたも現金を少し多めに手元においいて置いた方がいいですよ」

私は胸ポケットに、この二万ドル忍ばせて、変な作り笑いを浮かべながらアパートに戻った。銀行ギャングのジョン・デリンジャーとウイリー・サットンになったように感じていた。そんな私を見たドアマンが不思議そうに話しかけてきた。

「シュワルツさん、大丈夫ですか？　お出かけ前に、かなり怒っておられたようですから」と、私の顔色をうかがっていた。

「ウィリアム、順調、順調、順調、すべては順調だよ。でも、明日の朝になれば、ここの住人の半分は管理費を支払えなくなるだろうな」と言いながら、胸ポケットの当たりを軽く叩いてみせた。

「でも、僕は現金を持ち合わせているから、大丈夫だ。明日、銀行は閉まっていると思うよ。

でも、僕は現金を引き出してきたので心配ない」と、誇らしげにドアマンに言ってから部屋に戻った。

金貨と一緒にこの現金も寝室の金庫にしまった。二時三〇分になろうとしていた。そして、部屋に戻って端末を見ると、ダウはなんと四〇九ポイントも下げていた。やっぱり、銀行で係長にアドバイスして良かったと思った。あの係長も、今ごろは慌てているだろう。兄に電話を入れて、現金を銀行から引き出すよう言っておこうと思った。

「ゲリー！　あと三〇分あるから、今から銀行に行って現金を引き出してきた方がいいよ！　銀行が閉鎖されるかもしれないから」

「バジー！　今、クライアントが来ているんだ。忙しいから、後にしてくれ！」

「ゲリー！　客なんて、クソくらえだ、この際。僕の話を聞いてくれ！　金融システム崩壊が始まっているんだ。まるで、スリーマイル島の原発事故みたいに、ね。今、すぐに、銀行に行った方がいい、すぐにだ」

「バジー！　ちょっとヒステリックだよ。八二年の時と一緒だな、あのビーチの時と。銀行にはとにかく行けないんだ。お前の話を聞いている暇はない」

「ゲリー、銀行が閉鎖されたらどうする？　手持ちがなくなったら？」

「バジー、お前から借りるよ！」

ガチャン。

ダウ平均が五〇八ポイント暴落して、市場がやっと引けた後に、ゾエルナーに電話を入れてみた。

「ボブ、どう思う?」

「マーティー、正直言って、市場がどうなるか想像もつかない。でも、もう、耐えきれないと思ったときがチャンスだ。二倍のポジションを取るべきだと思う」

翌火曜日の朝は、ハリケーンが過ぎ去った後の浜辺のような状況だった。跡形もなく、無惨に吹き飛ばされた建物の残骸を拾いながら、ダメージの規模を新たに認識させられるようなことが、相場にも起こったのだ。噂が噂を呼んで、全く正確にニュースなど入手できない状態になっていた。ニューヨーク証券取引所もCMEも、取引を開始できないだろうとか、モルガン・スタンレー証券が救済されるなどの話がウォール街を駆け抜けていった。そこで、インサイダー・スキニーに電話を入れて、噂話の根拠を確かめてみた。

「モッティー、大手の証券会社が裁定ポジションを持ちすぎて、大変なことになっているらしいね。現物株を売って、S&P指数先物を買ったようだが、パニックに陥っていた先物市場が通常より四〇ポイントも安く取引されていたから、追証が発生して、その資金を手当てできないでいるらしい。先物の値洗いをした時点で、かなりの損失が浮かび上がってきたようで、タピオカのように顔面蒼白になったらしいよ。この追証は一〇億ドルにも達しているという話だ」

インサイダー・スキニーの話から、S&P指数先物を買い持ちにしている連中のほとんどが倒産寸前の状態にあるということだった。現物のS&Pの価値よりも四〇ポイントも安い値段で評価されているからだ。値洗いをしたときに追証が発生したら、その代金を現金で支払わなくてはならないのが先物市場で、誰もが一日を借金なしで始めるのである。

ゾエルナーにも電話を入れてみた。

「グリーンスパンFRB議長が、FRBの窓口を一晩中、開けっぱなしにしていたそうだ。最後の最後に、どうにか現金を調達できた大口の口座があって、CMEに追証を支払ったようだ。この支払いがあったので、CMEはどうにか市場をオープンさせるらしいね。CMEにこのカネが振り込まれていなければ、間違いなく、大恐慌に突入しただろうね」

彼の話を聞いて、自分の取った行動が正しかったことを再確認した。金に走って正解だった。あと少しで、全金融システムが崩壊するところだった。

CMEのオープン直前に、デビーに電話を入れて場の状況を確かめてみた。彼女の目の前には、今までに見たこともない光景が広がっていたという。月曜日に市場が閉鎖された後に、ピット委員会が開かれ、かなりの取引が訂正され、取り消されたという。その会議に出席していた連中みんな、顔色が真っ青になっても、徹夜で作業をしていたようだった。デビーと話をしている最中に、CMEのレオ・メラメド会長がピットにいる連中に落ち着くように言って歩いているのが、電話を通して聞こえてきた。彼は通常通り、市場をオープンさせると言っているようだった。しかし、デビーによると、多くのブローカーとトレーダーがピットに来ていないと言っていた。これから起きるパニックに直面したくないからだろう。追証を支払うために、会員権を破格の値段で売りに出している者まで現れているという。

株式市場では、スペシャリストたちが指値を入れられない状態になると、取引をいったん停止する。これが理由で、月曜日は多くの株が取引できなかった。しかし、シカゴの先物市場ではこのようなスペシャリストが存在しない「アウトクライ方式」なので、売買注文がピットに常時、投げ込まれている。売りと買いの注文が入り乱れながら、どうにか取引が進行していった。だからこそ、異常なまでの安値で、S&P指数先物が取引されたのだ。これだけ売り物が殺到すると、買い手に回るトレーダーは、買値を異常なまでに引き下げる。しかし、売りたい人間は、それでも売ってくる。だから、次に取引された価格がその前の値とかなり違っていた。同じときに、ニューヨーク証券取引所ではほとんどの株が取引不可能だったので、S&P指数先物を構成している銘柄もあくまでも参考価格が使われ、実際の価値など誰にも判断できなかった。

昨日の異常な状態をみて、今日は取引をしないと私は決めていた。異常な値動きの中ではピットの連中の思うままに値が付いてしまい、オフフロア・トレーダーの私にとって、この上なく不利な状態で、S&P指数先物を売買することになるからだ。普段でも、大きなスリッページを負担させられているのに、今日みたいな日には何が起こるか分からない。この火曜日の朝は、端末の前にじっと座って、手は電話に届かないようにポケットにしまっておいた。株は、異常な出来高を伴って売買され始めた。デビーが一一時三〇分ごろに電話をかけてきて、CMEの関係者を代表して、レオ・メラメドとジャック・サンドナーがS&P指数先物のピットに下りてきて、取引を一時停止すると発表したと教えてくれた。ニューヨーク証券取引所が通常の取引を執行できないまま、CMEだけ市場を開いておくと、極端な売り物が入ってくる可能性があるからだ。しかし、正午すぎにダウ・ジョーンズ社が、ブルーチップとされている企業が市場から自社株を買い戻す動きに出るというニュースを流した。このニュースが元で、市場は一気に買い気配になり、CMEもS&P指数先物の取引を再開した。この日が終わってみると、ダウ平均は一〇二・二七ポイントの上げを記録した。これは、一日の上げ幅としては過去最高だった。この日は、市場に全く手を出さなかったので、これだけ動いた相場でも一セントも稼ぐことはできなかった。朝から、今日は相場を張らないと決めていた以上、何も後悔することはなかった。むしろ、金庫に金貨と十分な現金を保管してあり、しばしの休息を楽しんでいる感じだった。二〇〇万ドル飛ばしても、まだ、六〇〇万ドルの儲けが残っていた。

翌水曜日は前日の動きを引き継ぎ、ブルーチップだけではなく、多くの銘柄が買われた。午後三時には、ダウ平均は一七五ポイント上げて、前日に作られた上げの記録をあっさりと更新した。この二日間で、月曜日に下げた五〇八ポイントの半分を取り戻してしまったことになる。異常な動きを見せる市場だったが、そろそろゲームに戻る時期が来た。

いろいろな指標を調べても、全く機能していなかった。マジックT、指数移動平均線、各オシレーターやチャネル・バンドも、これほど激しい動きを今まで経験したことがなかった。普通という言葉が通用しない相場では、自分のカンに頼るしかない。荒波にもまれている救命ボートのような値動きをする相場だったが、この買い戻しがそれほど続かないと、私に何かがそうささやいていた。

「デビー、そろそろ相場に復帰しようと思う」と、言った後で、私は息を呑んだ。

「ゆっくりと攻めていこう。一枚だけ、成り行きで売ってみてくれ。市場の反応を確かめたい」

買い上げてくる中で、一～二枚ずつ、徐々に売ってみた。注文は執行されたが、必ずといってもいいくらい遅かった。ピットの連中が私の注文に割って入っている証拠だった。その日、S&P指数先物は二五八・二五で引けた。最終的に、一二枚売り持ちで、平均値は二五五だった。一二枚とは、私にとってかなり少ない取引量だったが、この相場ではこれぐらいの取引量で十分だった。いつもなら、一〇〇枚以上のポジションを持っているが、状況があまりにも違った。

場が引けてから、五時ごろにエリオット・ウエーブ・ホットラインに電話を回してボブ・プレクターがこの相場をどう思っているか確かめてみた。彼は、ジョージア州ゲインズビルで相場に関するニュースレターを発行していた。彼の名が知れわたるようになったのは、一九八二年から強気相場は始まると予測して以来で、八〇年代を代表するアナリストになった。このレターは、『エリオット・ウエーブ・セオリスト』と題されて、かなり多くの信奉者がいる。ホットライン・サービスは、毎週、月曜、水曜、そして、金曜日の午後五時に更新される。一九八七年一〇月二一日水曜日のホットラインでは、プレクターはこれからの下げを予想していた。この二日間の戻りは、これ以上続かないと予想していた。

木曜日は寄り付き前からデビーとラインをつなぎっぱなしで、市場のオープニングを待った。プレクターの人気は高かったから、彼が下げを予測している以上、今日は寄り付きから売られると容易に想像できた。とにかく、激しく上下に値が飛ぶマーケットになってしまったからには、フットワークを使って、相場の変化に対応しなくてはならなかった。開始のベルが鳴った。それと同時に、電話口のデビーが叫び声を上げた。

「マーティー！　シェアソンが成り行きで一〇〇〇枚の売りを入れてきたわ」

「今、いくらだ？　マーケットはいくらでトレードされている？」

「二四〇の売りだけ！」

「クソー。それは本当か？　昨日、二五八で引けているのに。ちょっと待ってくれ。考えさせてくれ」

一二枚の売り持ちでどれぐらい利益が上がっているのか計算してみた。二四〇の売りだから、一二×五〇〇×一五で、九万ドルの利益が出ている。

「マーティー！　二三〇の売りだけ！　売りが二二五に下がって、買いがない状態よ」

「二二五の売りは何枚ある？」。ここで、もし一二枚を手仕舞いすれば、一八万ドルの利益になる。

「マーティー！　買いが全く出てこないのよ。枚数は分からないけど、売りが二二〇に下がってきたわ。二一五の売りだけ！」。全く信じられないが、誰も買いを入れてこないので、底無し沼にS&P指数先物がはまってしまった。この五年間、こんな状況は見たことがなかった。

「二一〇の売り！　二〇五の売りだけ！　マーティー！　二〇二で今日、初めてのトレードされたわ」

「一体、売りは何枚あるんだ！」

「分からないわ。二〇〇で、今、出合っているわ。一九八で、今度は取引されたわ」

「デビー！　買い戻してくれ！」と電話に向かって叫んだ。ピットの連中が一斉に買い戻しに入った。

「一二枚、成り行きで買い戻して、すぐに伝票を起こして清算会社に報告してくれ！　何が何でも、僕の伝票を誰にも取られないうちに場から清算会社に回してくれ！」。これだけ忙しく相場が動くときに限って、クラークの連中が伝票の整理を怠ってしまうことがよくあった。

「今だ！」

端末に目をやると、二〇二がトレードされて少し上げるように見えたが、すぐに買いが引いてしまい、一九五まで下がって取引されていた。一九八、一九七、一九五と徐々に取引値が下がっていった。ちょっと待てよ。マーケットが、再び下げに転じている。私にとって好都合だった。買い戻しが二〇〇以下であれば、この一二枚でかなりの儲けを上げられる。

「デビー！　買い戻せたのか？」

「マーティー！　二〇〇で五枚買い戻せたけど、残り七枚の買いを無効にしようとしているのよ」

「今、いくらだ？　ヤツらが取引を認めないなら、今すぐに、残り七枚を成り行きで買い戻してくれ！」

畜生！　ヤツらに食い物にされてしまった。少なくても一〇ポイントは損した。七枚で一〇ポイントだと、三万五〇〇〇ドルだ。実際は、いくらで手仕舞えたか分からない。

「マーティー！　二一〇でもう五枚買い戻せて、残りの二枚は二一五で手仕舞えたわ。これが私ができたベストで、とにかく、チケットの奪い合いの末、どうにか一二枚買い戻せたわ」

デビーの話に私の体は震え始めた。喜びなのか、それとも、怒りから震えているのか、正直、自分にも分からなかった。この一二枚だけで、合計二九万ドルの儲けを上げることができた。ピットの連中に五万ドルも食われたが、それでもこの二九万ドルという金額は、とても一二枚のポジションから得られる儲けではなかった。信じ難いが、事実だった。

あとで分かったことだが、市場がオープンしたときに成り行きでシェアソンを通して一〇〇〇枚売ったのは、ジョージ・ソロス率いるクオンタム・ファンドだったようだ。彼もプレクターの予測通り、相場が下げ続けると判断して二四〇〇枚の買い持ちを寄り付き後、すぐに成り行きで売りに出たのだ。『バロンズ』誌によると、最初の売り注文が一〇〇〇枚もあり、この注文を聞いて、ピットにいたトレーダーは誰一人として値を建てなかった。そして、二〇〇まで下がったところで初めて注文が通った。この売り注文は、一九五から二一〇の間でさばかれ、売り終わった瞬間に、相場は上げに転じた。その後、一気に二三〇までS&P指数先物は上昇して、ピットの連中は巨額な利益を手に入れた。この話は、CMEの関係者の間でいまだに語られている。事件の全貌は、ソロスがシェアソンを告訴したのでより明確に知れわたった。一億六〇〇〇万ドルの訴訟も和解で決着をみた。インサイダー・スキニーの情報によると、このときソロスは総額八億ドルの損失を被ったとされている。

「モッティー、やっこさんはスーパー・ロング・ポジションを持っていて、パニックに陥ったようだ」

偉大な投機家、ソロスを負かした日として、その日のことは鮮明に覚えている。

アパートに戻っても、体の震えが収まらなかった。

「オードリー！　信じられないと思うけど、たった一二枚のポジションで二九万ドルも儲けたよ」と、興奮しながら言った。

「バジー！　それは凄いじゃない。そのポジションはどれぐらい持っていたの？」

「一晩だけだよ」

「そんなに動いたの。ところで、金庫のブリーフケースをそろそろ取り出してくれない？　あのケースが邪魔で、宝石を取り出せないのよ」

一〇月二三日金曜日に金貨をイースト・ニューヨーク貯蓄銀行の貸し金庫にまた預けてきた。

顧客用に設けられた個室で一人、ブリーフケースからプラスチックに覆われたクルーガーランド金貨を取り出しては、ボックスにしまい込みながら考えた。これで、二回、金に走った。二回とも、相場は復活をして、その後、上昇に転じた。今度も、大きく儲けることができた。たぶんゾエルナーの言う通りで、最悪の状況に出くわして、今にも打ちのめされそうになったら、通常の二倍のポジションを張る。この考えは正しいのかもしれない。しかし、こんな状況にこの一〇年間、遭遇していない。でも、また市場崩壊の危機が訪れたら、今度こそ二倍の量のポジションを張って勝負に出てみたい。その後ですぐに、また、金に走るだろう。

湖畔の岸辺で津波を待つ

ボブ・プレクターは、相場の世界ではその名を知らない者がいないほど有名なテクニカル・アナリストである。彼は非常に優れたアナリストで、その才能には誰もが一目置く存在である。彼の学歴をみると、奨学金をもらいエール大学で心理学を専攻した。一九七一年、同大学を卒業後、テクニカル分析を徹底的に検証して、相場のトレンドの見極め方を研究した。メリルリンチでアナリストとして活躍をしている間に、ラルフ・ネルソン・エリオットの波動理論と運命的な出合いをする。

このエリオットという人物は会計士として生計を立てていたと同時に、二〇年代と三〇年代には株式相場のテクニカル・アナリストして活躍していたようだ。彼が亡くなる二年前の一九四六年に、波動理論を取り入れた相場分析を出版した。当時、それほど知られていなかった波動理論であったが、哲学者、数学者、心理学者などの間では、その考えはすでに広く知られていた。

一九七七年にプレクターはメリルリンチを退職して、ジョージア州の州都アトランタから北に一時間ぐらい離れたゲインズビルという町に移り住み、そこから波動理論を基に市場分析した結果をレポートにまとめていた。このニュースレターには、『エリオット・ウエーブ・セオリスト』というタイトルがつけられ、投資家からかなり高い人気を集めていた。一九七八年にはフォレストと一緒に、『エリオット波動原理』をプレクターは刊行して、その名が広く一般大衆にまで知れわたるようになった。この理論を基に、八〇年代にアメリカで株式相場の動きを見事に的中させて、その名は全世界に知られるようになった。

私もこのニュースレターを購入していた。私は、マジックTとこのエリオット波動論を組み合わせて相場の動きを探った。数学的なエリオット波動論は、実によく私のトレーディング・スタイルにマッチしていた。また、高値、安値を当てるプレクターのニュースレターには、本当に驚かされた。

一九八三年の秋、電話でプレクターにコンタクトを取ってみた。プレクターもノーム・ザデー主催のトレーディング・コンテストに参加していた私の名前を知っていた。私はプレクターの素晴らしい分析能力に敬意を払い、アドバイザーとして彼と契約を交わすことになった。一日に、彼とは数回、電話で話すまでになった。

暴落が起きた一九八七年ごろには、プレクターを支持するトレーダーの数は膨れ上がっていた。しかし、彼自身は周りからあがめられることに疲れを感じていた。あの暴落を機に、プレクターは一転して、アメリカ株式相場が下げのトレンドに入っていくと宣言をした。しかし、彼の予測とは裏腹に、相場は新たな上げを記録した。それどころか、相場が上げれば上げるほど、彼は相場が下落するに違いないと言い張った。

一九八九年、プレクターは私をあるセミナーに招待してくれた。当時、彼はテクニカル・アナリスト協会（ＭＴＡ）の会長に就任していた。このセミナーでは、パネル方式の話し合いが設けられ、そこには「マーケットの魔術師」を代表する、ポール・チューダー・ジョーンズも出席していた。このころプレクターは、すでに多くのファンを失っていた。彼の予測とは反対に、相場は止まることなく上げ続けていたからだ。しかし、私はあえてプレクター側について、彼を援護することにした。私は、「ボブ、また相場が暴落するとしても、その下げが始まるまでは、買いで相場についていくことがトレーダーとして取るべき行動だ」と、プレクターを説得したが、彼には私の意見などどうでもよかった。私は、さらに「暴落が来ると信じて、何もしないで待っているのはおかしい」とまで言ったが、プレクターは何の反応も示さなかった。

私にプレクターから彼の新刊が送られて来たのは、一九九五年のことだった。私が彼に忠告をした一九八九年からダウ平均は二〇〇〇ポイントも上昇した。プレクターは、それでも彼の意見を変えることなく、新刊でも暴落説を唱えていた。結果がどうであれ、彼の著書は一読の価値がソロスを負かした「暗黒の月曜日」

十分にある。しかし、彼の作家として才能には驚かされてしまった。というのも、私の知人の中には、プレクターの新刊を読んで、相当、悲観的になった者もいたからである、相場は今でも上げ続けているが……。

この本を読みながら、私は友人としてプレクターに言いたかったことがある。彼が素晴らしい分析能力を備えていることに誰も疑問を持たないだろうが、大きな波の前に立ち向かうことは非常に危険で、時として命まで落としてしまうことを誰もが知っている。相場の流れに反して、死んで行くトレーダーは跡を絶たない。私はプレクターにそうなってほしくない。ウォール街では、彼のような偉大な業績を残した人間をそのまま尊重し続けたいという風潮がある。神話を生むのがウォール街で、誰もがそれを信じたがっている。

近年のプレクターの発言から、彼は「自分が正しくて、相場が違っている」と主張をするような愚かなトレーダーになってしまっている。確かに、彼の波動理論は素晴らしく、ノーベル経済学賞を受賞してもおかしくないだろう。しかし、彼自身、すでに相場の頂点がいつ来るか予測できず、自信を失ったように、私の目には見える。彼が相場の流れに乗って儲けることがどれだけ重要かを悟るまで、彼は一体いつまで、湖畔の岸辺で津波が押し寄せてくるのを待っているだろうか。

世界最高のウィザード集団、コモディティーズ社

場が引けてすぐに、明日の用意に取りかかった。いつもなら、夕食後に、ゆっくりと時間をかけて翌日の準備をするのだが、今日は特別の日だった。すぐにも迎えのリムジンがマンションに到着するかもしれなかった。コモディティーズ社が手配してくれたリムジンに乗って、プリンストンで開かれるディナー・パーティーに参加することになっていたのだ。帰りが遅くなるのは分かっていたので、今のうちに翌日の準備を終えておく必要があった。

平日は、なるべく夜遅くまで外出しないように心がけている。私にとって相場で稼ぐには、十分な睡眠と、少なくとも三時間はかかる準備が必要だ。しかし、今夜は六カ月に一度の割合でコモディティーズ社主催の夕食会が開かれる日で、そこには敏腕のトレーダーたちが集まり、お互

いの意見を交換する場となっていた。私にとって、またとないチャンスだった。チャンピオン・トレーダーの肩書きを持つ私にとって、もし私より優れたトレーダーがいるならばそれは誰なのか、知っておきたかった。この夕食会は、優秀なトレーダーは何が違うのかを知るには絶好の機会だった。

インタホンが鳴った。リムジンが到着したようだ。新しいアルマーニのスーツ、新しいバリーのワニ皮の靴、新しいミッソーニのネクタイを身につけ、鏡で自分の姿を映し出してチェックした。素晴らしい。トップドッグたちに引けを取らない服装で迎えのリムジンに乗り込んだ。

ニュージャージー州プリンストンまではリムジンで一時間半ほどかかった。プリンストンからさほど遠くないコネチカット州ニューヘブンで育ったが、この町に来るのは二度目だった。エール大学があるこのプリンストンは、大学時代に住んでいたアムハーストのように古き良きニューイングランドを思わせる町だった。こんな美しい町がニュージャージー州にまだ残っているのが不思議だった。

コモディティーズの本社に到着したころ、秋の空にも夕日が落ち始めていた。コモディティーズの超現代的なビルの窓ガラスには美しい紅葉の姿が映し出されていた。ビルの大きなガラスのドアを入ったとき、緊張が私の体の中をかけ抜けた。見知らぬ人が多く来ているディナーに一人で出向くのは好きではなかった。いつもなら、オードリーが周りの人々と会話を始め、その場を盛り上げてくれるが、この夕食会はトレーダーだけが招待される、いかにもコモディティーズならではのディナー・パーティーだった。

ドアのすぐ近くには受付が設けられ、そこにはカクテルが用意されてあった。受付に着くなり、顔見知りが来ていないか周りを見渡してみた。最初に私の目に入ってきたのは、マイケル・マーカスだった。エビアンのボトルを片手に、彼は歩き回っていた。マーカスはジョンズ・ホプキンス大学を一九六九年にファイ・ベータ・カッパ（優秀な成績）で卒業後、クラーク大学で心理学の博士号を取得した学者である。コモディティーズが最初に採用した学者トレーダーともいえる。彼がコモディティーズの資金を運用し始めたのが七〇年代初めで、三万ドルの運用資金からスタートして、一八年間で八〇〇〇万ドルまでその投資資金を増やした実績を持っている。彼は南カルフォルニアにプライベートビーチを所有して、そこで静かに暮らしている。片手に持っているエビアンのミネラルウォーターは、たぶんマハリシ・マヘシュ・ヨギからロッキー山脈から東の水は汚染されているとでも言われたのだろう。彼とは数カ月前に一緒に食事をしたことがあったが、彼はどこか変になってしまったのだろうか。それはどうか分からないが、トレーダーという人種はどこかがおかしいものである。

コモディティーズの代表、ボブ・イーストンが私に声をかけてきた。彼はプリンストン大学出身者で、以前はアメリカ弁護士協会で働いていた。私と同じく、ＭＢＡ（経営学修士）をコロンビア大学で修得して、ジョージタウン大学で法律を学んだ経歴を持っている。もちろん、イートンはトレーダーではなく、どんな地位の人でも分け隔てなく接し、コモディティーズの超現代的ビルのピカピカのガラスや外観の鉄のように、物腰柔らかで洗練された人物である。イートンは私に、この業界のスター・トレーダーであるブルース・コフナーを紹介してくれた。彼もこのコモディティーズを代表するトレーダーだ。

マーカス同様にコフナーも学者で、以前はハーバード大学とペンシルバニア大学で政治社会学を教えていた。彼も七〇年代中ごろに、学問から相場の世界に移ってきた変わり者だ。彼は、それまで学んできた政治と経済学を基本に先物市場で利益を上げることができると信じていたようだ。彼の理論は、巨額な利益を投資家にもたらすことで正当化された。一九八七年の一年間で、三億ドルもの利益を上げた実績を持っている。トレーダーとしても優秀であるが、コフナー自身はどこか学者から脱け出せないでいるようだった。彼は政治経済理論を説明しながら、自慢のあごひげに手をやり、参加者に挨拶をして回っていた。

コフナーがイールドカーブに注目して、金利商品でかなり利益を出したのがきっかけでトレーディングの世界にのめり込んでいった話を聞きながら、私自身がどうしてこのコモディティーズとかかわるようになったのかを思い出していた。それは、昨年の春、シェアソンのブローカーであるハリー・デニーが私にコモディティーズのことを話してくれたのがきっかけだった。コモディティーズは、才能のあるトレーダーをスカウトしてくるブローカーに巨額の紹介料を払っていた。私は代理人をたてて投資資金を集める必要などなかったが、トレーディング・コンテストで優勝したことで、名が知れわたり、このような誘いが舞い込んできた。一九八八年二月一五日付の『バロンズ』誌では、「トップの中のトップ」と書いて私のトレーディング・スタイルを評価していた。

それに、投資家から資金を集め、その投資資金を運用してみたいと思い始めていたころでもあった。独立して自己資金を運用してかなりの成功を収めてきたが、それでも自己資金防衛のため利食いを素早くしてきたため、トレンドの大部分を逃してきた。いくら相場の転換点を拾っても、その新しいトレンドに乗らない限り、大きな利益は上げられない。そこで他人から預かる投資資金をうまく利用できれば、トレンドに長く乗れると思うようになっていたのだ。そんなころにハリーの誘いが来たので、タイミングがバッチリだったのだ。ハリーが早速、コモディティーズと交渉して最初のミーティングがセットされた。

相場は八〇年代に突入してから大きく変貌した。投資信託の大きな伸びと四〇一Ｋにみられる年金制度の改正など、ありとあらゆるカネが株式相場に流れ込んでいた。ファンド・マネジャーは高リターンを追求して、いろいろな商品に投資するようになった。また、八〇年代はインフレ率が上昇するなど、巨額な資金が利ザヤを追いかけて、世界中をかけ巡り始めた時期でもあった。新商品が次から次へと開発され、それに合わせてトレーダーのニーズも高まった。しかし、いつの世も稼げるトレーダーは注目を浴びる。チャンピオン・トレーダーの称号を持つ私が注目されたのも、当然といえば当然だった。

コモディティーズは、ヘルムート・ウェイマーのアイデアを元に設立された。一九六九年当時、三〇歳だったヘルムートはナビスコ社で商品経済部のマネジャーをしていた。彼はＭＩＴ在学中からコンピューターに興味を持っていた。コンピューターの情報処理能力を利用して商品市場の動きを分析して､その結果に基づいて取引をすることで利益の向上と安定を図ろうと考えていた。昔から商品取引は、ロンドン金属取引所、シカゴ商品取引所（ＣＢＯＴ）、それに、シカゴ・マーカンタイル取引所（ＣＭＥ）を中心に、限られた参加者によって価格が決められていた。情報というよりも噂に近い材料を元に売買されたり、とても理論的な考えを用いた取引はされていなかった。天候、政治、それに経済状況が話題となっていたが、商品そのものの動きに目を向けることはなく、何がその商品に影響が与え、今どんな状況に置かれているかとの判断が難しく、その値動きはかなり激しいものだった。ある意味では、全く予測不可能だったともいえる。

ヘルムート・ウェイマーはデータ分析にコンピューターを使って、各トレーダーの売買判断を支援することはできないかと考えた。各トレーダーが独自に取引できる環境を提供して、投資資金も支援できれば、良いリターンを各トレーダーから得られるのではないかと考えたのだ。そして、最新鋭の技術を操るトレーダーを世に送り出すことになった。彼のプランは実現し、一九八八年、先物の世界でのコモディティーズは最大のトレーダー集団の一つになった。

私が初めてコモディティーズの関係者と昼食を共にしたのは一九八八年四月二六日だった。この席上、私は顧問弁護士のダン・コーンステインを同伴させた。コモディティーズからはボブ・イーストン、人事担当責任者のエレン・クロッカーなどおしゃれで高い服を着た、非常に上品な面々が参加していた。一目見て、彼らが相場に関係していないのは分かったが、経営陣がトレーディングにかかわっている必要はない。

この昼食メニューは、コモディティーズのお抱えシェフによるもので、素晴らしい品の数々だった。冷やしたきゅうりのスープ、ロブスターサラダ、ラズベリータルト、それに、チョコレートトリフのグルメランチで、アメリカ証券取引所のフロア・トレーダーたちが好んで食べるコーンビーフ・サンドイッチとは大違いだった。

食事の間中、コモディティーズがどれだけトレーダーを大切に扱い、高額の報酬を支払っているか聞かされたが、私の興味は一体いくらの投資資金を運用できて、その報酬はいくらなのかだけだった。彼らの周りくどい説明にうんざりして、ストレートに彼らに質問を投げかけた。

「ところで、契約条件は？」

この質問には、イーストンが答えた。

「当初投資資金として、二五万ドルを証拠金としてお預けさせていただき、収益の三〇％をお支払いします」

この金額を聞いて、私は思わず大声を上げて笑ってしまった。

「二五万ドルだって、冗談は止めてほしい。年間五〇〇～六〇〇万ドルを稼いでいるトレーダーが、どうしてそんなはした金を運用するんだ。僕が二五万ドル用意するから、お前たちがその資金を運用するというのだったら分かるが」

「マーティー、マーティー、ちょっと」とイーストンは言って、ブルック・ブラザースのネクタイを直した。

「これは、弊社の方針で、マイケル・マーカス、ブルース・コフナー、それにポール・チューダー・ジョーンズも最初は少額の投資資金から始めている。みんな、スタート時点では差がなかった」

しかし、私の考えは、すでに決まっていた。私は席を立ちながら、ジャケットを脱いで、それを椅子にかけた。

「それは、彼らにとって良かったかもしれないが、僕のスタイルと彼らのやり方では大きな違いがある。手洗いから戻って来るまでに、考え直しておいてほしい」

私が部屋から出がけに弁護士の方を向くと、彼は視線で合図を送ってきた。

（マーティー、どうしたって言うんだ。この商談をご破算にでもするのか）

でも、私はトレーダーだ。自分が取った行動が正しいことは分かっていた。私が彼らを必要としている以上に、彼らは私を必要としていた。明らかに、私に主導権があり、彼らは私の提示する条件を飲むことになると確信して手洗いから戻ってきた。私が席に戻ってくると、投資資金額は一〇〇〇万ドルに増え、報酬は三〇％のままだった。

おおむね契約内容が話し合われた時点で、コモディティーズ社の創設者ヘルムート・ウェイマーに会ってほしいと依頼された。ヘルムートと私は、会うとすぐに気が合うことが分かった。彼とトレーディングについて話を始めると、すぐにヘルムート自身、かなりすご腕のトレーダーだと分かった。私は自分の手法である、自分の手でチャートを書き、指数平均をどのように使っているか、指数からどのようなことを読み取っているかなどを彼に説明した。彼は私の話を非常によく理解し、私がコンピューターなど使わずにマニュアルでいつも指数などを計算していることに対して、「コンピューターは、あくまでも道具の一つで、実際に自分の手を汚さないとデータなど理解できない」とコメントした。お互いトレーダーとして、打ち解けるにはそれほど時間は必要なかった。

契約内容をまとめるのに、一～二カ月かかったが、ダンが用意してくれた契約書にサインして、実際に資金を運用し始めたのは六月の中旬だった。しかし、スタートと同時に、私はあることに気がついた。多額の資金を手にした今、ポジション・サイズもかなり大きくなり、今までとは違ったスタイルで運用してみたが、自分のスタイルを変えることができないことに気がついた。何百枚という建て玉を持つと、どうしても長くそのポジションを保有する傾向になるが、これは私のトレーディング・スタイルに反している。間違いと認めた瞬間に、そのポジションを損切る方法が身についてしまっているからだ。また、自分の口座を運用しているときには、誰に遠慮することなく損切りができるが、コモディティーズの口座を運用していると誰かに見られているようで気が引けた。

スタートしてまもなく、コモディティーズの資金を運用することをいったんストップした。そんなある日の午後、ヘルムートから一本の電話をもらった。彼はアルプスへ休暇に出かけるところで、デンバーの空港から電話を入れてきた。彼にとって私の存在はそれほど重要ではなかったはずだが、それでも何か気になることでもあったのだろう。

「ハイ、マーティー、どうしてやめたんだい？」

私は同じトレーダーであるヘルムートには素直に自分の気持ちを話すことができた。

「コモディティーズ社の口座を運用するために、今までとは違ったトレーディング・スタイルが必要だったが、どうしてもそのスタイルに自分を合わせることができないんだ。短期売買が僕のやり方で、中長期売買というのは頭で理解できても、体に合わないんだ」

「マーティー！　スタイルを変えないで、好きな方法で運用してくれれば、それでいいよ。われわれは君に投資資金を預けて、君のやり方で運用してほしいだけだ」

ヘルムートは、その後でどれだけコモディティーズ社が私に期待しているかなど、励ましの言葉をいろいろとかけてくれた。

「もう一度、やってみる」

彼との電話から二カ月が過ぎたころ、七〇万ドルの利益をコモディティーズ社の口座で上げていた。この短期間のうちに、七〇万ドル儲けたことで、かなり注目を浴びた。私自身、トップの仲間入りを果たしたと感じていた。

バラ、バラン、バラ、バラン！　コモディティーズの夕食会でコフナーがイールドカーブと景気循環の相関関係について演説をしている中、ビルの外が突然騒がしくなった。そのため、コフナーも演説を途中で止めてしまった。

会場全体が一斉に超現代的なコモディティーズのビルの大きな窓ガラスの方に目を向けた。ヘリコプターがライトをつけて、まさに着陸しようとしていた。

「ジョーンズだ」と、誰かが声を上げた。ポール・チューダー・ジョーンズが自家用ヘリで到着したのだ。しかも、食事を共にするためでなく、ただこの夕食会に寄って、コモディティーズ社の関係者に挨拶をするだけだった。彼が優秀なトレーダーであることはいうまでもないが、それ以上に彼が南部紳士であり、ショーマンでもあった。一九八〇年に彼が綿花で多額の収益を上げたことはよく知られていたが、この夕食会の席上では、彼が八七年の大暴落で投資資本を二倍にしたことが話題になっていた。チューダーは、彼自身がアナログという数学モデルを使って相場分析を試みているが、八七年の暴落パターンは一九二九年に起きた大暴落と同じパターンだとして、一〇月一九日にはかなりの空売りポジションを持っていたといわれている。このモデルによって、売り玉を建てていた上に、その日もかなり売りを増やしていったと言われている。このモデルを信じて売り玉を建てることは、私には不可能だ。アメリカ経済は大不況になったわけでもないのに、同じパターンとして八七年の暴落を予想することはできない。しかし、その結果、このモデルを信じて相場を張ったジョーンズは一財産作ったのだから、このモデルが導いたシグナルは正しかったといえるのだろう。

まるで、映画俳優のロバート・レッドフォードが現れたかのように、ジョーンズの登場は周囲の目を集めた。彼が一歩、会場に足を踏み入れるや、参加者は彼のところに駆け寄り、挨拶を交わし始めた。ボブ・イーストンのように洗練された身なりをし、しかもヘルムート・ウェイマーのような頭脳を持っているのがポール・チューダー・ジョーンズだ。もちろん、彼は夕食を楽しむことなく、あくまでも挨拶に立ち寄っただけだった。チェサピーク湾近くに三〇〇〇エーカーの土地を所有して、そこに巨大な別荘を持っている彼が、ヘリでちょっとだけプリンストンに寄っただけのことだった。彼が他のトレーダーに挨拶して回る必要は全くない。彼の存在そのものが周りを圧倒してしまっていた。

七時三〇分きっかりにチューダー・ジョーンズは自家用ヘリで夜空に消えていった。イーストンに連れられて私はダイニング・ルームに入り、顔を知っているルイス・ベーコンの横に腰かけた。ルイスはハリー・デニーと一緒にシェアソンでオフィスを共用していた。ルイスの才能にそのときに気がついていれば、私の資金を彼に運用してもらっていた。今では、彼はかなりビッグ・プレーヤーとして、その名をとどろかせている。ルイスはポール・チューダー・ジョーンズと同じく南部出身で、私にとって理解しづらい人物だった。南部なまりは非常に分かりづらく、その上、ゆっくりした口調で話をするので、私のタイミングとはどうしても合わない。しかし、話し方が遅いからといって頭の回転まで遅いということではない。ルイスと知り合ってから、彼の運用成績を見る機会が何回かあったが、彼に資金を預けていれば、今ごろはかなりの額になっていただろう。

イーストンがグラスを片手にスピーチを始めた。

「このコモディティーズ社主催のディナー・パーティーにようこそおいでいただきました。ヘルムートと共に、みなさま方のご活躍には大変感謝しております。ここで改めて、その感謝の意を表す意味でこの夕食会を、本日、催すことになりました」

イーストンは、ここに集まっているトレーダーがどれほど優れており、マーケットを代表するプレーヤーであり、最新技術を駆使した市場分析を基にトレンドの変化を見極めることができるトップトレーダーの集団だ、と力説していた。ざっと周りを見渡してみて、この国で設定されている商品ファンドの五〇%は、ここに集まったトレーダーたちによって運用されているといっても過言ではなかった。コモディティーズ以外に、これだけの規模の資金と人材を抱えている投資顧問はこの世に存在しないだろう。

イーストンがスピーチを終えて席に着いた後に、ディナーが運ばれてきた。グルメ・メニューの一部を紹介すると、玉子にキャビアをあえた前菜、ガーリックバター・オイスター、ステーキハーブ・ポテト・マキシムなど超一流のディナーだった。最高のフランス・ワインがグラスには注がれた。デザートのチョコレート・タラゴンがテーブルに運ばれてきたときに、イーストンが再び立ち上がった。

「コモディティーズ社の伝統として、ここに集まっていただいたみなさんに、マーケットについて何かコメントしていただきたいと思います」

テーブルごとに各市場について、各自が一言二言、コメントしていったが、その商品の数の多さには驚かされた。通貨、穀物、ココア、砂糖、ポークベリー、生牛、金、銀、銅、ユーロ・ドル、Tビル、Tボンド、株価指数など。実に、コモディティーズでは一三五種類の商品を取引している。

私のテーブルに順番が回ってきたとき、石油先物についての話になった。このころ、石油価格はＯＰＥＣ（石油輸出国機構）が創設されて以来の安値を記録していた。一バレル当たり一二・五〇ドルまでその価格を落としていたが、その理由については定かでなかった。噂では、経常収支の改善のために、ＣＩＡ（米中央情報局）がサウジアラビアにプレッシャーをかけて大量の原油を市場に流し、価格を引き下げていると言われていたが、そんなことはあてにならなかった。また、イランかイラク、もしくは、ロシアの仕業ではないかとも言われていた。

この原油相場について、イーストンはテキサス出身のカウボーイ風のトレーダーに意見を求めた。ブーツにカウボーイ・シャツ姿のこのトレーダーは、赤みの帯びた顔に汗を浮べていた。シャツのボタンは胸のところまで開けられ、金メダルのついた金ネックレスを首にかけていた。このトレーダーは南部なまりが強烈に強く、彼の英語を理解するのに苦労した。

「これからの六カ月で、石油価格は今の値より、さらに六ドルほど安くなるなぁー。とにかく、ヤツらときたら、なんとかの一つ覚えみたいに掘り続けてさ、このままで行くと、土曜日にバイトするつもりで、体を売っている連中と何ら変わりがないさな。六カ月後には、石油はただで、配られるかもしんねぇ」

「テックス、どうもありがとうございました」と、イーストンが感謝の意を表してから、話はヨーロッパ市場に向けられた。そして、こぎれいにしているフランス人に話を振った。この男は、さっきの南部なまりの強いトレーダーとは大違いで、細身で仕立ての良さそうなスーツにエルメスのネクタイをしていた。

「これから五年間で、原油の供給は需要をはるかに上回り、価格はこの先も下げ続けるだろうね」と、フランスなまりの英語で説明していた。

このフランス人が話し終わると、ヘルムート・ウェイマーが私にこの原油価格についてどう思うか尋ねてきた。

「コモディティーズ社に参加して日が浅いですが、素晴らしい成績を収めているマーティー・シュワルツ氏が今日、この会場にお越しになっております。マーティー、今までのコメントについて、何か意見はないですか?」

私は、軽くせき払いをしてから、私なりのコメントを会場にいるトレーダーたちに披露した。原油をトレーディングすることはほとんどないが、それでも値動きは毎日調べていた。ここで、コメントすることで、自分をアピールできると考えただけで最高にうれしかった。

「ヘルムート、この素晴らしい夕食会に私を招待してくれて、本当にありがとう。いろいろなコメントを聞かせていただきましたが、残念ながら、何一つ、参考になるものはなかったです。ヨーロッパの原油需要と供給がこれから五年間、どうなろうと、ウエストテキサスの原油価格が向こう六カ月間にどれだけ下げようと、私にとって、どうでもよいことです。短期トレーディングを自分のスタイルとしていますので、明日の値がどうなるか気になりますが、それ以上先がどうなっても関係ないからです。いまだに、手計算で指数移動平均線やストキャスティックスなどの指標を求めているのですが、原油価格は私の計算した指数移動平均線よりも上にあり、何も悲観することはないとの結論を出しています」

この夕食会は一一時すぎまで続いて、帰宅したときにはあまりの疲れからチャートを再検証しなかった。翌日、昨夜の疲れと不十分な準備のためか、全くうまく相場を張ることができなった。

昼すぎに、ハリー・デニーが電話くれた。

「マーティー！　原油の動きを見てる？　異常な上げだよ」

私はその話を聞いて、すぐに端末に原油先物市場のページを表示させた。八八年一二月限の原油先物は、一バレル当たり一三ドル、一三・一〇、一三・一五と、ぐんぐん値を上げている様子が映し出されていた。

「すごい動きだな、ハリー。昨日、コモディティーズ社主催のディナー・パーティーでこの原油が話題に上がったとき、僕はこれから原油は上がると言った。でも、まさか、本当に上がるとは思っていなかったな」

原油のことはすっかり忘れて、S&P指数先物に集中しているところに、また翌日、ハリーから電話があった。

「マーティー！　今日の原油はすごいよ。ヤマニがOPECに命令して、採掘中止にしたのではないかと、もっぱらの噂だよ。棒上げだよ」

そう言われて、スクリーンに原油価格を出してみると、一四・三〇ドル、一四・三五ドルと、また、今日も値を上げていた。

翌日、原油が一バレル当たり一五ドルを記録したときに、ある考えが私の脳裏をよぎった。これはヤマニの仕業で、この三日間で二〇％も上げたのではなく、シュワルツの一言でここまで価格が暴騰したんだ。あの晩、ディナー・パーティーに出席していたトレーダーたちの多くは原油を売り持ちにしていた。それに、コモディティーズ一社で巨額の資金を商品先物市場で運用しているることを考えてみると、私のコメントは多くのトレーダーにとって、ある種の危険信号だったに違いない。あの会場にいたトレーダーの多くが、今ごろ慌てて買い戻しているはずだ。そう思うと笑えてきた。でも、コモディティーズを代表するポール・チューダー・ジョーンズ、ブルース・コフナー、それにマイケル・マーカスなどのトップドッグたちは、すぐに買い戻しをしたに違いない。そしてたぶん、彼らは買い持ちのポジションを作っただろう。それで、大儲けしたに違いない。トップの仲間入りした私もこの機会を利用して儲けるべきだった。

『ウォール・ストリート・ジャーナル』の読み方

ダウ・ジョーンズ社が一八八九年に『ウォール・ストリート・ジャーナル（ＷＳＪ）』紙を創刊して以来、金融業界に携わっている人間であれば、誰でもこの新聞を読む。

しかし、私自身はこのＷＳＪを熟読することはなく、あえて言えば、一通り斜め読みをする程度である。子供のころから、『ニューヨーク・タイムズ』のスポーツ欄に目を通してあらゆる試合の結果などを頭に叩きこんでから、兄のゲリーに新聞を渡した。しかし、私が二〇分以上新聞を手にしていることはなかった。特に、日曜の朝は、ゲリーが私の記憶力を試すために、いろいろな質問を浴びせてきたが、ほとんど間違えることなく答えることができた。今でも、このように新聞はさぁーと読むだけで、必要な情報を短時間で頭にインプットしている。トレーダーにとって、この技術は必要不可欠であると思う。

毎朝、ブローカーから送られて来る取引明細書を再確認してからＷＳＪに目を通す。もちろん、Ｔボンド先物市場がオープンする八時二〇分までには、ＷＳＪも読み終えている。最初に、一面の二段目に掲載されている、「ワッツ・ニュース」に目をやる。目を通している間は、手元に必ずペンとメモを用意しておく。気にかかるニュースがあれば、メモを取っておく。

すべて紙に書いておき、必要があればあとでその事項について調べるようにしている。これは、海兵隊で身につけたことだ。記録を残しておくよう、海兵隊ではいつでも隊員に指示していた。

そして、一面の一番右端に書かれているトップストーリーの目次に目をやる。高校、大学共に、校内新聞でスポーツ欄を担当していた経験からか、どうしてもトップストーリーに目が行く。そのほとんどは目次をチェックするだけで、本文を読むことは少ない。新聞をゆっくり読んでいる時間が私にはない。一面から相場のムードを嗅ぎ取ろうと、いつも試みている。

次に、セクションＣの「マネー＆インベスティング」に目を通す。ここには、必要なデータが記載されている。そして、「アブリースト・オブ・ザ・マーケット」欄で昨日起きた出来事の解説を読む。その欄には、トレーダー、ブローカー、学者など、様々な分野の人間のコメントが書かれている。ここでは、主に自分が追っている七〇銘柄に関して、何かコメントされていないか確かめるようにしている。私が注目している銘柄についてコメントされていれば、他にその銘柄についてのコメントがないか探して、それらを比較する。それから、「ハード・オン・ザ・ストリート」欄に目をやる。ここに登場する企業や企業家は、何らかの動きが期待されている。この欄に取り上げられる数日前にインサイダー・スキニーから情報を得ていれば、ここに登場した時点で、利益を確定できる。私にとってスキニーは噂の情報源で、彼の話にはとても興味深いものが多い。

スキニーの活躍ぶりをチェックしてから、「リストテッド・オプションズ・クォーテーションズ」欄をみて、プット・コール・レシオを調べる。このオプション率を数日にわたって見比べると相場の置かれている状態がつかめる。このオプション率が一〇〇％近くを二～三日続けて記録していれば、これは買いサインだ。しかし、このオプション率が五〇％を下回る日が続くと、相場にかなり楽観したムードが流れている可能性が高く、売り時期が近いと考える。もちろん、このオプション率もメモしておく。

ここで、私がかなり前から使っている先行指標を紹介する。これは、私がエドワーズ・アンド・ハンリ証券に勤めていた一九七四年に、そこでテクニカル・アナリストをしていたジョン・ブルックスから教えてもらった非常にユニークな指標である。それは、「NYFE　ハイ／ロー」という欄の「長さ」だ。ジョンは私に、「マーティー、新高値と新安値の欄が一二インチを超えたら、逆張りに出る準備をすることだ」と教えてくれた。一つ一つの欄は同じ大きさに設定されている。よって、上昇相場では新高値の欄が長くなり、逆に下落しているときには新安値の欄が長くなる。一九七四年、新安値の欄が一二インチを超えた日が数日続いた。今から思うと、あのときが買いに出る今世紀最大のチャンスだった。一九八七年一〇月の暴落前に、新高値の欄が一二インチを超える日が続いた。これは、売りで一攫千金を手に入れられることを暗示していたのだろう。このテクニックに関しては、この数十年、誰からも同じようなことを聞いたことはない。いつもよりその欄が長いようだったら、すぐに定規を当ててみることだ。

そして、債券の欄に目を通す。誰が、一体どのような金利水準を予測しているか、ざっと目を通す。これで、セクションCは終了で、私の左側の床に放り投げておく。それから、セクションAに戻って、一通り、企業ニュースと政治・経済のコメントに目をやる。このセクションAは私の右側の床に置いておく。

ごくたまにであるが、セクションBに目をやることがある。「マーケット・プレイス」で紹介される企業で興味を引くものがあるが、通常、トレーダーにとってこのセクションは必要ない。

これだけのことに一〇分間を費やしているが、このWSJにかけるこの一〇分間で、その日のマーケット状況を感じ取っている。それに、いくつかの先行指標もメモしておき、実践に役立たせているが、これ以上の時間を割く必要はない。しかし、逆にいうと、少なくても一〇分はWSJに目を通しておかなければならないのだろう。

ヘッジファンドに群がる怪しい人々とその資金

エルダーズ・フューチャーズ社から私のところに運用委託の依頼が来ていたのが、コモディティィーズのディナー・パーティーの数カ月前のことだった。資金は二〇〇〇万ドルで、運用手数料として六％と収益の二〇％を還元するという契約内容だった。手数料だけで、月に一〇万ドルも手に入る上に、二〇％のボーナスもついている。リスクは私にはなく、コモディティィーズのオファーよりも条件が優れていたので、一九八八年の第三期を終了した時点でコモディティィーズとは契約を解除した。それから、エルダーズの資金を運用したが、やはりしっくりこなかった。

コモディティィーズの資金を運用していたときにも感じたことだが、大きいポジションを持つようになると、どうしてもその保有期間が長くなる。自分のスタイルからかけ離れた保有時間は、私にとって有利に動くことは少なく、悪いポジションを引きずって、決してよい結果を生まなかった。そこで、この問題を妻に相談してみることにした。

「オードリー、やっぱり、他人の資金を運用するのは、自分には向いていないような気がする。契約条件は良くても、一日に何回もポジションの値洗いをされるようでは気が散って相場にならない。もっと、自由にやらせてもらいたいよ」

私の相談にオードリーなら、こう答えただろう。他人の資金を運用するから問題が起きるので、自己資金を運用するだけだと、誰にも文句は言われないでしょう、と。

「多くの人の資金が自分の肩にかかっているというのは、どうも好きになれないな。エルダーズには、多くの資金が海外から寄せられている。毎月、その資金が出たり入ったりする。そのたびに、自分のパフォーマンスに満足していないのではと不安になってしまう」

オードリーはこう答えるだろう。個人的な感情を持つようでは、委託されても良い成績を上げることはできないし、エゴを捨てないと失敗する、と。

「一年契約なのに、とにかく、何回も何回もチェックの電話を入れてくる。疑われるのが嫌だから、自分から彼らに電話を入れるのが日課になってしまった。誰にも遠慮せずに、自分の思った通りに相場を張りたくて独立したのだから、今の状態では、昔に逆戻りだ」

たぶん、オードリーならこう言うに決まっている。自己口座は好き勝手に取引していいわけだし、誰にも報告する必要はないのでしょう、税務署を除いてはね、と。

「でも、いつも、ファンドのことが気になるんだ。それに、トレードするたびに、これはどっちの口座用か判断しなくてはならない。他のファンド・マネジャーは、両立できても、自分には向いていない。自己口座では、いつもの短期トレードをやって、ファンドには中長期トレードをやってみたが、やはり、含み損が出ると気になってしまう」

オードリーなら、言うことは分かっている。それでは、どうしてファンドの運用なんてする気になったのか、自分で何百万ドルも儲けているのに、どうして他人のためにそこまでするのか、もうファンド運用はあきめた方がいい、と。

「でも、何億ドルというおカネを稼ぎたいんだ。それには、OPM(他人のカネ)が必要なんだ」

オードリーはこう言うに違いない。だったら、自分でファンドを設立して、自己資金も含めて、自分のルールに沿って、トレードすれば問題はないし、投資家にあなたの条件をのんでもらい、投資期間も報告回数も、あなたの思うように決めればすべては解決する、と。

いろいろ考えた末、一九八九年にエルダーズの資金運用を止めて、自分のヘッジファンドを設立することに決めた。ヘッジファンド設立に詳しいシワード・アンド・キッセル弁護士事務所のジョン・タブスに草案を書き上げてくれるよう依頼した。六月には、その草案もできあがり、設立の準備が整ったが、私自身はまだ決断できないでいた。アメリカ証券取引所でオプション・トレーダーとしてフロアに立った一九七九年から、一度も負け越した年はなかった。自己口座を一セントも減らさず、五五カ月連続で勝ち続けた実績もある。自分の自由を存分に楽しみながら自宅のオフィスから自分一人でここまでやってきた。それなのに、なぜ、今からファンドを設立し、他人のおカネを運用する必要があるのだろう？ 最終決断を下せないでいるときに、ふとコモディティーズのディナー・パーティーに来ていたビッグドッグたちのことが頭に浮かんだ。マイケル・マーカス、ブルース・コフナー、それにポール・チューダー・ジョーンズ。ジョーンズが自家用ヘリコプターでイーストショアの別荘に向かう姿をみたときから、ビッグになった自分が目指す目標は、もっとビッグになることだと思うようになった。

六月に入り、子供の学校が休みになったので、アルプスで休暇を取ることにした。初めてのアルプスだったが、二〇〇〇マイルもニューヨークから離れたこのリゾートで、ヘルムート・ウェイマーをはじめとする多くのビッグドッグたちが骨休めをする。ビッグになった今、私たち家族も、このアルプスの澄んだ山々の空気を十分に吸って、鋭気を養う必要があった。九年半、証券アナリストして働き、そしてこの九年間はトレーダーとして勝ち残ってきた自分の経歴を胸に、この場所でこれからの目標をどのように設定するか、考えたかった。

毎朝、宿泊していた寝室が三つあるマンションからスノーマスの麓へジープ・ラングラーを飛ばして、『ウォール・ストリート・ジャーナル』紙を買いに出かけた。ジープの屋根の幌を開け、外の空気を思いっきり吸いながら、アルプスにやってきたカウボーイのようにドライブした。飛行場を通りすぎたが、そこには映画スターや大企業の重役たちのセスナや自家用機があった。自分も自家用機の一機くらいは欲しかった。しかし、それを持つには、今以上の収益を上げるためにOPMが必要だ。

アルプスからニューヨークに戻って、すぐにレキシントンアベニューの七五〇番地に新築されたビルの最上階にオフィスを借りた。ここからは、セントラルパークが一望できた。もちろん、賃貸料は月一万二五〇〇ドル、年間で一五万ドルと安くなかったが、それでも構わずに三年契約を交わした。ファンド運営から得る利益から考えて、これぐらいのオフィスを持っていて当たり前だと思った。オフィスに置く家具はオードリーに選んでもらった。後期印象派を中心にキュービズムやヌーボーバロック調のものでアクセントをつけてくれた。オフィス内を飾るのに七万五〇〇〇ドル費やしたが、ビッグプレーヤーの私にとってこれぐらいの出費は当たり前だ。顧客に良い印象を与えるためにもオフィスを豪華に飾りたかった。それに、昔から豪華なオフィスでパートナーの机に足をのせている自分の姿を想像していたので、オフィスを立派に飾りつけることは、本当に楽しかった。

フレスコ・パレッタ画廊のアルとクリフから近代美術を代表する作品を数点、貸してもらった。まるで美術館の中を歩いているかのように、私のオフィスは豪華に美しく飾られた。そして、コンピューターと電話システムに三万ドル投じた。それと、アシスタントを月二万ドルの給料で二人雇った。私の下で仕事をすれば、彼らもすぐにスターになり、これぐらいの給料は当然稼いでしまうだろうと思い、前もって高めに給料を設定した。夏の終わりには準備完了し、あとは投資家から資金を集めるだけだった。

私は二種類のファンドを立ち上げた。国内とオフショアに分け、二倍の投資資金をかき集め、二倍の収益を上げるのが目的だった。

まだ、私がビジネス・スクールに在学中だった六〇年代にもヘッジファンドはすでに存在していたが、その形態はパートナーシップを基盤にしていた。九九人までのパートナーを持つことができ、投資資金は最低五〇万ドルが基本とされていた。このパートナーの多くは最低でも一〇〇万ドルの資産を持つ富裕層で占められていた。投資先は、そのほとんどがアメリカの株式市場だった。

しかし、八〇年代に入り、ヘッジファンドもその姿を大きく変えた。これは、プロバスケットボールでいえば、ジョン・ウッデンとマイケル・ジョーダンを比較しているようなものである。ジョージ・ソロス、ジュリアン・ロバートソン、それにマイケル・スタインハルトのようなマネジャーが運用する額は、何千億ドルという単位になり、アメリカの株式市場だけでなく、その運用先はより大きなグローバル・マーケットに向かい、より大きく張って、相当のレバレッジも利かすようになっている。また、証券取引委員会の目が届かないオフショアにそのファンドは設立されているケースが多く、世界の通貨はもちろん、金利商品も売買している。例えば、円ドル、米国債と独国債とか、である。

これらのビッグ・プレーヤーを相手にファンド運営をする以上、私が投資家に出した条件は、

ヘッジファンドに群がる怪しい人々とその資金

最低一〇〇万ドルの投資資金とその投資期間は最低一年間とした。ファンドは、サブリナ・ドメスティックとオフショア・ファンドの二本を組んだ。このルールに従ってくれる投資家だけを相手にして、自分の自由を維持する計画だった。

チャンピオン・トレーダーの名にふさわしい四%の手数料と収益の二〇%を報酬として投資家から徴収することにした。ファンドを売る上で、私のトレーディング・スタイルを投資家に理解してもらうために、パンフレットには私の投資方法や哲学を載せた。特に、株、オプション、そして先物の三商品、すべてで高利益を上げていることを説明した。一回の取引では、確かに他のファンド・マネジャーに比べ低い利益しか得られないかもしれないが、一年間を通して見ると、他のファンドより高い利回りを上げていることを強調した。また、『バロンズ』誌に掲載されたリシオの記事やジャック・シュワッガーの『マーケットの魔術師』（パンローリング刊）で私のインタビューが取り上げられているページのコピーを送ったりした。

サブリナ・ドメスティック・ファンドの資金集めは、私自身の手でできる限りの宣伝をした。まず、五×八のインデックスカードに知人の中から一〇〇万ドル以上の資金を投資に回せる人の名前と電話番号をリストアップした。このインデックスカードは、本当に便利である。大学時代に、卒業論文を書くのに使って以来、何かとこのカードを利用している。今回はケインズやアダム・スミスの文献からのメモをこのカードに取るのではなく、おカネを持っている知人のリスト作成に使った。このリストに挙げた知り合いにパンフレットを送り、また、電話をしてファンドに投資してくれるよう頼んでみた。それだけではなく、彼らを酒や食事に誘い、その場でファンドの説明をした。数回にわたってパンフレットや私のインタビューが載った雑誌を彼らに送った。彼らの支援するチャリティーに寄付もした。また、新築されたばかりのレキシントンアベニューの七五〇番地のオフィスに寄ってもらうように誘ってみた。立ち寄ってくれた投資家には、オフィスから一望できるセントラルパークや、オードリーがそろえてくれた豪華な家具やフレスコ・パレッタ画廊から借りた絵画を見てもらった。どうにか一〇月までに二二〇〇万ドルの資金を集めることができ、そのうちの五〇〇万ドルは私個人の資金であった。

しかし、オフショア・ファンドの資金を集めるためには、私だけでは限界があった。海外の投資家にも声をかける必要があり、それは海外のブローカーに頼らざるを得なかったが、彼らの請求してくる手数料の高さに驚かされた。数回、ヨーロッパにも足を運んでみたが、やはりブローカーの紹介がないと投資家を実際に探すのは難しかった。そこで、試しに証券会社に当たってみた。最初に、ディーン・ウィッター社のブローカーから電話をもらったが、彼の要求は二五％の手数料と話にならないほど高額だった。そこで、顧客を紹介してくれたら、コミッションを支払うという条件を提示した。

キダー・ピボーティー証券のブローカーをしている二人が私の申し出に答えてくれた。ポール・サンダースとケビン・ブラントで、プライベートバンカーをしていた二人が紹介してくれたのは彼らの同僚でラケッシュ・バルガバという名のインド人だった。彼は、インドとパキスタンにかなり強いパイプを持っていると主張した。インドとパキスタンとの間では争いが絶えないが、カネ儲けに関しては最高のコンビを組んでいるようだった。ポールとケビンがラケッシュにアポイントを入れて、一〇月にロンドンで彼に会うことになった。

学生のときにロンドンを訪れて以来、この町が好きになった。もちろん、今回もロンドンでミーティングを持つことになり、この出張を楽しみにしていた。一九六七年の夏、この町に初めて遊びにきた。当時、ロンドン経済学院で経済修士を取ることも考えた。部屋を借りたオールド・クロムウェル・ロードからナイトブリッジ駅まで出かけて、そこから地下鉄に乗ったことを思い出した。賭け屋の横をよく歩きながら、いつか大量の資金を持って、ここでたっぷりギャンブルをしたいと思った。また、エプソムの競馬場にも行った。ロンドンでは、楽しい思い出がいっぱいあり、また、訪れるチャンスが来ることをずっと願っていた。車がアメリカとは逆の左側通行だが、それでもこの町が気に入っていた。二階建てバスの乗って、ハロッズに行ったときに、いつかここで思う存分、ショッピングをしてみたいと思った。リッツ、コンノート、それに、バークリー・ホテルが立ち並び、英国を代表する最高のホテル、クラリッジズもロンドンにはある。いつか、このホテルに泊まってみたいと夢見たものだ。チャーターしたロールスロイスから私が降りると、そこには真鍮の輝いたボタンがつけられた真っ赤なコートをまとって、黒い帽子をかぶり、真っ白な手袋をはめたドアマンが待っている。あのころ、そんな夢をみていた。今回は、この夢を実現すべく、アルとクリフに電話を入れてみた。画廊を営んでいる彼らは一流ホテルとつき合いがある。そこで、彼らに頼んでクラリッジズに部屋を用意してもらった。

一〇月一三日、金曜日の朝、私はポジションをすべて整理して、手配した車が来るのを待っていた。その間、スクリーンを眺めていたが、そこには底が抜けたように下落する相場が映し出されていた。市場では、ユナイテッド航空社を一株当たり三〇〇ドルというとてつもない金額を支払って、買収をするという話が伝えられていたが、ここにきて資金繰りに行き詰まり、この話がご破算になったというニュースが流れていた。また、ジャンク・ボンドで名をはせたドレクセル・バーナムの破綻など、八〇年代に積み上げてきた借金の返済を迫る波が押し寄せてきていた。このユナイテッド航空のニュースを耳にしたとき、一〇年に数回しかないビッグチャンスだと直感した。出張前だったが、ポジションは整理され、いつでも相場に復帰できる状態になっている今、この機会を逃すわけにはいかなかった。ポールとケビンに電話を入れ、ミーティングをキャンセルするよう伝えた。

この急な私の依頼に彼らは快く応じてくれた。冠婚葬祭や病気でアポイトメントを土壇場でキャンセルすることは許しがたいが、トレーダーにとって儲けるチャンスを逃がしてまで出席する必要があるミーティングなどない。彼らはすぐにロンドンにいるラケッシュに連絡を入れて、ミーティングを一週間延ばしてほしいと頼み込んだ。ラケッシュもトレーダーを十分理解しているのだろうか、全く気分を害するようなことはなかった。それどころか、チャンピオン・トレーダーの私が出張をキャンセルすることで、私がどれだけ相場に精通しているか、彼らに理解させるのには絶好の機会となった。

スクリーンから一分たりとも目を離さないで相場の動きを追ったが、午後になってダウが一九〇ポイント下げたところで、市場には八七年の暴落再来説が飛び交い始めた。あの八七年に経験した暴落から投資家が資金を債券市場に移すことは明白だった。三時に債券先物市場は取引を終了するが、その終了二分前に買いに出た。株式市場は午後四時まで取引をしていたが、下げに歯止めがかかる様子はなかったが、Tボンド先物は高止まりしていた。そして、場外取引が四時一五分に始まってすぐに、そのポジションを売って、七万ドル稼いだ。しかし、この相場はあの暴落のときとは違うと感じていたので、買いのチャンスが訪れると確信していた。あのころと違い、金利水準は低く、個別銘柄のＰＥＲ（株価収益率）も低かった。

マーケットが取引を終了した直後に『バロンズ』誌のジョン・リシオから電話をもらった。彼は以前から私のコメントを『バロンズ』誌で取り上げていた。私は彼に、買い出動する用意があることを伝えた。一六日月曜日の『バロンズ』誌には、次のような記事が掲載された。

金曜日の取引終了後に、プロフェッショナルであり、生きる伝説トレーダーのマーティー・シュワルツ氏に今回の下落について尋ねたところ、彼は一九〇ポイント下げる理由が市場には存在しないと語った。「以前から、市場が買われ過ぎていると思わせる節はあった。過去のデータから、一年で三〇％以上の上昇をしたときは、買いの終焉が訪れ、一度、大きく売られる傾向がある」と、シュワルツ氏自身はこの下げが始まる一日前に買い持ちをすべて整理していたという。

しかし、今回の下げについて、トレーダーの中で最も正直で裕福なシュワルツ氏の見解は、「それほど、悲観的になる必要はないと思う。今回は、金利水準もＰＥＲも低い。先物市場がかなり売り込まれて終わっているが、月曜日は、それほど下げないだろう。寄り付きで六〇～七〇ポイントも下げて始まるようなことはないと思う。チャートを再度、検証してみないとハッキリとしたことは言えないが、私は買いに回る用意をする」

私にとってジョン・リシオは宣伝担当者的な存在だが、名が知れわたった今、予測を外すことは許されなくなった。今回は、幸運にも私の予測通り、相場は反転した。月曜日は、朝からフィリップ・モリスやファニーメイ、それにフレディーマックの株を買いあさった。これらの株は、金曜の下げの中でも下落率は非常に低く、底値がしっかりしていた銘柄ばかりだ。いったん買いに相場が転じてしまえば、これらの銘柄がかなりの上昇を見せるのは間違いなかった。

八七年の暴落から、月曜日には安く寄り付くことは分かっていたが、一度、買い戻しが入れば、一気に買いの力が増すのは、今までの経験から容易に想像できた。結局、月曜日は八八ポイントの上昇を記録した。この買い持ちは火曜日の正午まで持ち続けたが、それからＳ＆Ｐ指数先物を売りに出た。一般大衆が買いに回った以上、プロは売りに回るべきだった。この売りでも多額の収益を得ることができた。水曜日に買い戻したときには、全部で五〇万ドルの利益を上げた。一週間、出張を延期した報酬としては、悪くない稼ぎだった。

飛行場に向かうため部屋を出ようとした瞬間に、またジョン・リシオから電話が入った。彼は、

ヘッジファンドに群がる怪しい人々とその資金

私がどれぐらい利益を上げたか知りたかったようだ。そこで私は、彼に「三戦三勝だったよ」と教えた。また、Tボンド、株、それにS&P指数先物、すべてでたっぷりと稼いだよ。出張でヨーロッパに出かけるのでポジションは整理したと彼に言って、マンションを後にした。ロンドン行きのコンコルドの客席に腰を下ろしてくつろぎながら、どうやって、オフショア・ファンドの資金を集めるか考えてみた。

クラリッジズ・ホテルで開いた朝食のミーティングは大成功に終わった。参加者は、ラケッシュ・バルガバ、ポール・サンダーズ、ケビン・ブラントをはじめ、ハイデラバードやラウルピンジー、ファイサラバードで父親が市長をし、自身は不動産開発を営んでいるシェイク、いまだにその素性がハッキリしないラッグマン、中東系銀行のロンドン支店長を務めるオマール・カヤーン、そしてイギリスの企業で取締役を務めていたスターリング・シックスペンスという顔ぶれだった。彼らがどのようにしてビジネスを営んでいるのか、私には分からない。しかし、カネ儲けに関しては、共通の興味を持っていることだけは事実だった。

この中でもシックスペンスとは、すぐに打ち解けた。たぶん彼も私と同じく、成り上がり者だったのだろう。他の参加者は相続した資産を運用していたが、彼だけは違った。それに彼はプロサッカーチームを所有をしていた。一九六七年の夏に、このロンドンを訪れたときに、サッカーの試合を観戦したことがある。当時は、一番安いスタンド席でフィッシュ・アンド・チップスを片手に試合を見た思い出があるが、二二年の歳月が過ぎ、今ではプロチームのオーナーと一緒に卵料理とスモーク・サーモンの食事をしているのが不思議だった。

ラケッシュがその日の出席者を私に紹介した後で、ポール・サンダーズがミーティングを進行させた。

「『マーケットの魔術師』という本をお読みになっていれば、マーティン・シュワルツ氏がどのような人物だかお分かりいただいているでしょうが、もしこの本を読んでいないのでしたら、この『バロンズ』誌のコピーをお読みください」と言って、ポールは用意してあったコピーを参加者に手渡した。

一〇月二三日付の『バロンズ』誌には、「これから上昇か、それとも、下落か?」というタイトルがつけられた記事に私のインタビューも載っていた。私のほかに四人のプロ・トレーダーがインタビューに答えていた。その中に、ポール・チューダー・ジョーンズの名もあった。彼の名前は一番上に書かれてあり、私の名前は一番下に載せられていた。出席者がそのコピーを読み始めた。私の顔写真はサブタイトルのすぐ横に載せられていた。「一三日の金曜日にこの五人のスーパートレーダーたちはどのように立ち向かったのか?」という題がつけられていたこの記事には、ヨーロッパに出向いて投資家たちと会う約束があるので、どうしてもトレーディングを一時休止しなくてはならならないので、この一週間で五〇万ドルの利益を確定したが、ここまま取引を続けていれば多額の利益を上げることもできただろうと、書かれていた。インタビューの最後は、こう結ばれていた。

「ヨーロッパに出かける前に、マーケットという彼女が私にお別れのキスしてくれた。今は、そのキスだけで十分だ。僕は、また、彼女の元に戻ってくるから」

参加者がコピーを読み終わったころ、ポールが改めて私を投資家たちに紹介してくれた。彼の紹介を受け、私は自己紹介を軽く済ませ、投資家たちにファンドの目的、私の相場論などを説明した。自分という最も気に入っている商品を投資家の前で売り込むことには、全く抵抗はなかった。「ウォール街のチャンピオン」「チャンピオン・トレーダー」という名の商品を売りつけるのは、それほど、難しいことではなかった。それより、カジノの帝王、ドナルド・トランプになったつもりで自己主張できた。トランプは、その自信に満ちた態度と発言で周囲の人間を圧倒させてしまう。彼が信じるものは彼自身で、それ以外に信じられるものなどないように。

私もトランプのように、今回、設立したヘッジファンドの構想やターゲットについて積極的にアピールした。今までになかった高リターンを上げ、投資金額は世界一大きくしたいとまで言った。これだけ大きなことを投資家の前で発言しても、『バロンズ』誌などのおかげで有名になった私の言うことに、誰もが真剣に耳を傾けた。カネ儲けという共通の目標の下に集まった彼らが必要としているのは、金のたまごであるマーティン・シュワルツなのだ。シェイク、ラッグマン、カヤーン、それにシックスペンスの表情から私に対する期待が大きいことはすぐに読み取れた。

ミーティングが終わり、席を立ったとき、ラケッシュが私のところに近寄って、「マーティー、今晩の予定は?」と聞いてきた。ポールとケビンは、すぐにヨーロッパ大陸に向けて旅立つ予定だったが、私にはこれといって来週まで予定がなく、昔、訪れた場所でも寄ってみるつもりだった。ラケッシュは、「オマーン・カヤーンの娘がシェイクの息子と結婚するんだ」と言って、「花婿の父親が結婚式の前にパーティーを開いて知人や家族のメンバーを招待するのがしきたりになっている」と説明してくれた。「シェイクが君をそのパーティーに招待したい、と言っているんだが、君の都合はどうかな?」

「もちろん、喜んで参加させていただきます」と、私はラケッシュに言った。習慣の違いを直接、目にできるだけでなく、いろいろな人に会う絶好のチャンスだと思った。中には、アルプスによく休暇に来る相当なカネ持ちも招待されていると言う。カヤーンの息子、カムランが七時に私を迎えにホテルに来ることになった。

シェイクの自宅は、ロンドンから二〇マイルほど離れたところにあり、広大な草原に囲まれていた。まるで、お伽話に出てきそうな風景だった。カムランは、彼の父親が経営する銀行で支店長をしていると教えてくれた。カムランは、スターリング・シックスペンスが運転してきた黄色のベントレーの後に駐車した。駐車場には、少なくても数十万ドルはする車が、ところ狭しと並べられていた。シェイクは入り口に立ち、来客一人ひとりに挨拶をしていた。彼は、私の到着を心待ちにしていたと言って、家族や彼の友人を紹介してくれた。

「マーティー、彼は私の兄弟で、ブリッジの世界チャンピオンなんだ。マーティー、この方はチーフといって、ナイジェリアの石油王だ」

チーフの肌は、石炭のように黒光りしており、顔には部族のマークがしるされていた。

シェイクは家の中を案内してくれた。この屋敷は三五〇年以上前に、チャールズ一世によって建てられ、ここに多くの愛人たちを囲っていたという。皮肉なことに、私の出身地ニューヘブンにある大きな三つの通りは、チャールズ二世に死刑の宣告を下した三人の裁判官の名前がつけられている。彼らは一七世紀に新天地を求めてアメリカに渡った、ディックスウェル、ウォーリー、それとゴッフである。彼ら三人も、もしかすると、この屋敷に来たことがあったかもしれない。

ダイニングルームに案内されて、そこに置かれてあるマホガニーのテーブルの大きさには驚かされた。ジョージ三世の姿が彫られた一二脚の銀の椅子がそのテーブルを囲んでいた。

「マーティー、椅子の座り心地を確めてみてくれよ」と、シェイクに言われ、私がその椅子を引こうとしたが、あまりの重さでびくともしなかった。

「純銀製で、重さが八〇ポンドはある」と、シェイクが教えてくれた。

居間に通されて、そこにいた女性をシェイクに紹介された。

「マーティー、この方は私の友人で、ベナジール・ブットさんです。マーティー、この美しい彼女の手を取ってください」と、シェイクが言うように、私はこの女性の手を取って、その手に軽くキスをした。全く今までに会ったことのないタイプの女性だった。くすんだ灰色のテントのようなドレスに身をまとい、エスニックな面立ちには化粧がされていなかった。黒いスカーフの下からストレートに伸びた黒髪が垂れ、金と銀を散りばめたガウンをまとっていた。また、肩からは金のチェーンが取りつけられたシャネルの黒のハンドバッグが下げられ、またシャネルのネックレス、シャネルの靴、それにシャネルの香水をつけていた。これだけ、ブランドものや宝石に身を包まれた女性は、ベナジール・ブット以外には存在しないだろう。

「マーティーのことが、先週『バロンズ』誌の一面に取り上げられたばかりだ」と、誇らしげにシェイクが彼女に説明すると、ベナジール・ブットが軽く頭を下げた。これだけの有名人が集まっている中で、特別に私のことを招待客に紹介してくれた。ニューヘブン出身の私にとって、有名人扱いされたことが信じられなかった。私も、ついに、有名人の仲間入りしたのだと実感した。

二つの大きなテントが張られている庭に下りていってみた。そこには、カクテルが用意されているテントと食事が置かれているテントとに分かれていた。メニューは、キャビア、フォアグラのパテ、生カキ、車エビ、子豚のロースト、ラム、カバブ、チーズなどで、その豊かさは一〇〇種類は超えていた。そのテントを囲んで、ジャグラー、ベリーダンス、剣飲み、火吹きなどのエンターテインメントが次々と繰り広げられた。これほど豪勢なホームパーティーに招待されたのは初めてだった。

クラリッジズ・ホテルに戻ったとき、時計は夜中の二時を指していた。それでも、興奮のあまり、私は一睡もできなかった。自分の夢が今、現実となる。これまで、オフショア・ファンドの資金集めに不安を抱いていた自分が嘘のようだった。スタートレーダーの座をつかんだ私に、周囲の目は非常に好意的で、多くの人々が私と名刺を交換したがっていた。『バロンズ』誌のカバーボーイで、誰もが注目をするトレーダー、マーティン・シュワルツに投資家の関心が集まった。どんな障害ももうこのサブリナ・オフショア・ファンドにはなかった。彼らはよく知っていた、私が今ある彼らの資産をもっと増やしてくれるだろうということを。

ロンドンを後にして、ジュネーブ、チューリッヒ、パリとヨーロッパ各地を回ったが、どこでもかなりの注目を集めた。『バロンズ』誌が認めるトップトレーダー、マーティン・シュワルツをどの投資家も強い関心を持って接してきてくれた。このヨーロッパへの出張は大成功のうちに幕を閉じた。コンコルドから降りて、ジョン・F・ケネディ空港を後にした。その帰りのタクシーの中で、新しいオフィスに早く戻って、数え切れないほど交換した名刺の整理をしたいと思った。

この出張から戻って数週間後に、いろいろなところから投資資金が送られて来た。しかし、送金者の名前は、一切明らかにされることなく、ただ番号だけが書かれてあった。これほど集めた名刺の持ち主と送金者とをマッチさせることは不可能だった。送金元は、バミューダー、ガーンジー、マン島、バハマ、ケイマン島などのタックスヘイブンにある銀行からだった。毎日、五〇万ドル、一〇〇万ドル、二〇〇万ドルと送金されてきた。こちらから確認の連絡を入れて送金者の身元を確めようとしても、銀行からは誰がその指示を出しているのか知らないと言われた。彼らも番号だけで氏名は一切知らないと言う。そうして、バミューダー、ガーンジー、マン島、バハマ、ケイマン島などから送られて来た資金の合計は二〇〇〇万ドルに達していた。サブリナ・オフショア・ファンドは、その投資家の名前が公表されることがなく、番号だけで投資家の管理をしていた。私の顧客がノリエガ、カダフィ、イディ・アミンやもっと悪い誰かでは絶対にないように願いたい。私が知ることが許されたのは合計投資金額だけである。私の使命は、預かった資金を運用して儲けを上げることで、そうすれば、すべてがうまく運び、このサブリナ・ファンドにかかわったみんなが喜ぶことになる。

「俺のカネはどうなった？　今月のリターンは？」

目覚まし時計を午後七時にセットして、ベッドに横になった。一九九〇年一〇月二九日午後六時三〇分、たった今、レキシントンアベニューの七五〇番地にあるオフィスから戻ってきたところだった。顧客とルテスで一緒に夕食をすることになっていたので、その前にちょっとだけ仮眠を取ることにした。ニューヨークで最も名高いレストランで顧客と会食するのは、彼らがこのまま私のファンドに投資する気があるかどうか確認するのが目的だった。投資家には、事前にこの一一月中にさらに一年間、サブリナ・パートナーズとサブリナ・オフショア・ファンドに投資するか決断してもらうよう伝えておいた。だから、この一〇月はトレーディングの他に、顧客に会ったりしなければならず、スケジュールは今までになく過密だった。顧客には、この一年間、私が上げたリターンの高さを強調したが、実はこの時点で投資家の一人でも投資資金を引き下げてしまうと、他の投資家も連鎖反応で手を引いてしまうことがあるので、とにかく、投資の続行を願い出ていた。

この一年間で、年率一八％のリターンを上げたが、投資家たちの望みはもっと高かった。また、顧客と会って話してみると、私の手数料が高すぎるという声をよく耳にした。私は、ジャック・シュワッガーが書いた『マーケットの魔術師』に紹介されたトップスターの仲間入りをしていたので、私が投資家に要求した手数料もそれなりに高いものになっていた。ポール・チューダー・ジョーンズ、ブルース・コフナー、それにルイス・ベーコンなどが要求する手数料を投資家に課していたのだ。しかし、ここで問題になったのは、彼らの運用しているファンドは、すべて先物市場に投資される先物ファンドであったが、私は先物だけではなく現物株にも資金を当てていたことだった。

サブリナ・パートナーズとサブリナ・オフショア・ファンドは、その投資資本の二五％を先物市場で運用し、残り七五％を株式市場に回していた。つまり、株を中心に設定した株式ファンドだったのである。多くの株式ファンド・マネジャーは、「1アンド20」の手数料を請求していた。この意味するものは、投資資金の一％を資金運用手数料として徴収し、利益の二〇％をボーナスとする契約である。先物ファンドを運用しているトップトレーダーたちだけは「4アンド20」の手数料を徴収できた。例を挙げて、この手数料について説明しておこう。年率一八％のリターン

うになる。投資家の多くは、この手数料の高さに不満を持ち始めていた。

「俺のカネはどうなった？　今月のリターンは？」

を上げた場合、収益の一八％の中から四％を手数料として引き、そして残りの一四％のうちの二〇％である二・八％をボーナスとしてもらっているので、合計六・八％を投資家から徴収するようになる。投資家の多くは、この手数料の高さに不満を持ち始めていた。

第二の問題は、相場の動きにあった。トレンドが不明確で、乱高下するものの一方向に進まない年だった。ファンド運用をスタートした一九八九年一一月には、相場にはっきりとしたトレンドが確認できず、私が注目している指数移動平均線を超えたり、下回ったりと変動が激しかった。そこで、M&Aに注目して、市場で買収などの噂になった企業の株を保有する作戦に出た。これで、リターン向上の助けになれば、と考えた。そこで、リン・ブロードキャスティングとジョージアゴルフの株を大量に購入した。結果は、M&Aの資金繰りに対する悲観的な観測などが取り上げられて、思惑通りにはいかなかった。先物市場に投資する関係上、規則によって、毎月一回は、投資家にファンドのパフォーマンス・レポートの提出を義務づけられていた。このレポート作成に、短期的ではあったが、プレッシャーを感じるようになっていた。それと、このM&Aを見込んでの株投資がトレンドが明確でないときには有効と思ったが、残念ながら失敗に終わった。ファンドを運用開始して五週間で、二四〇万ドルの損失を出してしまった。四〇〇〇万ドルの運用資金の六％を、この短期間で失ったのだ。

これほど大きな損害を被ったことがなく、自信まで失いかけた。それから、ポジション・サイズを小さく抑え、投資資本の保護に重点を置き、できるだけ利食いを早くして損失を取り返した。

三月末までに、七・六％の利回りを上げている一方、ベンチマークというべきニューヨーク総合指数平均は四・二％下げていた。この三カ月では、市場よりも一一・八％高いリターンを上げていたが、投資家にとって私が高いパフォーマンスを示すのは当たり前のことで、それよりも高い期待を寄せていた。これが、第三番目の問題となって私にのしかかってきた。

ファンドを設定する時点で最も私が悩んだことは、自己資金の一〇〇〇万ドルを運用するように、顧客の資金四〇〇〇万ドルを有効に運用できるかどうかであった。以前、大きな資金を運用したときに、トレーディング・スタイルの変更を余儀なくされた。今までとは違い、ポジション保有期間を長めに取ったが、一九九〇年の最初の三カ月では良い結果を得ていたので、再度、投資資金を集めることにした。四月一日に増資を決め、もう三〇〇〇万ドルを集めて、合計投資運用資金額は七〇〇〇万ドルに伸ばした。

七〇〇〇万ドルの資金運用となると、通常、分散投資で数人のトレーダーを雇って、実務を彼らに任せ、責任者が総合指揮を取るようにする。しかし、そのようなスタイルは好きではない。どうしてもすべてのリスクを自分で管理したかったのだ。当初、採用した二人のアシスタントも追い払って、すべて自分の手で管理していた。保守的に相場を張って、四月には一・五％のリターンを上げたが、その後の五月、六月と相場の波に乗り遅れてしまった。このころから、プレッシャーが自分の中でどんどん大きくなっていった。ナーバスな投資家たちがひっきりなしに、電話でファンドのリターンを確認し始めた。

ほとんどの投資家が私から聞きたい言葉は、「今月は最高です」だろうが、この六月に私が彼らに言えたのは、コンスタントに収益を上げていきたい、という私の希望だけだった。月間報告書には次のようなレターをつけて各投資家に配布した。

このファンドに多くの資金を投じている私として、巨額のリスクを取ってホームランを狙うよりも、毎月コンスタントに収益を上げていく投資スタイルに満足しています。今までの私の投資実績は、そうした利益の積み上げで作られてきたのです。

私の主張が投資家の心をとらえることはなかった。多くの人が電話、ファックス、それに書面で、他のファンドの成績と私の運用成績を比べ、その批判が記されてあった。その中でも海外投資家のエージェントたちは、最低だった。一日、数回、私のオフィスに電話を入れては、どのような運用をしているか確めてきた。全く彼らの行動や言動は信じられないものばかりだった。投資期間を一年と設定している以上、日々のリターンがいかに変化しようとも問題ではないことを理解できていなかった。私が真のチャンピオン・トレーダーだということを忘れているかのようだった。または、過去一〇年間、いろいろな市場でいつも二桁のリターンを上げてきたことを知らないかのようだった。全く、彼らはしつこくまとわりつくハエのような存在だった。

七月の月間報告書には、リチャード・ラッセル氏の『ダウ・セオリー・レター』から一部を引

「俺のカネはどうなった？　今月のリターンは？」

用して、投資家に長期投資の有効性を説明した。徐々に、それもコンスタントに収益を上げていく戦略がどれだけ優れているかを解説したこのレターの最後に、私は次のような文をつけて、このレターを締めくくった。

このファンド設立にあたって、私の月間パフォーマンスに波があることから、投資期間は最低一年とすることにしました。そして、私の運用成績も一年単位で評価されるべきだと思っています。一年の終わりに、投資資金を増やすのか、それとも引き出すのか決めていただきたいと思っています。そのときに、私の運用成績を他のファンド・マネジャーと存分に比べて批判をしていただくのは結構です。

このレターで私が投資家に告げなかったことは、私は今まで以上に保守的な運用スタイルを取る計画を持っていたことだ。

この夏、オードリーはパークアベニューのマンションを改装することを決めていた。子供たちが夏休みに入ると、すぐにハンプトンのビーチハウスに移った。そこで、ヘッジファンドを運用しているファンド・マネジャーと一緒にテニスをすることになった。ある日、彼が、「モッティー、アップジョンについて何か聞いているか？」と私に尋ねてきた。

「例のアップジョンだろう？　何か、君も聞いているのか」と、私はいかにも何か知っているかのように答えた。

「スイスの企業がアップジョンを買収することは、ほぼ確実だ。もう、買いを仕込んだよ」

この話の後にすぐ、インサイダー・スキニーに電話を入れてみた。このミシガンに本部を置く製薬会社を誰かが狙っているのであれば、スキニーの耳にもその噂が入っているはずだ。

「モッティー、電話しようと思っていたところなんだ」と、スキニーはささやいた。

「スイス筋の情報では、この買収は、すでに決まっている話で、ヨーロッパの連中が買いに回っている。昔ながらの乗っ取りを演じているようだ」

スキニーの情報源には、いつも感心させられる。長期に保有できる銘柄に、このアップジョンはピッタリだった。それで、アップジョンを仕込んでいくことに決めた。昔から、電気製品に目がない私にとって、携帯電話は、必ず手に入れなくてはならない新商品だった。まるで、車のバッテリーに似た巨大な携帯電話を車に取り付け、オードリーがテニスをしているのを見ながら、ブローカーに電話を入れて、アップジョンを買いあさった。

「一万株買ってくれ！　アップジョンをもう一万株、買いたい！」と連日、このバッテリーのような箱型携帯電話に向かって大声を上げていた。七月中は、アップジョンもかなりの上げをみせ、私もとにかく買い持ちを膨らませていった。金曜の午後、子供たちをビーチに連れて行き、砂遊びをしている様子を眺めながら、バッテリー型携帯電話に向かって、買いの注文を次から次へと入れていった。「引けで三万株、買ってくれ！」。徐々にその買い持ちも増えていき、かなり

「俺のカネはどうなった？　今月のリターンは？」

深みにはまっていった。その額は、四〇〇〇万ドルに上り、半分以上の投資資金をアップジョンだけに投じていた。

その年の八月二日、サダム・フセインがクウェートに侵攻した。株式市場は一直線に下落し、原油先物は暴騰した。アップジョンもこの動きに合わせて、一〇%ほどその価値を下げてしまった。私はすかさずS&P指数先物を空売りして、アップジョンの買い持ちにヘッジをかけたが、翌週まで「あること」に気がつかなかった。それは、ベータという、アップジョンの株価とS&P指数先物との相関関係を表す数値である。このベータが一対二の比率を示していたにもかかわらず、一対一のヘッジしかしなかったのだ。四〇〇〇万ドルの買い持ちポジションであるから、S&P指数先物は八〇〇〇万ドル分の空売りをしてはじめてヘッジが完了になるが、S&P指数を四〇〇〇万ドル分の売り持ちしか建てていなかった。

月曜日の朝、S&P指数先物は窓を空けて大きく下で寄り付いた。四〇〇枚のS&P指数先物を売り建てておいたので、市場がオープンしてほんの五分間で一八〇万ドルを儲けた。しかし、その一方、アップジョンは一ドル八分の七下げてしまった。その日は、結局、収益に変化はなかった。しかし、他の先物商品ファンド・マネジャーたちは、サダム・フセインに感謝すべく、原油をはじめ、商品先物市場の高騰でかなりの収益を上げていた。ポール・チューダー・ジョーンズ、ブルース・コフナー、それに、ルイス・ベーコンなど、先物市場で資金を運用しているトッププレーヤーたちは笑いが止まらなかったに違いない。『マーケットの魔術師』で私の名前が紹介され、私が先物市場で稼ぐトレーダーというイメージができあがっていたが、私が先物市場でトレードするのはS&P指数先物だけで、商品先物には手を出していなかった。しかし、このS&P指数先物市場はフセインの侵略がきっかけで暴落していた。全く、運がなかった。トップドッグたちがインフレ懸念を基に、商品先物を買い持ちにして大儲けしているのに、私はアップジョンの下落にヘッジをかけるために、S&P指数先物を売るのが精一杯だったのだ。

九月の中ごろ、第一回目の投資家とのミーティングを開いた。私は、サブリナ・パートナーズとサブリナ・オフショア・ファンドの他に、アンティル諸島に本拠地を置くハウスマン・オーバーシーズというヘッジファンドの依頼を受けて、そのファンドの五〇〇万ドルを運用していた。ハウスマンは個人に投資資金を預けることを非常に嫌い、ネオバーガー・アンド・バーマンを通じて彼らも自己資金を運用したいという要望だった。投資金額が五〇〇万ドルだったので、私はこの依頼を受けた。

メイフェアー・リージェント・ホテルに部屋を取って、ハウスマン・オーバーシーズの一二人の重役は、ファンド・マネジャー一人ひとりを呼び出して、そのリターンについて話し合った。私のマンションは、そのホテルからすぐ近くで、徒歩で行ける距離だった。六五丁目とパークアベニューの角に位置しているこのホテルまで私は歩いて出かけた。軽くせき払いをして、彼らの待つ部屋のドアを開けて、その中に入った。

「アップジョンへの投資では八%の損失を出しましたが、年間ではトータルで一二%のリターー

「俺のカネはどうなった？　今月のリターンは？」

ンを上げました。これといった機会に巡り合いませんでしたが、チャンスの到来を待っていただければ、年率三〇～四〇％のリターンを上げることを約束します」

ハウスマンの役員たちはアップジョンの話など興味がなく、私の運用成績とポール・チューダー・ジョーンズ、ブルース・コフナー、ルイス・ベーコンなどのトップトレーダーたちと比べて、私のリターンの低さに不満を漏らしていた。私の見解では、彼らの運用している資金はすべて先物市場に投じられているが、私は資金の多くを現物市場の証券市場に投資し、残りを先物に回し、それらを組み合わせた投資信託であった。

「それらの先物商品ファンドと私のファンドとでは大きな違いがあります。私は、最大のポイントを資本保護に置いて、二五％の運用資金を先物市場に回すと決め、この件に関しては、以前、説明した通りです。一〇〇％の投資資金を先物市場で運用して、一五倍のレバレッジをうまく利用すれば、確かに一〇〇％のリターンを上げることは可能です。しかし、それとは裏腹に、すべてを失い、刑務所行きになったかもしれません」

しかし、私の説明には聞く耳を持たない役員たちは、先物商品ファンドと私のファンドを比較して、その低いリターンに文句をつけてきた。すべては私が要求する手数料が先物商品ファンドと同じだから、問題が起きたようだ。このような投資家たちとのやり取りが一〇月いっぱい続いた。市場が閉まって、私はソファに横になって、海外の投資家たちがオフィスに訪れるのを待った。投資家をオフィスに招き、オードリーが選択してくれたカララの大理石のテーブルを囲んだ

「俺のカネはどうなった？　今月のリターンは？」

アメリオ・アンガス氏デザインの皮の椅子に座ってもらった。そして、ミーティングはいつも通り、ジョーンズ、コフナー、それにベーコンがどれだけ素晴らしい業績を上げているかについて彼らから聞かされ、私の見解は受け入れられないというフラストレーションのたまるものだった。テーブルの目覚まし時計が七時を知らせた。顔を水でさっと洗い、アルマーニのスーツを着て、バリーのワニ皮の靴を履く。首にはミッソーニのネクタイを締める。準備ができたところで、投資家たちが待つルテスに向かった。

オードリーがマンションの入り口まで見送ってくれた。

「バジー、あなたのお母さんから電話があって、感謝祭にはフロリダに来るのか聞いてきたわよ」と、オードリーがタクシーを待つ私に話かけてきた。

「オードリー、何を言っているんだ。ファンドのビジネスが忙しくて、フロリダには行けないよ」

「でも、クリスマス休暇はどうするの？　スキー旅行の代わりに、フロリダに行くのはどうかしら？」と、オードリーが聞いてきたが、私の頭の中はファンドのことでいっぱいだった。

「スキーだって？　誰がスキーに行くと言った？」

「バジー、毎年、クリスマス休暇には旅行に出かけるでしょう」

「オードリー、今年は休暇を取る暇がないよ。とにかく、リターンを上げなくては、投資家が逃げてしまう」

ちょっとした言い争いを妻としてから、タクシーに乗ってマンションを後にした。レストランでは、ウイリーが今夜のミーティングのホスト役を務めた。ウイリーはスイス人で、ヨーロッパの投資家とファンド・マネジャーをつなぐエージェントである。ウイリーは私の運用するサブリナ・オフショア・ファンドに投資家を紹介してくれ、サブリナの役員としてファンド経営に参加したいと申し出てきた。オフショア・ファンドの役員といっても、投資家から手数料を集め、その際の出費を要求してくるだけで、他に何ができるか分からなかったが、とにかくウイリーの要求をのむことにした。彼は、多くのオフショア・ファンドに関係していた。私の友人、ニール・ウェイスマンの紹介でウイリーと出会った。ニールは、今年のミーティングには招かれなかった。彼は、証券市場でその資金を運用していたが、今年はそれほど高いリターンを上げていなかったが、ニールはこの三年間、年率七五%を超えるリターンを上げていた。ウイリーは、とにかく、注目を集めているホットなトレーダーと接触を持つことで投資家の目を引いた。そんなウイリーは、私に注目してきた。このミーティングで他のトレーダーたちと顔を会わせることができるので、本当に楽しみにしていた。投資家の耳障りな要求に私はすっかり嫌気が差しており、今晩はたっぷりと他のトレーダーたちと話し合ってみたかった。

ウイリーはルテスの二階に部屋を予約していた。その部屋に入ってみると、私の目の前には、ウォール街でも注目を集めるファンド・マネジャーたちが招待されていた。ジュリアン・ロバートソンは、ジョージ・ソロスの右腕ともいわれているスタンレー・ドラッケンミラーと話をして

「俺のカネはどうなった？　今月のリターンは？」

いた。ジュリアンは南部出身のすご腕のファンド・マネジャーで、一九八一年にキダー・ピボーティーを退職後、当初投資資金八〇〇万ドルでヘッジファンドをスタートさせ、今では数十億ドルの投資資金を運用している。彼が独立したのは四七歳のときで、この十数年でここまでファンドを大きくした実績の持ち主である。彼らのそばには、オデッセー・パートナーズ代表のレオン・レビーの姿があった。

ウイリーは私を見つけるなり、人混みをかき分けながら私の方にやってきた。

「マーティー、よく来てくれたね。早速、投資家たちを紹介しよう」とウイリーは言ったが、スイスなまりがひどかった。

私には投資家の名前を覚える必要はなかった。サブリナ・オフショア・ファンドの投資家たちは名前を名乗らず、すべて番号だけで管理されていたからである。投資資金は、そのほとんどがタックス・ヘイブンのバミューダ、バハマ、ガーンジー、マン島、スイス、ケイマン諸島にある銀行から送金されて、そこには番号だけが書かれてあった。私たちは部屋の反対側の方に歩いていき、ウイリーが投資家を紹介してくれた。このクライアントは新商品開発のビジネスを始めて、相当な資金があると教えてくれた。

「マーティー、彼に君が良いリターンを上げていると説明してくれないか？」

まもなく席に着く時間になった。私の横の席は、フィオナ・ビッグス・ドラッケンミラーだった。このディナーに出席するのが初めての私は、横の彼女もここにいる人もほとんど知らなかった。しかし、食事中の会話の中で、彼女がスタンレー・ドラッケンミラーの奥さんで、モーガン・スタンレー証券のチーフ・ストラテジストであるバートン・ビックスの姪であることを知った。フィオナとスタンレーの出会いは、二人がドレイファス投資顧問で仕事を一緒にしていたときだと聞いた。彼女は、トップトレーダーたちとのつき合い方を十分に心得ていた。ルテスでのディナーはコモディティーズのパーティーやシェイクのホームパーティーとは比べものにならないほど素晴らしかった。今までのパーティーでは、私の存在は大勢の中の一人だったが、ここでは選び抜かれた少数の中の一人だった。このレストランの場で、自分に言い聞かせたことがあった。

「これこそ、私が望んでいるクラスなのだ。私はここに属すべき人間なのだ。この地位を手に入れるために、他人のおカネを運用している。このクラスを手に入れるためのファンド運用なのだ」

しかし、もう一方の耳元で、スイスなまりのささやく声が聞こえたような気がした。

「マーティー、スーパーリターンを上げなくては、ニールと一緒に来年はマクドナルドでハンバーガーを食べることになるぞ」

マンションにたどり着いたときは、夜中をとうに過ぎていた。疲れていたが、それでも眠気はなかった。私の心の中で、新たな闘志が目覚め始めたからである。ジュリアン・ロバートソン、スタンレー・ドラッケンミラー、レオ・レビー、ジョーンズ、コフナー、ベーコン、それにソロ

「俺のカネはどうなった？　今月のリターンは？」

スを相手にトップの座を賭けて競い合うとなると、今までとは違ったスタイルでファンドを運用しなくてはならない。まず、自分のファンドは彼らと同じか、それ以上大きくして、それでなおかつ、リターンを上げなくては勝負にならない。

翌朝、早速、アップジョンの株を処分するように、アリソン・ブラウンに伝えた。

「アップジョンの株を今日から、二万五〇〇〇株ずつ、売りに出してくれ。年末までに、すべて処分したい」

四〇〇〇万ドルもアップジョンに注ぎ込んでいては、投資家の望むようなリターンを上げることはできない。二万五〇〇〇株の売り物では、それほどマーケットにインパクトを与えないだろう。それに、本当にスイスの企業が買収に乗り出せば、残りの株で利益を得ることができると考えた。インサイダー・スキニーは、この株を手放すなとアドバスしてくれたが、私の決意は固かった。

「モッティー、買収は、必ず行われるから、もう少し辛抱した方がいいよ。この手の話には、遅れはつきものだぜ」

アリソンに指示を出した後に、投資家に宛ててレターの草案を書き始めた。投資家たちがハイリターンの先物商品ファンドを要求しているので、それに私は応えることにした。そして、レターには次のように書いた。

一九九一年の投資計画を組むにあたって、ファンドの構成内容を以下のように変更することにしました。まず、第一番目の最も重要な変更は、サブリナ・ファンドは、先物市場に投資資金の五〇%まで投じ、残りの五〇%を現物の株式市場に投資することにしました。その理由は、今年のリターンはすべて先物市場で運用した資金から出されているからであります。先物市場に一〇二〇万ドルを投じ、六一・八%のリターンを上げました。また、多くの投資家がハイリターンの投資スタイルを望んでおられるからで、それには高いリスクも喜んで受け入れてくださるであろうと思うからです。

第二に重要な変更点は、今までにない速さで世界経済は変化を遂げていることから、投資期間を六カ月として、口座管理料として一%を徴収することにしました。

第三番目に重要な変更点は、ノックアウト方式を取り入れ、年初の投資資金の三五%を失った時点で、自動的にファンドを閉鎖します。

アップジョンから手を引いて、この新しい投資計画に基づいて、向こう二カ月は、従来のトレーディング・スタイルに戻り、相場にどっぷり浸かる覚悟でいた。

申し訳ないけど、クビだ

ニール・ウェイスマンとは長い付き合いで、信頼のおける友人である。彼と知り合ったのは、私がピラミッドで証券アナリストをしていた一九七二年の春だった。当時、ニールはピラミッドでブローカーをして、かなりの情報網を持っていた。裏情報を入手してくるニールが、そのころ注目を浴びていた産業をカバーしていた私のところに、チャイニーズ・ウォールをすり抜けて顔を出し始めたのが彼と知り合うきっかけであった。

ピラミッドで唯一、良い思い出となっているのがニールとの出会いだ。ピラミッドを追われて職を探している私をゲリー・ファーバーに紹介してくれたのもニールだった。ゲリーは、ピラミッドでアナリストをした経験を持ち、当時、エドワーズ・アンド・ハンリ証券でリサーチ部門の部長だった。ニールがゲリーに私がピラミッドで事件に巻き込まれたことを説明してくれた。そして、ニールの強い後押しで、私はゲリーの下でアナリストとして働くことになった。そして、そこで、私はボブ・ゾエルナーに出会った。ニールのおかげで、地獄の底からはい上がることができた。

一九八六年の秋、今度は、私がニールに手を貸すときが訪れた。ニールは素晴らしいトレーダーで、以前から投資信託を運用したいと考えていた。しかし、どうしても最終決断ができないでいるニールの背中を私が押した。

「ニール！　これは、僕の年金積み立てで、それとこれがオードリーの分だ。この金額をお前に運用してもらいたい」

七五万ドルの金をニールに渡した。この資金を元手に、一二〇〇万ドル投資資金を集め、ニールはファンド運用に乗り出した。ニールはあまりのうれしさに、一九八七年初めに休暇を取って相場から離れてしまった。カリブ島で約一週間の休みを取ったので、年初の五日間は相場に触れることがなかった。この五日間で相場は高騰を見せていた。しかし、ニールはこの上げ相場には、全く乗るチャンスがなかった。二月中旬に私たちは夕食を共にすることになった。この時点で、ニールのファンドは九％のリターンを上げていたものの、株式相場は二〇％の上げを記録していた。そこで、親友であるニールに向かって、かなりキツイことを口走った。

「ニール！　どうなっているんだ一体。遊んでいる間に、大相場を逃しているぜ、お前は。投資資金を返してほしいぐらいだ」

　これが、救ってくれた恩人に対して、私が吐いた言葉だった。

ニールがかなり憤慨したことは間違いない。彼が腹の底では、「マーティー！　とっととカネを持って出て行け！」と言ったかもしれないが、彼は私には何も言わなかった。それは、ニールがこのゲームのルールを十分に理解しているからだ。それは、トレーダー、投資家、企業家に限らず成功を収めた人なら、**友情とビジネスを混同してはいけない**というのはよく知られている基本的なルールだからだ。ニールが言った言葉は、こうだった。

「マーティー、なんとでも言ってくれ。この世の中で、一番、この自分に厳しいのは、この俺自身だから」

　こう言って、ニールは弁解もしなかった。彼は、この年、年率七五％のリターンを上げた。それから、三年間で私の投資資金は四倍になり、ニールの運用資金は五億ドルに膨れ上がっていた。今でも、私は彼に資金を預けてあるが、他でもっと良いリターンが得られるファンドが見つかれば、預けてある資金を引き出す。全く私情は絡んでいない。これが、マネーゲームの世界のルールだからである。

命を落としそうになったビッグファンドの運用

いろいろと考えたが、一一月に大きなリターンを先物市場で上げれば、ほとんどの投資家が来年も投資資金を預けてくれると思った。しかし、一一月二日金曜日の三時三〇分には、もう疲れ果てて立ち上がれなくなっていた。その週には、アルバート・バックワード、ベルナルド・ル・ブフォン、ヘルムート・テト・シェイスコフ、それにピエール・テト・ドモルデなど、多くの投資家たちがこのオフィスを訪れたので、来年に向けてファンドの投資計画などを説明した。しかし、来客は私と世間話をしに来ているのではない。彼らを納得させ、投資を続行してもらいたい反面、日々のトレーディングには彼らは障害であり、相場に集中できなかった。自己資本を運用していたときは、平日、夜遅くまで外に出ていることはなかったが、顧客の接待やいろいろなミーティングに出席していると十分な睡眠も取れずに疲れがたまってしまった。この一週間で一〇万ドルをS&P指数先物で儲けたが、これでは十分なリターンとはいえなかった。それに、その日の朝、ジュネーブのジョルジュ・グレノーイルから一通のファックスを受け取った。それには、短いメモ書きでこう書かれてあった。

サブリナ・オフショア・ファンドに預けている資金をすべて、引き出したい。今までありがとう。よろしくお願いします。

理由があって投資資金を引き出したいと連絡をしてきた投資家が二人いたが、彼らには理由があった。しかし、このファックスの送信主は、私のリターンに不服で資金を引き上げると言ってきているのだ。このメモを読んでから、疲れがどっと出てしまい、ソファに横になったら起き上がれなくなってしまった。

市場の大引けも確認できないほど疲れていたが、古くからの友人であるマイク・シェミスがファンド設立を考えていて、私の意見を聞きたいとオフィスに訪ねてくる予定だった。約束の五時三〇分にマイクがオフィスにやってきた。この一年の運用成績やどのようにして資金を集めたかをマイクに教えた。彼が席を立とうとしたときに、彼に言った。

「マイク、多額の投資資金を運用する計画であれば、OPM(他人のカネ)しか方法はないが、問題点もあるよ。四六時中、投資家に監視されて、どれだけ高いリターンを上げても彼らは納得しない。暇を見つけては、電話でパフォーマンスの確認をしてくる。どれだけ説明しても、そのリターンには満足しないんだ。全く欲の深い連中が多いよ」

翌日の土曜日は、一一時まで寝ていた。オードリーは、先に子供たちをホーレス・マン・ナーサリー・スクールの年次ブックフェアに連れて行って、私も一二時に学校で家族と落ち合う約束をしていた。しかし、全く気力が出なかった。どうも、風邪を引いてしまったようだ。しかし、今月はどうしても高いリターンを上げなければならないため、休んでいる余裕などなかった。それに、月曜日の準備もできていなかった。

私がブックフェアにたどり着いたころには、熱が上がり始めて三九度を超えていた。汗が止まらなかった。学校に足を踏み入れた途端に、めまいがした。胸に痛みが走り、次の一歩を踏み出せなかった。ブックフェアには、学校関係者や生徒たちで混雑しており、冷房されていない会場を、子供たちが大声を上げて走り回っていた。私は階段を上れるかどうかも、分からなかった。この数年の間に体重は増え、二〇八ポンドになっていた。海兵隊時代のベスト・コンディションより二三ポンドも増えていた。体が重く、歩くのが辛かった。

ブックフェアの後は、オードリーと一緒に買い物に出かけた。その夜、二人で六八丁目にある劇場に映画を観に行った。劇場の中は、エアコンが故障したためか蒸していた。入り口に張り紙が出ていたので分かってはいたが、席に着くなり、汗が吹き出してきた。オードリーは早くその劇場を出ようと言ってくれたが、私はかたくなに映画を観ると言って、その場にとどまった。

「もうチケットを買ったし、このまま残って映画を観よう。僕なら大丈夫さ。元海兵隊員は、そんなにヤワじゃないよ」

日曜日には月曜日の準備をしたが、気分が悪く、ソファに横になったままチャートを更新し、指標を計算した。一〇月以来、過密なスケジュールをこなしてきたが、もうそろそろ限界のようだった。本来なら、ここで休暇を取って、鋭気を養うべきだったが、時間が取れなかった。それに、投資家たちの要望も聞き入れなくてはならなかった。一晩眠れば、すべて回復すると思ったが、それは甘い考えだった。

一一月五日月曜日。目覚めても体の調子は、一向に良くなっていなかった。のどや関節に痛みを感じていた。オードリーに言って、掛かりつけの医者に予約を入れてもらった。

「ホックマンに連絡してくれ、オードリー。今日は、もうダメだ、医者に診てもらわないと」

一〇時にレイモンド・ホックマン医師に診察してもらうよう予約を取った。医者には、連鎖球菌に犯されているので、抗生物質が処方された。それと、ゆっくり休むように指示された。薬を飲んでも眠れなかった。サブリナ・ファンドの運用が残っている。今月、かなり大きな儲けを出さなければという使命感がある。しかし、体はいうことを利かず、ベッドに横になって、テレビのフィナンシャル・ニュース・ネットワークを見るのが精一杯だった。

六日の火曜日もベッドからフィナンシャル・ニュース・ネットワークを見ながら、相場を張ってみたが失敗に終わった。その日一日で、三万ドルの損失を出した。五時半ごろから背中と胸に激痛を覚え、オードリーがホックマン医師に連絡を入れてみたが、すでに帰宅していた。しかし、クリニックに頼み込んで他の医者に診察してもらうように頼み、六時半にシン医師に診てもらえるように手配してもらった。ベッドからやっと抜け出し、服を着て、遅れないようにタクシーに乗り込んだ。

しかし、シン医師がクリニックに姿を見せたのは七時一五分だった。この時点で、熱が四〇度を超えており、脈も正常ではなくなっていた。診察の結果、至急、入院が必要で緊急病院に行くよう指示された。一八年前、スフィンクスと一緒に医療管理サービス業について悲観的見通しを立てたが、この後、その自分の予想が正しかったことを目のあたりにすることになる。メディケア（高齢者医療保険）とメディケイド（低所得者医療補助）とブルークロス（日本の国民健康保険のようなもの）のおかげで、緊急病院は人のたまり場になっており、私が駆けつけたときには病室を確保できず、シン医師の来るのを待つしかなすすべはなかった。生死をさ迷っている状態でない限り、この緊急病院では相手にされない。その場にいるだけで、気が滅入ってしまった。

シン医師は、私たちの後を追ってすぐに病院に駆けつけてくるはずだったが、全く姿を現す気配はなかった。九時一五分になって、オードリーがもう一度、クリニックに電話を入れて、一体どうなっているか説明を求めると、多少、遅れているがシン医師は病院に向かっていると言う返事が返ってきた。しかし、一〇時になっても、彼は現れなかった。異様な光景を目にしたせいか、怒りを通り越して恐怖心にかられた。

「この地獄からもう出よう。全く、ひどい町だ」と、オードリーに言った。

マンションに戻って、胸に重圧をかけないように、キッチンテーブルの上に枕を四つ乗せ、その上に腕を乗せて、テーブルにもたれるようにして寝た。もちろん、寝心地は最悪だったが、緊急病院で黙って医者の来るのを待つより数段ましだった。

水曜日になっても、回復の兆しはなかった。二通のファックスを読んで、状態はさらに悪化した。一通はロンドンのアルバート・バックワードからで、もう一通はパリのピエール・テト・ドモルデからだった。バックワードはファックスで資金引き上げを宣告してきた。

一九九一年一月一日をもって、サブリナ・オフショア・ファンドから資金を引き上げます。

二通目はフランス語で締めくくられていた。

おはようございます。サブリナ・オフショア・ファンドの一〇二九・八五五株を売却したいと思います。つきましては、どのような手続きを取ったらよいかファックスかテレックスで連絡してください。ボンジュール。

私の船からねずみたちが、一斉に逃げ出した。このファックスを読んで、「その一〇二九・八五五株を水が入ってくる穴に指し込んでみろ！」と、叫びたくなったが、全く力がわいてこなかった。

正午近くに、ホックマン医師のクリニックを再び訪れてみた。状態は悪化して、肺炎を起していた。両方の肺に水がたまっていることが判明した。唯一の吉報は、ホックマンが病院と掛け合って、個室が確保できたことだ。私たちはその病院に一時に到着したが、入院手続きが完了するのに三時間もかかり、その間にもいろいろな検査が行われた。医療保険制度のために、各病院は独自の検査を入院条件の中に取り入れることができるようになった。そこで、また新たに、脈が測られ、血液検査をされ、レントゲンも取られた。この病院は、これらの検査を診察料として患者に負担させることができる。この検査中に、熱が四〇度を超えているのが分かった。入院するだけのために長時間待たされ、さらに病状が悪化した。

やっと、個室に案内された。オードリーはすぐに、二四時間体制で看病してくれる看護婦を雇った。この看護料は、一日なんと七八〇ドルもした。しかし、この際、料金はどうでもよかった。誰かが私のそばに常に一緒にいてくれないと困る。いつもなら、オードリーが一緒にいてくれるのだが、今回はそうはいかない。家に戻って子供たちの世話をしなくてはならなかった。

入院手続きが完了し、私の保険加入が確認された今、ブルークロスがカバーする医療サービスをとことんまで受けられるようになり、次から次へと医者と看護婦が部屋に入ってきた。みんな、手には注射器を持っており、血液採取を何回も行い、いろいろな検査が実施された。点滴が行われ、元気になれば、その点滴をしたまま移動できるようにしてくれた。しかし、動こうという元気がわいてこなかった。医者に自分の状態がどうなのか尋ねたが、全く無視された。彼らにとって、私がチャンピオン・トレーダーだということなど、全く関心がなく、ただ一人の患者にすぎなかった。ここでも私の味方になってくれる人が現れた。オードリーが雇った看護婦エスター・フレデリクセンである。エスターは、医者が私の質問に答えるまで問い詰め続けた。それに、彼女が手順をすべて把握するまでは、誰にも私に指一本触れさせなかった。彼女は私の代わりにチャートブックを手に取って、ページをめくってくれ、モニターの値動きをチェックしてくれた。頻繁に私の状態を確認しては、医師や看護婦に質問し、指図を与えていた。

それでも、医師たちや看護婦たちは、私のベッドの周りをうろついていた。エスターは、なぜ大量の血液を必要としているか、私に説明してくれた。それによると、ウイルス感染なのか、それともバクテリアによるものなのか判断するのが目的だということだった。このニューヨークの病院では、感染病の最高責任者が私の状態を監視していた。この担当医は、私と同じようなケースを先月だけで、四件扱ったとエスターに言っていた。そして、その四件すべてが、ウイルス性の感染だったという。

「シュワルツさん、原因がバクテリアによる感染であれば、抗生物質ですぐに対処できますが、ウイルスによる感染ではこれといって、すぐに直す方法はないのです。いろいろな治療を施して、徐々に回復させていくしか方法はありません」と、エスターは言った。

「エスター、どんな治療方法がウイルス感染には効果があるの？」

この質問に、エスターは今までに聞いたことのない医療専門用語が次から次へと用いて答えたので、ただかなり時間のかかる治療になるのだろうと感じた。そうこうしているうちに、また看護婦たちが新たな管を私の腕に刺し込み始めた。

薬が効き始めたのか、夜から朝にかけて、容体は徐々に回復してきた。九日の金曜日の午後になって、回復の兆しを自分でも少し感じた。その日の二時四五分、エスターが私を車椅子に乗せて、レントゲンの検査に連れて行ってくれた。その途中で、シカゴの債券先物ブローカー、エビー・ゴールドフェッダーに電話した。低金利傾向が鮮明になる中、私は債券先物価格が上昇すると思っていた。病院には、メトリプレックスというポケットベルくらいの大きさの小さな端末を持ち込んでいた。これは、一日二四時間、先物市場に上場されている銘柄の値動きが送られてくる仕組みになっている。この入院中も、この端末を見ながら相場の行方を追っていた。

「エビー！　一二月限を四〇〇枚買ってくれ」と、債券ブローカーに注文を出した。そのときメトリプレックスによると、九二二四という数字が見えた。これは、Tボンド先物が九二と三二分の二四であることを示している。

「モッティー、もう体の調子は大丈夫なのか？　まだ、休んでいなくてはダメじゃないか？」と、彼はかなり気を使っていた。

「もう大丈夫だ。四〇〇枚から六〇〇枚に増やしてくれ」と、力を振り絞ってエビーに変更した注文を伝えた。

「モッティー！　まだ入院中なのに、どうしてポジションなんか持つんだ？　これ以上のプレッシャーは体に毒だぞ」。いつもなら、けんかになるところだが、まだ体の調子が悪かったので、素直に引き下がることにした。

「分かったよ。四〇〇枚でいいから、今すぐに、成り行きで買ってくれ！」

週末、体の具合が良くなってきたが、それでも熱はまだ三八度を超えていた。しかし、Tボンド先物市場は買い上げられ、大引けでは九三と三二分の一だった。月曜日の寄り付きで四〇〇枚売って、一一万二五〇〇ドルの儲けを出した。エビーの忠告など聞かなければよかったと後悔した。この儲けで、多少元気が出てきた。ホックマン医師に帰宅願いを申し出て、この病院から出て戦場に戻りたかった。さらにサブリナ・パートナーズの二人の投資家が資金を引き揚げたいと申し出てきた。この二人は、私が先物市場に比重を高めたこと（先物五〇％、株式五〇％）に不満があったようだ。また、投資家を失った。今ここで、リターンを上げないともっと多くの投資家が手を引いてしまうだろう。

ホックマン医師が同意したので、オードリーが退院の手続きをしてくれた。一三日火曜日の昼前に、マンションに戻ることができた。帰宅して、すぐにチャートの整理と指標などの更新を始めて、翌日の準備が整ってから床に就いたのが一〇時ごろだった。疲れからすぐに眠ることができたが、夜中一時半ごろに胸に激痛が走り、その痛みで目が覚めた。今までに、これだけ激しい痛みを経験したことはなかった。心臓発作とは思わなかったが、呼吸をするたびに、激痛が走った。その痛みが胸だけじゃなく、体中に広がった。オードリーは必死に私の胸をなでてくれたが、状態は一向に良くならなかった。オードリーがホックマン医師に電話を入れたが、夜中だったので、折り返しの電話をもらったのは明け方の四時だった。

「タイレノールを二錠、それにベナドライルを二錠、飲ませるようにしてください。明日の朝、そちらに伺います」と、オードリーの説明の後にホックマン医師は答えた。ベナドライルが効いたのか、やっと眠りにつけた。七時半に目が覚めたときには、寝汗でシーツはびっしょりと濡れていた。

ホックマン医師が私のマンションに現れたのは、九時ごろだった。

「マーティー、クリストドゥルー医師に依頼して、一〇時四五分に彼のオフィスで心電図を取って調べてもらおう。彼のオフィスはこのマンションの中にあるから、近くて便利だ。ここ最近で、ウイルス感染性の心のう炎になったケースが四件も起きているから、とにかく、心電図を取ってみよう」

検査の結果、恐れていた心のう炎が起きていると診断された。心のうに水がたまり、それが原因で心臓に負担をかけ、発熱と激痛を起こしていた。また、病院に逆戻りになった。

ホックマン医師の計らいで個室を用意してもらって、オードリーは看護にエスターがつくように手配してくれた。その個室は、化学治療階にあった。また、以前と同じく、医師団と看護婦が次から次へと血液を採取しては、いろいろな検査に回していた。前に、入院したときは不安を感じたが、今回は心臓に問題があると言われて、恐怖心の方が募った。

熱は徐々に上がって、四〇度を超えるまでになった。体中にチューブが張り巡らされた。右腕にはエリスロマイシンが、左腕にはセフェロキシムが投入された。そして、三本目のチューブが排尿用にペニスに取りつけられた。この三本目のチューブが嫌で嫌でたまらなかった。

胸部専門医のゴールド医師から事情の説明を受けた。

「シュワルツさん、この感染は、抗生物質を投与しながら様子を診ていきたいと思ってますが、心のうにもっと水がたまるようでしたら、手術を行います」

もちろん、手術だけは避けたかった。

その晩、七時ごろにオードリーが病室にやってきた。子供たちの様子を話してくれた後に、ジャンクロードが何回も電話をしてきたことを教えてくれた。彼もヨーロッパの投資家とファンド・マネジャーをつなぐブローカーだったが、本当はただの寄生虫にすぎない存在だった。彼はワールド・トレード・センターにオフィスを構え、アメリカ国内のファンド・マネジャーの動きを監視して、彼の兄弟でスイスのバンカー、ジャンピエールが投資家を探して回るというコンビになっていた。この一〇カ月間、ジャンクロードは私のトレーディングの邪魔ばかりしていた。

「マーティー、マーティー、これはどうしたんだ。ベンチマークを上回っていないじゃないか。

もっとリターンを上げないと」と、全く無意味なアドバイスばかりをしてきた。

そのジャンクロードがオードリーに私の所在を確めたいのは理解できたが、私が入院したと妻が言っているのに、その病院名まで教えろと騒いだことには本当に腹が立った。

「この週末までに、マーティーから連絡がなければ、投資資金を引き出すと伝えてくれ」とオードリーに言ったという。

ジャンクロードのことは忘れて、マンションに戻ってゆっくり休むようにオードリーに言った。薬のせいか、オードリーと話すのも辛く、ましてや寄生虫のスイス・バンカーのことなど考えたくもなかった。オードリーが帰って、夜の九時ごろ突然、部屋の中がぐるぐると回っているような感じになった。

「エスター！　助けてくれ！　気が遠くなっていくよー」と言った直後に、意識を失った。気がつくと、緊急カートが病室に運び込まれていた。エスターが緊急ボタンを押したのだろうか。残念ながら、薬が効かず、心のうに大量の水がたまってしまって、それが心臓を圧迫したに違いない。数分後には、医師団と看護婦たちが私の周りを囲み、大声で血圧計を読み上げ、医師がいろいろと看護婦に指示を出し始めていた。麻酔専門医が私の頭のところに立って、股のところでは胸部専門医がチューブをチェックしていた。そして、足元では心臓専門医が脈拍を読み上げていた。私を囲んだ医師団の口からは、次々に数字が読み上げられていた。

「血圧、上八〇、下六〇で、下げ続けています」。私の顔色は、血の気が引いて、真っ青になっていた。

「五ｃｃ用意してくれ」

「上七〇、下五五」

「脈、一六〇で全く安定しません」

「上五〇、下四〇」

「状態が悪化してます」

「このままでは、危険です」

危険？　その声を聞いて、神に祈った。

「どうか、助けてください、神よ」。その次の瞬間、娘と息子の顔が確かに見えた。

「どうか、助けてくれ」

医師団は、どうにか血圧を安定させることに成功したようだ。しかし、足のマヒがひどくなり、また気絶してしまった。足元のチューブから投入された薬のせいだろう。

気がつくと、今度は心臓集中治療室に移されていた。以前にまして、たくさんのチューブが体に取りつけられていた。幸運にも、ゴールド医師は仕事中毒の医者だった。夜中まで続いた心臓の手術があり、ゴールド医師は自分のオフィスで仮眠を取っていたが、私を診察すると、すぐに「手術だ」と言った。

ゴールド医師が事情をオードリーに説明して、すぐに手術を開始すると告げた。しかし、オードリーは子供たちを残してマンションを空けるわけにはいかず、姉妹のリンダに助けを頼んだ。リンダがマンションに駆けつけて、オードリーが病院に着くころには、私は手術台の上だ。もう妻に会えないかもしれない、と思った。手術室に向かう前に、看護婦の一人が私に言った。

「シュワルツさん、結婚指輪を外しますよ。申し訳ないですが、手術室に入る前に、すべて身につけているものは取り外していただきます」

結婚指輪を外したことなど滅多になかった。しかし、指輪を外すことがあっても、そこには指輪の跡があり、指輪をしているつもりでいることができた。結婚してから体重が増えたせいか、指輪を外しても、そこには指輪の跡がくっきりと残っていた。看護婦に言われたので、指輪を外そうとしたが、いろいろな薬を投入されて体がむくんだこともあって、なかなか外れなかった。それを見ていた看護婦がせっけん水を用意して、どうにか指輪を取り外すことができた。涙がこぼれ落ちそうになっているのを我慢しながら、看護婦に指輪を手渡した。

「これを妻に渡してください。妻に、もう一度、この指輪を私の指にはめてもらいたいと伝えてください」。その言葉を残して、私は手術室に向かった。

四時三〇分に手術は開始された。手術台に横たわった私は、冷たい光を発するライトを見ながら、太陽の光をもう一度浴びることができるのだろうかと不安になった。このステンレスの手術台では私の体は大きすぎて合っていなかった。麻酔専門医が耳元でささやいた。

「マーティー、君の腕を最初に包むことから始めるよ」と言って、右腕をラップして、シーツにくくりつけた。左腕はラップされて、体の横に置かれた。

「今度は、V字型の台を腰の下に置いて、切開したときにゴールド医師がよく見えるようにするからね」。そのV字型の台は固く、また非常に冷たかった。

「マーティー、君の顔面に保護カバーを被せるよ。麻酔専門医が注射を始めると、すぐに意識が遠のいていくよ。ゆっくり一〇〇から一まで数えてみて。じゃ、始めようか。一〇〇、九九、九八、……」

九六まで数えたところで、何かが体の中を駆け巡り、目の前を白いタイルが次々に飛んでいくような光景を見た。ローラーコースターに乗って、加速し続けているようだった。

あまりのノドの乾きに目が覚めた。ノドがからからで、水が欲しくてたまらなくなった。それこそ、チューブからでも何でもよかった。とにかく、水が欲しかった。そして、体に痛みが走った。この痛みこそ、私が生き延びたというあかしだった。私が目覚めたのに気がついた看護婦が話しかけてきた。

「おはようございます、シュワルツさん。どうですか、気分は？」

「水をくれ」と、私は声にならない声で看護婦に言った。

「まだ、ダメですよ。医師が診断をしてから、集中治療室に移します」

「痛い、あー、痛い」

「痛みを感じるということは、だんだんと良くなってきている証拠ですよ。集中治療室に着き次第、モルヒネを注射して痛みを和らげてあげますからね」

看護婦の声を聞きながら、また眠りについた。気がつくと、周りで金属音がしていた。まるで、ピンボールマシーンをような音が部屋中に響き渡っていた。心電図や脈、心拍などをいろいろな医療機材が常時、監視していた。壁にかけられた大きな時計は午前一一時三〇分を指していた。モルヒネが効いているのだろうか、気分は良かった。

ベッドの周りに置かれているモニターに映し出される数字が何を意味しているのか、興味がわいてきた。ペニスに取りつけられたチューブを振ってみたりした。どんなことでもよかった。何か自分の力でできるという気になりたかったのだ。ベッドの横に置かれた巨大なモニターには、五つの画面が表示されていた。脈が打つのに合わせた波形と、音が鳴る画面が一番上に表示されていた。その下には、小さな緑色のボックス画面に、血圧（一三四／八二）、脈数（九八）、血中酸素レベル（九七）、心圧（八〇／一〇）と、数字が並んでいた。それらの機器は、トレーディングに使っている端末に似ていた。呼吸をコントロールして、血圧が変化するか試してみた。大きく息を吸っては吐いて、そして呼吸をいったん止めたりした。数字が変化するかじっとモニターを見ていた。一三〇／七八、一三八／八六。

「バジー！　いい加減にしなさい」と、オードリーの声がした。モニターに集中していて、オードリーと看護婦が部屋に入ってきたことに気がつかなかった。

「うちの主人は、モニターに映し出される数字を読みながら相場を張っているのよ。血圧を下げたければ、今すぐに、このモニターの向きを変えてちょうだい」と、オードリーは看護婦に言い、看護婦にモニターを後ろ向き変えさせた。

時の過ぎるのが異常に遅く感じた。ただ一日中、ベッドに横になっているだけで、壁にかけられた時計を眺めていた。こんな状態が五日間続いた。トレーディングをしているときは、いつも時間が足りないと感じて、あまりにも早く進む時間を止めたいとさえ思っていた。入院中は、全くその逆だった。時計が一秒でも早く進んでくれと思ってやまなかった。時の流れが速く感じるときこそ、私の調子が良い時だ。熱を下げ、感謝祭までには退院することを目標にした。どうにかぎりぎり、それには間に合った。二三日木曜日に、オードリーが退院の手続きを済ませ、マンションまで連れて帰ってくれた。帰宅しても、一緒のテーブルに座って、家族のみんなと食事ができるほど回復していなかったが、とにかく退院できて、一緒に感謝祭を祝うことができた。この日は、私にとって素晴らしい日だった。これこそ、私にとっての最高のトレードだった。

週末、たまった手紙とファックスに目を通した。チューリッヒから「サブリナ・ファンドから全資金を引き上げます」。キダー・ピボーティー証券気付けラケシュ・バルガバから「口座を閉じることを通告する」。ケイマン島から「一一月一三日に電話で連絡しましたが、投資資金を引き上げます」。バハマから「全資産を回収します」。チャンネル島から「できるだけ早く、遅くとも一九九〇年一二月三一日までに全株式の売却したい」。インドのラシュガルから「年末までには資産を引き上げます。高リスクになるのを私は受け入れ難い」。キュラソーから「ハウスマン・オーバーシーズ・ファンドから口座解約の正式な通告がありました」。全部で七人の投資家が去っていった。誰一人として、私の健康に気遣ってくれる投資家はいなかった。彼らが気にしているのは、自分のカネだけだった。

これ以上、悪いニュースはないと思っていたが、月曜日には、新たに二六通の悪い知らせがレキシントンアベニューのオフィスに届けられた。パキスタン、チャンネル島、ルクセンブルグ、チューリッヒをはじめとする、世界各国から悪い知らせが私の元に届けられた。七〇〇〇万ドルの投資運用額が、一気に四五〇〇万ドルにまで落ちてしまった。しかし、一二月がまだ残っている。リターンを上げるためには儲けなくてはならない。

月曜日に抜糸を済ませたが、トレーディングに戻る前にゴールド医師に会わなくてはならなかった。術後の経過についての話を聞くためだった。内心は、かなり緊張していた。もう一度、入院となれば、今度はいつ退院できるか分からないと思い込んで、パニックになっていたことは確かだった。しかし、診断の結果は、私を安心させるものだった。

「マーティー、切開したところは、順調に良くなっているようだね。でも、完治したわけではないから、無理をしないように。自宅でゆっくり休養を取って、プレッシャーをかけないようにね」。ゴールド医師の指示を聞いて、ひとまず安心した。

自宅に戻ってから、トレーディングを再開していたが、三〇日金曜日に胃の調子が悪くなった。Tボンド先物市場は安く寄り付き、疲れもピークに達していたので、とにかく買い持ちのポジションを整理して、一度、相場から離れようと考えた。寄り付き後、買い戻されるのを待って、売った。ところが、売った瞬間から、相場は上がり始めた。疲れて、とても相場に参戦できる状態ではなかったが、自分を見捨てた投資家たちのことが頭をよぎった。ゴールド医師の忠告を無視して、再度、買い出動した。ゴールドフェッダーを呼び出し、Tボンド先物を六〇〇枚買った。チャンピオン・トレーダーとしての意地だった。

翌日、一二月一日土曜日は、ベッドから起き上がれなくなっていた。それでも、どうにか戦いに疲れた体を引きずって、机に向かった。月間収益を計算しているときに、熱が徐々に上がり始め、体温計で計ってみると、四〇度近くになっていた。日曜の午後には、熱はついに四〇度を超えた。オードリーが急いでホックマン医師に連絡を入れたところ、今すぐに緊急病院に行くように指示した。この時点で、私は状況が悪化していることを確信した。また、病院に逆戻りだった。入院手続きをしている間に、看護婦が私の体温を計ってみると、四一度近くまで熱は上がっていた。幸運なことに、ゴールド医師がそこで私を待っていてくれた。ゴールド医師に、どうにかこの状態から回復させてくれるように頼み込んだ。

「欲しいものがあれば何でも言ってくれ」とまでゴールド医師に言った。

「何でもいいから言ってくれ」と、私が何度もしつこく迫るので、ゴールド医師は困った様子で考え込んでしまった。冗談だと思ったのだろうが、私は本気だった。まるで、恐喝しているように、ゴールド医師に答えを迫った。

「そうですね、ステレオがいいかな」と、彼は小声で言った。

「オードリー！　すぐに、新品のステレオをゴールド医師に用意してくれ！」と、大声でオードリーに言った。

「そちらの要望はのんだ。どうにか、僕の体を直してくれ！」

ゴールド医師は、早速、心電図をチェックし始めた。心のうに、またしても、水がたまり始めていたのだ。医師の診断結果を私とオードリーは聞かされた。

「集中治療室に部屋を用意するので、そこで数日、心臓の動きなどを監視します。手術は避けたいと思っていますが、今の時点では、何とも言えません。薬で効果が出ないようですと、もう一度、手術をして、水を取り出します」

ＣＢＯＴでは、日曜の夜にＴボンド先物取引を売買している。病院に向かう前に、シカゴのブローカー、エビー・ゴールドフェッダーに電話をかけ、すぐに連絡を入れるように彼の留守番電話にメッセージを残しておいた。いくら医者が心のうの一部を切り取っても大丈夫と言っても、私自身が手術に耐えられるか不安だった。今すぐに、Ｔボンド先物の買い持ちを整理する必要に迫られていた。寄生虫たちがオードリーにファンドのことについて尋ねてきても、彼女であれば、私が死んでも十分に対応できる。

ベッドに横になって、医療機器から発せられる音を聞きながら、Ｔボンド先物市場がどんな動きをしているのか考えていた。そこに、看護婦が電話を持って現れた。

「シュワルツさん、あなたの担当医でシカゴのゴールドフェッダー氏です。いろいろと検査結果を検討したので、どうしても、直接、お話しておきたいことがあるそうです」

ゴールドフェッダーという名の医者など、私の心当たりはなかった。

「モッティー、そこの病院では、電話をつないでくれないんだ。集中治療室にいる患者には電話を取り次いでもらえない。だから、担当医だとウソを言って、どうにか取り次いでもらったよ。君がどうしても他の医師のコメントを聞きたいと訴えていると、言ってね」

「エビー、君は素晴らしい医者だよ。ところで、私の状態はどうなっている?」と、私も小声で返事をした。

「一〇ティック上げているから、二〇万ドルの儲けといったところだろう。どうする? 売り落としますか?」

「それは素晴らしいアドバイスだ。そうしてみます、ゴールドフェッダー医師」

翌日の朝、本物の医者からステロイドを試すように勧められた。どうやら、薬が効き始めたようだ。熱も下がり、脈は一四〇から九〇に下がり安定してきた。こうして、一二月一四日に退院できた。一一月七日から、合計二六日間、入院していた。この期間に三度も入院したのだ。この間に五〇万ドルの儲けを投資家のために上げたが、実際のコストを考えると、決して良いリターンだとはいえなかった。医療費だけで一〇万ドルもかかった。しかし、それよりもこの一年間、必死に投資家のことを思い、トレーディングに力を入れてきたが、誰一人として私を見舞ったり、励ましのカードを送ってこなかった。

マイク・シェミスがオフィスに立ち寄ってくれた日から、なぜか体調を崩した。今なら、マイクのヘッジファンド設立にあたって、どういうアドバイスをするだろうか考えてみた。OPMでも、それほど儲けにならないと、言うかもしれない。また、ファンド・マネジャーのことなど全く気にもかけない連中のおカネを運用しても、意味がないと言うかもしれない。

本当は、トップトレーダーたちと張り合って、自分が彼らより優れているということを証明したかったのかもしれない。少しの間、ある程度の投資資金を運用したが、結局、自分のスタイルには合っていなかった。そればかりか、命を落としそうになった。ビッグファンドは、ポール・チューダー・ジョーンズ、ソロス、ドラッケンミラー、ロバートソン、ベーコン、それにコフナーのような連中には向いているだろうが、私には向いていない。改めて、私自身がトレーダーであると確信した。投資家に私のトレーディングを監視されるのは非常に不愉快だったし、私のことを理解してくれない連中の資金まで運用したいとは思わなくなった。自由と健康が私にとって一番大切だと分かった。私は、ファンド・マネジャーではなく、トレーダーだったのだ。

いったんファンドを設立した以上、私には高いリターンを上げるという使命がある。もちろん、心のどこかに、まだビッグファンドを運用していけるという自信もあった。私に大きな期待と信頼を置いてくれる投資家のためにも運用してみたかった。

一九九〇年一二月一四日（三度目の退院をした日）

親愛なるパートナーのみなさま

一一月の月間報告書の発行が遅れたことを深くお詫びします。ご存知の方もおられると思いますが、ウイルス感染から心のう炎を思い、一一月一六日に、急きょ、緊急手術を受けることになりました。…………

一九九一年度には、より良い成績を上げられますよう努力していきたいと思います。投資資金額は四五〇〇万ドルから五〇〇〇万ドルになる予定です。生死の世界から生還した私にとって、パートナーのみなさまは、ただ単なる投資家ではなく、私の家族の一員と思っております。最愛なる家族のために、より一層努力していきたいと思っている所存です。

人生の重要な二つの教訓

一　プレッシャーに押しつぶされる前にプレッシャーを押しのけろ

レイ・グラは、がっちりした体格で白髪をクルーカットにしているオプション・トレーダーだった。レイは、ベアー・スターンズ証券が小口の個人投資家に提供しているトレーディング・ルームで他のトレーダーたちと肩を並べながら取引をしていた。私が彼に出会ったのは八〇年代前半で、ベアー・スターンズ証券が用意してくれた小さなオフィスの隣にレイたちが陣取っていた。アメリカ証券取引所でオプションの値付け業者としてフロアに立って取引をしていたが、徐々にフロアから離れてS&P指数先物をこの小さなオフィスで取引し始めた。このオフィスは、トリティー・プレイス八六番地の九階に位置していた。レイたちが取引している部屋を、私はブルペンと呼んでいた。

ある日、S&P指数先物を買い持ちにして、そのポジションをだんだんと膨らませていった。しかし、ポジションの膨らみと同じくプレッシャーも大きくなった。相場は下げ止まることはなかったが、それでも私は買い続けた。そのときまで、値動きに逆らってポジションを大量に膨らませたという経験はなかった。しかし、インディケーターが売られ過ぎを示し、今にも相場が反転しそうだ予告していた。それに、その日はオードリーが出かけていて、私がルール違反を起こしていると指摘してもらえなった。このルールとは、自分のエゴをトレーディングに持ち込むな、である。

額から汗が吹き出し、どうにかこのプレッシャーから開放されたいと思い、何か良い方法はないかと辺りを見渡した。机の上に、無造作に置かれてあった紙袋を頭からかぶり、そのままブルペンに向かって走り出した。レイの机に飛び乗り、踊りながら次から次へと机の上を飛び跳ねて回った。そのとき大声で、「オレは買い持ちだ。ロングだ。スーパー・ロングだ」と騒ぎ立てた。**ポジションが引かされて、その場の状況を明確に判断できなくなったら、どんな方法でもよいから、とにかく一度、頭の中を空っぽにすることだ。プロでも初心者でも、客観性を失っては元も子もない。**

以前、共和党の勝利が確実となったときに、S&P指数先物を大量に売り持ちにして、プレッシャーのあまりに身動きができなくなったことがあった。机の上を踊りながら飛び回っていたのは、また前と同じように凍りついて何もできなくなるのが怖かったからだ。騒ぎ疲れて、自分の机に戻って、もう一度、ポジションと自分の戦略について考え直してみた。しかし、結果はやはり、買い持ちにするのが正しい、だった。でも、今回はこのポジションに損切りの注文を付けておいた。それからしばらくして、相場は反転して、大引けの時点で、一〇万ドルの含み益が出ていた。

次の日の朝、レイ・グラが私のオフィスにやってきたが、彼は手に野球のボールを持っていた。そのボールには、一九六〇年にニューヨーク・ヤンキースがアメリカン・リーグで優勝したときのプレーヤーたちのサインがあった。レイはそのボールを渡してくれた。

「ほら。これを、君に渡そうと思ってね。君がかなりのヤンキース・ファンだと聞いたから」

そのボールを見たとき、そこには子供のころ、大ファンだったミッキー・マントル、ロジャー・マリス、ヨギ・ベラ、エルストン・ハワード、ウィッティ・フォードがサインをしていた。ニューヘブンに住んでいた少年のころの思い出がよみがえってきた。

「レイ、うれしいけど、こんな大切なボールを受け取るわけにはいかないよ。それに、どうして僕に?」。全く、事の真相が分からなかったので、レイに聞いてみた。

「君のおかげで、たっぷり儲けられたからだよ。俺と俺の家族に大金をつかませてくれたよ、君は」と、レイは答えた。

「昨日、紙袋をかぶった君が机の上で大騒ぎしながら、買い持ちだと言っていただろう。君の姿を見てて、フロアにいる息子と義理の息子に電話して、君が買い持ちを維持している限り、私たちも買いに回るべきだと言ったんだ。マーティー、そのおかげで、昨日は最高の一日になったよ。これだけ大きく儲けられたのは久しぶりだった。このボールを君にプレゼントさせてくれ」

それでも、レイが二三年もの間、大切に持っていたボールを受け取れないと断ったのだが、彼が強く勧めるので、サイン入りのボールを受け取った。これほど、感動したことはなかった。今は、プラスチック・ケースにしまい込まれたこのサイン入りボールは、息子の机の上で輝いている。

二　誰もひつぎに入るときは、もっと働いておけばよかったとは思わない。

一九九二年のことだった。シカゴの債券先物ブローカーだったケン・クッシュが私のところに電話を入れてきた。彼は、私に競馬場に一緒に行かないかと誘ってきた。そのころ相場に没頭していたので、何か新しいことを探していたときだった。それに、競走馬を所有するのは昔からの夢だった。「ぜひ、一緒に」と、ケンに返事をした。

ケンが紹介してくれた競走馬は、四歳馬でプレベンドという名前だった。とても競走馬とは思えないほど、足が遅かった。プレベンドはいろいろなアレルギーに悩まされ、まともに走ることさえできなかった。それでもケンは、プレベンドが参加するレースには欠かさず観戦に出かけては、そのレースの模様を伝えてきた。

「マーティー、大丈夫だよ。プレベンドは本当にいい馬だから、トレーナーがちゃんと薬を調合できれば、問題ないよ」

「ついに、トレーナーが新しい薬を手に入れたから、次は勝てると思うよ」

「マーティー！　もう少しで、三着だったよ、プレベンドは。この次のレースには、必ず、観戦に行った方がいいよ」とか、とにかく悪い話をケンの口から聞くことはなかった。

勝てないプレベンドを追っかけて、飛び回るほど暇ではなかったが、ある日、ケンからプレベンドが出走すると聞かされた。

「マーティー、来週の水曜日にプレベンドがピムリコ競馬場のレースに出るんだ。メリーランド・レーシング委員会が許可した薬をプレベンドに使っているけど、今度は優勝するよ。トレーニングもかなりこなしているから、今度のレースには、ぜひ観戦に来てくれ」

ケンの言う通りで、オーナーであるのに、全く一度もレースを観戦に行かないのもおかしな話である。それに、ピムリコはボルチモアにあり、ニューヨークからはそれほど遠くない。

「ケン、分かったよ。メトロライナーを使ってピムリコに行って、そこで、一日、ゆっくりするよ」と、私はケンと競馬場で会う約束をした。

一〇時三〇分発の電車に乗るはずだったが、市場の寄り付き後、すぐにポジションを建ててから気が変わった。面白い相場展開を見逃したくなかったのだ。それに、わざわざメリーランドに出向かなくても、近くの場外馬券場（ＯＴＢ）に行って、そこでプレベンドに賭ければ済むことだった。

そして、なんとプレベンドはこのレースに勝った。初優勝を見逃しただけではなく、ＯＴＢで二〇〇〇ドルをプレベンドに賭けたところ、五五〇〇ドルしか払い戻されなかった。しかし、同じレースでも、ピムリコ競馬場では一二倍以上の倍率がついていたので、ピムリコに行って賭けていれば、二万五二〇〇ドルの儲けになっていた。もちろん、ケンは私の行動が信じられないようだった。

「計画実行リストを書き直した方がいいよ」と、言っていた。

しかしその後、プレベンドはぜんそくを患い、ただ同然の値段で売りに出した。あのレース優勝後に売っていれば、かなりの儲けが出ただろう。それ以後、競走馬には手を出していない。しかしまた、近い将来、気が変わって、競走馬を買うかもしれない。そのときは、この教訓を生かして、優先事項をはっきりさせて行動を取るようにする。多くの投資家たちは相場にのめり込んで、状況を把握できなくなる。長く働けばよいのではなく、効率良く仕事をこなすことは大事なことである。大抵の場合、長く働いていると効率は悪くなる。

これまでの経験から、予想以上の儲けを上げられたり、目標を早く達成できたときは、相場から離れて休暇を取った方がよい。自分の努力に自分からの報酬として休暇を与えるのだ。一般的には、目標達成までとにかく突き進むべきだとされているが、私の経験から、途中で休みを取った方が無理なく目標を達成できる。

自分のバランスを保つこと。自分の馬がレースに出るときには、相場など忘れて、思いっきりその馬に賭け、その日を楽しむべきだろう。

伝説の夜戦――買って、買って、買いまくれ

「俺の厳しさに、お前たちは嫌気が差すだろう。嫌えば嫌うほど、お前たちは俺から多くのことを学ぶんだ。厳しくても、公平さだけは失ってはいないぞ。人種差別など、ここでは存在しない。どんな色の肌でも、見下したりはしない。ここに集まっているお前たちは、等しく使い物にならない人間だ。この海兵隊で全力を尽くさない腰抜けを排除するための訓練をここで行っている。これからは、話すことが許可されたとき以外は、絶対に口を開くな。言葉の最初と最後には、必ず『サー』をつけろ。お前たち、分かったのか！」

「サー、イエス・サー」

「嘘をつくな。聞こえない！」

「サー、イエス・サー」

「まだ、声が小さい！」

「サー、イエス・サー！」

一九六八年二月五日、バージニア州クワンティコにある海兵隊の基地で士官候補生たちが集まり、そこで訓練を受けるキャンプに私も参加した。コロンビア大学のビジネス・スクールに入学してまもなく、海兵隊の予備役に入隊手続きをした。当時、学内では、ペンタゴンが徴兵を逃れるために大学院に進学している生徒を徴兵して戦場に送り込もうと計画している、という噂が広がっていた。自分の意思を確認されずに、ベトナムに飛ばされるのはごめんだった。そこで、海兵隊の予備役に志願入隊した。

このキャンプではすべての動きが監視され、そして、ただ命令に服従するという非常に過酷な一〇週間が続く。ここでの訓練目的は、各自が持っている人格や性格を叩きつぶし、海兵隊で軍務を全うできる兵士に作り上げることである。過密なスケジュールは、早朝、五時三〇分のゴミ箱の回収から始まり、延々と夜の一〇時まで訓練が続く。消灯になり寝台に横になっても、神経が休まることはない。疲れが極限に達して、眠りにつくとすぐに起床の時間になる。こんな生活が一〇週間も続く。私はこのキャンプで生き残ることができた。

「おめでとう、シュワルツ少尉。これで、君も海兵隊の一員だ」

伝説の夜戦――買って、買って、買いまくれ

六週間にも及ぶウイルス感染による心のう炎との長い戦いは、一九九〇年一一月七日から始まった。完治して病院から自宅に戻ったのは、一二月一四日だった。それ以後、オフィスを自宅に移して、自宅からトレーディングを再開させた。昼食時には、レキシントンアベニューの七五〇番地のオフィスからアシスタントのロブ・レビンが私を迎えに来て、散歩に同行してくれた。ホックマン医師は、気温が零度を下回っていても、なるべく外の空気を吸って、少しずつ体を動かすように指示した。一九八七年にオードリーと画廊主のアル・フレスコを連れてロシアに旅行に行ったときに購入したレビロンのカシミアのコートを身にまとい、襟を立て、首にはアルマーニのマフラーを巻いて重装備で散歩に出かけた。モスクワのグム・デパートで買ったイタチの毛皮の帽子をかぶって、ロブと一緒に冬のニューヨークを歩いて回った。

散歩を日課としてできるようになったのは、年が明けてからだった。一面真っ白なニューヨークと同じく、私の投資計画もまた白紙からスタートをする。新しいことは、年明けに始めたいというのが私の意向だった。入院中に半分の投資家が去ってしまい、命まで落としそうになった。しかし、復活した今、私のファンドに投資を続行してくれている投資家たちのためにも、サブリナ・パートナーズをより効率良く運用する使命が残されていた。キャプテン・シュワルツに与えられた任務は、また戦闘の先頭に立って戦うことだった。

愛国、アメリカの一人として、アメリカ国民のために戦う。

愛国、アメリカの一人として、アメリカ国民のために戦う。
それが、アメリカ人としての使命だ。
それが、アメリカ人としての使命だ。
一、二、三、四、アメリカ海兵隊。
一、二、三、四、アメリカ海兵隊。
一、二、三、四、アイ・ラブ・マリーン。
一、二、三、四、アイ・ラブ・マリーン。
俺の部隊であり、お前の部隊であり、われらの部隊、それは海兵隊。
俺の部隊であり、お前の部隊であり、われらの部隊、それは海兵隊。

初めて散歩をした一月二日は、マンションの周りを一周するのがやっとだった。体力とスタミナが完全に不足していた。手術した胸の辺りに痛みを感じていた。それと、プレドニソンを服用していたので、副作用として精神錯乱状態に陥りやすくなっていたので、トレーダーにはあまりいい薬とはいえなかった。家庭の医学書によると、恐怖心の増加、躁鬱病、人格の変化などが副作用として挙げられていた。このプレドニソンは、不安定な精神状態を悪化させることも頻繁にあると言われている。ホックマン医師は、なるべく早く、この薬の常用をやめるために、私に体力作りをするように指示した。

ロブに連れられ、外を散歩してから戻ってくると汗びっしょりになり、息をするのが苦しいぐらいだった。しかし、毎日、この散歩を繰り返しているうちに体力は徐々に回復してきた。四ブロック、八ブロック、一二ブロックと歩く距離を伸ばしていくにしたがって、薬の量は三〇ミリグラム、二五ミリグラム、二〇ミリグラムと徐々に減っていった。

一九九〇年八月二日に、サダム・フセインがクウェートに侵攻してから、相場の動きが異常に荒れ始めた。多くの個別銘柄は売られ、原油などの商品先物市場は強い上昇をみせていた。また、イラクがイスラエルに向けてスカッド・ミサイルを発射するたびに、ニューヨークのプログラム・トレーダーたちもコンピューターのキーを叩く。そして、そのたびに、市場はパニックに陥った。こんな状態が続いていた。

一九九一年一月九日にジュネーブで、当時のベーカー国務長官とイラク政府代表者たちとの話し合いが持たれた。市場参加者の多くは、この会談の席上で何らかの仮条約が交わされ、停戦に向かうと予想していた。この会談を終えて、ベーカー国務長官が会場の外に待つカメラマンに向かって言った最初の言葉が、「残念ながら」だった。その一言で、S&P指数先物が一〇ポイント下げ、長官の話が終わる前に相場は売り崩された。私も土豪に潜り込み、敵に向かって銃を撃ちまくった。ただし、私の戦場はS&P指数先物市場だった。流れに遅れまいと、売りに出て、下がってはすぐに買い戻した。売っては買い、売っては買いの繰り返しだった。

次の水曜日にオードリーと相場について話をしていた。

「オードリー、開戦と騒いでいるけど、市場はすでにこの事態を織り込んでしまったと思う。これまでの下げにも限界が来ているように思うんだ。それに、僕のインディケーターはすべてが、相場は売られ過ぎていると分析している。何かが起きる前に、株を買った方がいいように思うんだが、どうかな?」

オードリーの意見を、どうしても聞いてみたかった。どうしても、自分のカンが相場から来るものなのか、それともプレドニソンの副作用のためなのか確めたかった。

「バジー、そう感じるのなら、勝負に出てみたら」と、オードリーは答えた。

私はリストの中から目をつけていた銘柄を買い始めた。アムゲン、ビリストル・メイヤー、コンパック、デルタ航空、ファニー・メイ、ギャップ、ジレット、ホーム・デポ、ジョンソン・アンド・ジョンソン、ザ・リミテッド、メルク、マイクロソフト、ナイキ、ノーベル、フィリップ・モリス、テキサス・インスツルメンツ、ユナイテッド航空、ウォールマート、ウエスト・マネジメントなどだ。私はアメリカがこの湾岸戦争に何らかの決着をつけると強く確信していた。そして、その時が来ると、市場はその動きを好感して、買い戻されると感じた。月曜と火曜日の二日間で、S&P指数先物を一六〇枚買い持ちにした。これで一二〇〇万ドル分の買い持ちポジションができた。あとは、相場が上がるのを待つだけだ。

一月一六日水曜日の夕方、書斎に戻ってソファに横になりながら、NBCのナイトリー・ニュースを見ることにした。体力を使い果たして、疲れ切っていた。三度目の退院から五週間が過ぎて、今日初めて二〇ブロックを歩いて、一マイルの散歩ができたばかりだったからだろう。リモコンのスイッチを押すと、トム・ブロコーの姿が画面に現れた。緊張したその顔とエネルギッシュな発言から、トムが大きな出来事をリポートしようとしているのはすぐに分かった。彼の口から、たった今、ホワイトハウスのブッシュ大統領が執務室から、砂の嵐作戦開始の指示を出して、イラクに空爆を始めたと伝えられた。

一度、海兵隊に属せば、一生、海兵隊員だ。戦争を望んでいたわけでもなく、多くの犠牲者を生む戦争には反対だ。また、私は死の淵から生還したばかりで、完全に回復したとはいえない状態だった。しかし、一九九一年一月一六日に戦争が始まったとき、自分が海兵隊員であることを再確認し、その準備もできていた。私は戦争に行くべき時だと思った。ソファから立ち上がり、自宅のオフィスに戻って、椅子に腰掛けた。そして、ヘッドホンセットを取り出しながら、時計に目をやった。時計は、まだ明るい東部時間の一八時四〇分を指していた。トレーディングのことなど、全く頭中になく、自分はタフな海兵隊だと思った。投資家の半分に見捨てられたトレーダーとは、どういうものなのだろうか？　自分に与えられた使命を忠実に実行しようと、このときに決心した。

「シュワルツ、お前の顔を見てみろ！」

「サー？」

「戦場に行く戦士の顔つきを見せてやる！　これが戦士の顔つきだ！　ウォー！」

「アーウォォォォォォォォォォー！」

「そんな顔じゃない。これが本物の戦士の顔だ！」

「ウォー、ウォー、ウォー！」

「そんな面構えで戦場に行くのか？　ふざけるな！」

「サー、イエス・サー」

アメリカは、Ｆ15戦闘機にレーザー誘導ミサイルを搭載して空からの攻撃を仕掛けた。この爆弾は正確に敵地を撃退できる。ラクダ運転手もエリート精鋭部隊のイラク共和国親衛隊も、全滅させる目的でこの戦闘が開始され、一刻も早く終戦を迎えたいという意向が伺えた。私も負けることなく、先に先に行動を取ることにした。

「今日、九時にマジック・ショーが開かれる。そこで、チャーリー牧師が世界の自由は神と海兵隊によって築かれているという説教をする。神は海兵隊に大変厳しい態度を取っている。それは、われわれ海兵隊は目に入るものすべてを殺すからだ。しかし、神には神のルールがあり、海兵隊には海兵隊のルールがある。神への感謝の思いを、われわれ海兵隊は敵を殺して、多くの魂を神の御許に送ることで表している。海兵隊の目の前に神がいる。神にお前たちの魂を捧げ、その肉体を友のために捧げろ。分かったか？」

「サー、イエス・サー」

アメリカが参戦した今、この四カ月間、恐怖と不安から原油と金価格を押し上げてきたエネルギーが消えてなくなる恐れがある。夜間に取引されている市場を探さなくてはならない。原油と金を空売りして、あとで下がったところを買い戻そうと考えた。なぜ中東で争いが開始されたのに、原油先物を空売りするのか？　パニックに陥ったとき、誰もが金を買うのに、どうして金先物を売るのか？　その理由は、クウェート侵略が起きてから原油も金もかなり買われたが、サダム・フセインの無謀な戦略が失敗に終わると市場が察知した瞬間に買い持ちを手仕舞いにかかる。そうなると、木から落ちるココナッツの実のように、ストンとすごい勢いで足元に降ってくる。今すぐに、原油と金を空売りしたい。椅子に深く背をもたせ、キダー・ピボーティー証券の夜間デスクに電話を入れた。

「マーティー・シュワルツだが、口座が君のところにある。サブリナ・パートーナーズという会社名で口座を持っている。……S・A・B・R・I・N・A、サブリナ、サブリナだ！　金と原油を売りたい。今すぐにだ、それらの商品を取り扱っている市場に連絡を入れてくれ！」

（無言）

「うん？　母親の旧姓だと？　スナイダー。S・N・Y・D・E・R、スナイダーだ！」

（無言）

時計を見ると、一八時四二分だった。市場が私を置いて動き出してしまう。時間を無駄にできない。CBOTの夜間取引がどんな状況か、端末の画面を見てみた。一八時二〇分から二一時〇五分まで夜間取引が開かれているので、シカゴに連絡を入れてみた。シカゴのフロアに直接ラインを引いてあり、取引先はディスカウント・コープとLITフューチャーズの二社を使っていた。クッシュとゴールドフェッダーが電話に出た。ディスカウントのケン・クッシュとLITのエビー・ゴールドフェッダーは砂漠の嵐作戦開始のニュースを聞きつけ、すぐにタクシーに乗り、われわれの戦場に駆けつけてきたプロフェッショナル・ブローカーたちである。病院での一件以来、ゴールドフェッダーを「ドク」と呼んでいる。本当に素晴らしい兵士たちだ。これで、戦線には二人の兵士がいることが確認できた。あとは、彼らと無線で敵陣の動きをマークすることだけだ。いよいよ、一戦交える時が来た。

この三日間、Tボンド市場に買い戻しの前兆を感じていた。トレーディング日誌には、売買するたびに、そのときの市場の反応などをメモ書きしている。先週の日誌には、ところどころにTボンド市場の変化についてのメモが残されたいた。

「Tボンドの買い時期到来」

「金利の変化に対応して、大きく買いに出ろ」

「Tボンドは大底」

口座には十分な資金を預けてあり、好きなだけTボンド先物を市場で買えるように用意しておいた。Tボンド三月限は九三一五（この九三一五は、九三と三二分の一五という意味である。米債券は一呼値が三二分の一になる）付近が絶好の買い場で、すでに偵察隊を送っておいた。金と原油がこの不透明な状況下で売られるようであれば、商品と金利は下がるはずだ。金利低下は、債券価格の上昇を意味する。

「ケン、Tボンド三月限はいくらだ?」。Tボンドは、一枚当たりの額面が一〇万ドルである。

「九三一八だ、マーティー」

「九三一八で二〇枚買ってくれ!」と、ケンに命令を出した。

一瞬、電話の向こうが静かになる。

「マーティー、九三一八で買えたよ」。この二〇枚の買いは、二〇〇万ドルに相当するTボンドを九三と三二分の一八で購入する契約を交わしたことを意味する。この三月限は三月にそのTボンドを受け渡すという意味である。口座に十分な取引資金を預けてあるので、この先物購入代金を支払わなくてもよい。

買ってすぐにスクリーンをチェックすると、価格が九三二〇を示していた。私のカンは正しかった。Tボンドが買い上げられるのは間違いない。攻撃開始だ。

「もしもしシュワルツさん、キダー・ピボーティーですが、長らく待たせて済みません」。時計は一八時四四分を指していた。この二分間は、トレーダーにとって果てしなく長いものだった。

「サブリナ・パートナーズとサブリナ・オフショア・ファンドの口座は、確かにあるのですが、金と原油を海外市場で取引できるような契約を交わしておりません」

「契約内容を、今すぐ、変更してくれ!」。畜生! この大事なときに。

「シュワルツさん、申し訳ないですが、原油と金が今の時間に取引されているのは、極東の香港、シンガポール、日本で、それらの取引所で上場されている金と原油は、アメリカで取引されている先物商品とは、取引概要が違います」

「それらの市場で取引できる口座を、とにかく今すぐに、開設してくれ！　時間がもったいない。急いでくれ」。畜生、最悪だ！

「分かりました。やってみます」

「それと、海外とリンクしている商品がないか調べてくれ！」

キダー・ピボーティーの担当者に指示を出して、すぐに、Tボンド市場をチェックした。

「ドク、ドク！　いるか？」

今度は、LITの電話でゴールドフェッダーを呼び出した。できることなら、少なくとも二社以上のブローカーと取引をした方が何かというときに便利で、安全である。一社だけでは、どうしてもブローカーの言いなりになってしまう。二社を競わせることで、より良いサービスを受けることができる。

「ハイ、マーティー」

「ドク、九三二四で二〇枚買ってくれ！」と、端末に目をやって、Tボンドの動きをチェックしながら指示した。

一瞬、沈黙が訪れた。

「九三二四で二〇枚買えたよ」。時間が刻々と過ぎていく。時計は一八時四八分だった。

電話が鳴った。キダー・ピボーティー証券の夜間デスクからだった。

「シュワルツさん、良い知らせがあります。シンガポール先物市場でユーロ・ドル先物が取引されていますが、この商品ですと、翌日、お持ちの口座に移行できます」

良い知らせと聞いて、期待してみると誰でも知っていることをわざわざ説明してくれた。

「それぐらいのことは知っているよ。それよりも、とっとと金と原油を取引できる海外口座開設を進めてくれ！」

「*草の肥やしは何だ？*」

「*血だ、血だ、生き血だ*」

「淑女のみなさん、どうやって暮らしを立てておられる？」

「*殺し、殺しだ、殺し*」

「声が小さい」

「*殺し、殺し、殺しぃー！*」

クッシュから戦場報告が送られてきた。

「マーティー、Tボンドは大暴騰だ！　最後は、九四〇三で取引されたよ」

「九四〇三で四〇枚買ってくれ！」

また、沈黙が走る。

「四〇枚を九四〇三で買えた」。一九時〇五分。

これで、Tボンド先物は、合計一六〇枚の買い持ちになった。日中、八〇枚を九三一五で買って、この夜間取引でもう八〇枚を買った。一六〇〇万ドル相当のTボンドを買った計算になる。この時点で、含み益は六万七五〇〇ドルだった。作戦は順調に実行されていた。私の左側面は、クッシュの指示でCBOTのピットの動きを把握していた。ここで、ゴールドフェッダーを右側面に送り込んで、敵からの攻めに備えることにした。

「ドク！　ドク！　応答しろ？」

「ラジャー、モッティー」

信じ難い話だが、ゴールドフェッダーはイスラエル空軍予備役の一員で、毎年、夏になると二週間だけ祖国に帰って軍事訓練キャンプに参加していた。彼が今回の砂漠の嵐作戦についてどのように感じているか興味深かったが、今は無駄話をしている時間がない。一六〇〇万ドルのTボンドを背負っている間は戦いに集中しなくては、やられてしまう。

「ドク！　ユーロ・ドル三月限先物をシンガポール市場で一〇〇枚買ってくれ！」

いろいろな戦場に乗り込んで行って、戦いたかった。ユーロ・ドル先物を買い持ちにしたのは、短期金利も低下すると予測したからだ。Tボンドを買って、長期金利が下がると予測したのと同じである。

（沈黙）

「ユーロ・ドル三月限、一〇〇枚を九二六五で確保しました」

時刻は一九時一八分。左側の兵士に向かって、新たな指示を出した。

「ケン、九四〇七でもう二〇枚の買いだ！」

Tボンドの値は上がる一方で、それにつられて、私の自信も増していった。この戦略が正しいことを肌で感じていた。この時点で、Tボンド先物を二〇〇枚とかなりの買い増しをしたが、今回の戦いでは、このポジション数は決して多くなかった。攻めで押し進むしかなかった。興奮のあまり、額には汗が浮んできた。オードリーがオフィスにお菓子とお茶を持って入ってきた。ナプキンで額を軽く拭いてくれた。そして、心配そうな声で聞いてきた。

「バジー！　大丈夫？」

「オードリー！　Tボンドを思いっきり買い上げているんだ。気分は最高だよ」

「大丈夫？　プレドニソンのせいじゃないの？」

「違う、違うよ。買い持ちを膨らませている。もっと、買うよ」

オードリーはトレーディング日誌をのぞいて、励ましてくれた。

「バジー、調子が良さそうね。頑張ってね」

一九時五八分。「ドク！　九四二二で二〇枚買ってくれ」

二〇時〇六分。「ケン！　九四二五で二〇枚買ってくれ」

二〇時一九分。「ケン！　ここで勝負だ。九四二八で七〇枚買ってくれ！」

この時点で、Tボンド先物の買い持ちは三五〇枚になっていた。相場は、まだ上がっている。

ママとパパがベッドでねている
ママがねがえりをうって、ささやいた
ちょうだい
（ちょうだい）
ちょうだい
（ちょうだい）
ピロー・トーク
（ピロー・トーク）
PT
（PT）
あなたにとっていいこと
（あなたにとっていいこと）
わたしにとってもいいこと
（わたしにとってもいいこと）

「ケン！　九五〇六で五〇枚買ってくれ」
（沈黙）

「マーティー、ダメだ。買い上げられて、九五〇六の売りがもうない」

「成り行きで買え！」

成り行きとは、指値とは違い、そのときに場に出ている値段で売りや買いの注文を執行することで、価格は二の次になる。九五〇九で二〇枚、九五一〇で三〇枚買えたと、クッシュは報告してきた。

「ドク！　成り行きで三〇枚買ってくれ！」

「モッティー、調子を落とした方が……。まだ完全に直っていないんだろ、大丈夫か？」

「誰に指図してるんだ！　言われた通りにTボンドを買え！　今すぐに、すぐにだ」

イスラエル兵士は、九五一二でTボンドを撃墜した。

二一時〇五分でCBOTの夜間取引は終了した。この二時間半、連続でTボンド先物を買いまくって、合計で五〇〇枚の買い持ちができた。一服しようと、テレビのスイッチを入れてニュース・チャンネルを探した。流れてくるニュースには、最新技術を搭載した兵器でイラク軍を撃破している様子が映し出されていた。このままでは、あっという間に終戦を迎えるだろう。

オードリーがサンドイッチと紅茶を持ってオフィスに入ってきた。

「バジー、調子はどう？」

「すごく調子はいいよ。作戦が思いのほかうまくいっているんだ。原油と金を空売りしたいけど、海外市場用の口座がないので間に合いそうにもないけどね。それでも、Tボンドで買い持ちにしているから、流れに乗れているよ」

「今日できることは、もう十分でしょう。今日はこれくらいにして、もう休んでちょうだい。また、ここで倒れるわけにはいかないでしょう」

「その通りだね。ポジションの整理と明日の準備をしてから寝るよ」

オードリーの言う通りだ。アドレナリンとプレドニソン二〇ミリグラムを常用している体には、これ以上は戦えない。

オードリーは私の返事に満足して、オフィスを出ていった。クッシュとゴールドフェッダーを帰して、キダー・ピボーティーに電話を入れてみた。結局、海外取引用の口座開設はできなかった。それでも、明日にはこの口座も開設できるように取り計らうという話を聞いて、一安心した。受話器を置いてから、CNNとトレーディング日誌を交互に見ながら、明日の作戦を立て始めた。

Tボンド先物は、九三一五から買い始めて、九五一二まで買い、合計五〇〇枚。ユーロ・ドルは、九二六五で買い持ちにした一〇〇枚。それにS&P指数先物は、一六〇枚買い持ちにしてある。現物株には、総額一二〇〇万ドルを投じておいた。すべて、買い持ちである。夜間取引がない株式市場とS&P指数先物市場は、明日の朝まで動きがない。Tボンド先物の含み益が四〇万ドル出ていた。たった二時間半で四〇万ドルの含み益とは悪くない。しかし、本番は明日の朝だ。ただ原油と金を空売りできなかったことだけが悔やまれる。

いつもは夜間取引に参加していないので、今ごろは明日の準備が整っているはずだが、今日は特別だ。指数移動平均線とプット・コール・レシオを計算する。明日の作戦を五×八のインデックスカードにメモしておく。ホットライン・サービスとファックスで送られてきたコメントに目を通して、現物株のチャートを更新する。すべてが完了したのが、二三時三〇分だった。

椅子から立ち上がり、客間のベッドに横になった。プレドニソンのせいか、寝汗を大量にかくので、夜中に数回起きて下着を取り替えるために客間のベッドで寝ていた。手術の傷跡が痛むのでパジャマは着ないで、病院で着用するガウンを着て寝ていた。その方が、下着を履き替えるのも楽にできた。脈拍は上がり、心臓が高鳴っていた。全く良い状態だとはいえない中、横になりながらポジションのことを考えていた。

「シュワルツ！　よぼよぼの年寄りみたいに歩くな！　もっと早く動け！　立ち止まるな！　何をもぞもぞしている！　もうやめるのか？　この役立たず！　お前の玉を切り取って、もうこれ以上、大地を汚せないようにしてやる！　これだけ言われても、まだ立ち止まるのか？」

「サー、イエス・サー」

僕は一体、ベッドに横になって何をしているのだ？　クッシュやゴールドフェッダー、それにオードリーは休息を取れても、キャプテンは戦いに勝つまでは眠れないはずだ。それに気がついた私は、傷ついた体を引きずってオフィスに戻り、テレビのスイッチを入れてみた。CNNには、空爆作戦から無事帰還したパイロットがサウジアラビアの基地でインタビューに答えていた。時計は、午前二時を指していた。テレビに映し出される砂漠には、太陽の光がまぶしかった。インタビューに答えるパイロットたちは、冷静さを失うまいと必死であったが、その顔には喜びの笑みがあふれていた。砂漠の嵐作戦の攻撃は、予想以上にうまくいっている。この空爆で、国会議事堂、製油精錬所、バグダッド国際空港、それにサダムの宮殿にも損害を与えた。テレビは、完全勝利を映し出していた。原油と金を空売りできなかったことが、また非常に悔やまれた。

念のために、キダー・ピボーティーの夜間デスクに口座開設について確認の電話を入れたが、何の進展もなかった。金と原油はアジア市場で大きく下げていた。そろそろ、ロンドン市場が開く時間になっていた。サブリナの口座でロンドンで取引できないか、キダー・ピボーティーのロンドン支店に電話して確めたが、回答はノーだった。シドニー支店にも電話したが、同じ答えが返ってきた。時間は刻々と過ぎ、三時四五分になった。原油と金価格は、すでに落ち着きを取り戻し始めていた。チャンスを逃してしまった。眠くて、もう目を開けていられなくなってきた。

「祈れ！」

「手に中にあるのは最愛のライフル。似たようなライフルはたくさんあるが、これは俺のライフルだ。兵士にとって最愛の友はライフル。このライフルこそ、俺のライフル。十分に手入れを施し、体の一部として、このライフルを操れ。このライフルなしでは、俺も役立たず。無駄撃ちするな。敵に撃たれる前に撃て。ここで、神に誓う。このライフルと共にアメリカのために戦う。われわれは自由と平和のために戦う。敵を完全に倒すまで。アーメン」

「おやすみ、淑女のみなさん」

「バジー！　起きて。もう五時すぎよ。パンツ一枚で椅子に座って、どうしたの？　早く、ベッドに行って」

とにかく、眠りたかった。しかし、今日だけは、そうはいかない。他の日なら、いつでも眠れる。しかし、一〇年に数回しかないチャンスを逃すわけにはいかない。ベッドに戻らず、シャワーを浴びて、軽く朝食を取ってから、オフィスに戻ったのが朝の六時半だった。一晩中、ファックスは止まることがなかった。夜間取引明細をはじめ、いろいろなコメントが送られてきた。取引明細の確認は、市場が開く前に完了させておかないと、今日みたいに激しい動きが予想される日には、ちょっとしたミスが巨額の損失を生むことになる。そして、いつものように『ニューヨーク・タイムズ』と『ウォール・ストリート・ジャーナル』にざっと目を通した。アレキサンダー・ハミルトンによって一八〇一年に創刊された『ニューヨーク・ポスト』の一面には、大きく「WAR（戦争）」の文字が書かれてあった。

七時三〇分にノーマン・シュワルツコフ大将が記者会見に臨み、多くのことを発表した。史上最大規模の空爆を実施した。バグダッドは地獄に変わってしまい、精鋭のイラク共和国親衛隊は全滅した。イラク空軍は、戦闘機を飛ばすチャンスもなかった。サダム・フセインは、指揮を執らずにどこかに隠れている。アメリカ軍は、全く被害に遭わなかったと報告された。

このニュースを見て、株とS&P指数先物の買い持ちを維持して、ユーロ・ドルとTボンドを売り落ちして、利益を確定させるべきだと感じた。ロンドンに電話して、金と原油市場がどうなっているか確認してみた。商品相場は落ち着きを取り戻していた。このままだと、TボンドもユーロＮドル市場も動きを止めてしまうに違いない。寄り付きで、ユーロ・ドルとTボンドを売りに出した。朝、八時にクッシュとゴールドフェッダーがフロアにいることが確認できた。シカゴのTボンド先物市場のオープンは八時二〇分だ。

「シュワルツ！　なぜ、この海兵隊に入隊した？」

「サー、敵を殺すためです」

「お前は殺し屋なんだな？」

「サー、イエス・サー」

「だったから、戦場に行って、敵を殺してこい！」

「ドク！　ユーロ殲滅作戦に出るぞ。で、今いくらだ？」

「モッティー、ユーロは九二八九だ」

「一〇〇枚全部、売ってくれ！」

「売れたよ、モッティー」。六万ドルの儲けだ。

「よくやった。Tボンドは、九六一二か？　五〇枚売ってくれ、ドク。ケン！　五〇枚売ってくれ。もう五〇枚売ってくれ」と、次々と売りを入れた。九六一九で最後の売りが完了した時点では、日が高く昇り、オフィスの窓ガラスを照らしていた。

「この世で最強の兵器はライフルと海兵隊だ。戦闘を勝ち抜き、生還をするには、鍛え抜かれた肉体と精神力が必要だ。海兵隊員にとって、道具はライフルだけだ。確固たる決意がなければ敵を殺せない。一瞬の迷いが、一人の戦死者を出す。しかし、海兵隊は許可なく死ぬことができないんだ。許可なく死んだ海兵隊員は、ただのゴミだ。分かったか？」

「サー、イエス・サー」

私はチャンスを逃さなかった。この相場を勝ち取ってやるという確固たる決意は揺るぐことはなく、株とTボンド市場で一二〇〇万ドル稼いだ。それは、優秀な海兵隊員や将校が完全に任務を全うするのと同じように、チャンピオン・トレーダーとしてやるべきことをやったまでである。そう、いつものように忠実に。

一日や週の初めに買われる傾向

七〇年代後半に、オードリーと一緒によく車でウエストハンプトン・ビーチに出かけた。ちょうどそのころ、独立資金を貯めているころで、ビーチハウスを借りて休暇を楽しんでいた。時間があれば、大通りにオフィスを構えていたロップ・アンド・ロップ（ＲＲ）という小さな証券会社を訪れて暇をつぶしていた。ニューヨーク証券取引所で値付け業者としてフロアで売買をしている数人がグループになって興した証券会社だった。夏の休暇にこの地を訪れている投資家たちがウエストハンプトン・カントリークラブでゴルフを楽しみ、昼食を楽しんだ後に、ちょっと立ち寄って株式市場をチェックするには最高の場所となっていた。

ＲＲは、どちらかといえば、投資家が売買するというよりも気まぐれな投機家の集まるクラブハウスになっていた。オフィスは、狭い一部屋に机が六つ置いてあり、西側の窓の下には長椅子が置かれてあった。そして、東側の壁には、電光掲示板が取りつけられてあり、最新の株価情報が表示されていた。誰でも気軽にこの部屋に入ってこられるが、常連客が長椅子に座って、お互い情報交換をしていた。利食いをする客は机に置かれている電話でその売り注文を大声で叫び、損切りする客は遠くにある机まで行ってその売り注文をこっそりとブローカーに告げていた。ここに来て、常連客の話を聞くとそのエゴの強さに驚かされた。でも、そんな偏屈な連中の集まりだからこそ、暇つぶしにはもってこいだった。

このRRに足を運んでも、話を聞くだけで、私から話しかけることはあまりなかったが、ある日、ジョンという七〇歳代中ごろの老人と話を交わすことになった。ジョンも私と同じく、手描きのチャートを持ってこのオフィスにたまに顔を出していた。ジョンは電光掲示板に流れてくる株価を拾って、指数などを計算していた。そんなジョンが私に話しかけてきた。長い間、ウォール街で相場に携わってきて、今ではニューヨーク証券取引所の会員たちに投資アドバイスをしているると、ジョンは言った。もう現場に立つことはないが、相場には絶えずかかわっているジョンだったが、私に相場についてであることを教えてくれた。彼から教えられるまでは、私はこのことには気がつかなかった。

七〇年代と今では、相場の動きに違いがある。昔は買い相場でも売り相場でも、ゆっくりとしたポジション整理をする期間がみられた。一九八二年以来続いている長くて強い買い相場など、七〇年代にはなかった。ジョンに言わせると、寄り付きから買い上げる動きがみられ、そして、引けにかけて売られる傾向がある。これは、週初めに買われ、週末にかけて売られる傾向ともいえる。ジョンにこの話を聞いたころは、アメリカ市場は下げ途上の相場展開だった。このジョンの言った意味は、デイ・トレーダーたちはポジションを持ち越さないので、買い持ちにして相場が下がれば、引け間際にポジションを整理する。ポジションを数日持ち越すトレーダーたちは、週末に含み損を抱えて二日間過ごしたくないのでポジションを休みの前に整理する。しかし、これが上げ相場では、買い持ちを維持する傾向が強く、ポジションを持ち越す傾向があると、ジョンは言っていた。

ジョンのアドバイスは非常に役に立った。彼の言う、下げ相場で起こる現象を知っているだけで、かなり儲ける機会が広がった。

ジョンのアドバイスがどれだけ有効なものか、最初は分からなかった。それに、RRに集まってくる連中の話がすべて役に立つとは限らない。ただ言えるのは、他のトレーダーの話には心を開いて耳を貸し、長い経験から得られたとするものがあれば、自分でも試してみる。きっと、この繰り返しだろう。ジョンのアドバイスは、私に多くの利益を与えてくれた。彼には感謝している。

生涯最高のトレード――ヘッジファンドの運用停止

砂漠の嵐作戦の勃発から一〇日過ぎた一九九一年一月二六日、四〇度を超える熱にまた悩まされながら、客間に設置した医療ベッドに横になっていた。無理な行動がたたって、三たび心のう炎を再発させてしまった。ウイルスの増殖が原因で、再入院になるとすぐに思った。また、看護婦のエスター・フレデリクセンを呼び戻した。入浴ができないので、彼女はアルコールで私の体を拭いてくれた。クリストドゥルー医師からプレドニソンを一日に四〇ミリグラム与えられた。これでは、ロブと一緒に冬のニューヨークを散歩してリハビリしたことも無駄になってしまった。

入院後、献身的な治療を受けて熱は下がったが、体力は大変低下した。私はプレドニソン漬けの副作用のせいか、不安と恐怖に悩まされた。また、トレーディングを始めても、すぐに体調を壊して、熱が上がり、結局、病院に逆戻りするのではないかと不安で仕方なく、うつ状態が続いた。そのため、ホックマン医師は、なるべく早くプレドニソンから私を解放しようと試みてくれた。また、トレーディングを再開しようと思っても、自分の判断に自信が持てなくなっていた。それは、自分の意思なのか、それとも副作用による一時的なひらめきなのか、全く自分では分からなくなっていた。オードリーや子供たちがどれだけ気を使って私に接しているかと思うだけで、落ち込んでしまう毎日だった。

ホックマン医師は、私にもっとリラックスする方法を身につけるようアドバイスをしてくれ、ストレス管理を専門にしているバーナード・ランディス医師を訪ねるように勧めてくれた。最初に、呼吸パターンを調べ、一分間にどれぐらい呼吸をしているか調査した。六〇〇からスタートして、六〇〇から一三を引いた数字を一分間にどこまで答えられるかチェックすると言われ、私は六〇〇から始めて、五八七、五七四、五六一、五三五、五二二、とできるだけ早く数えた。ランディス医師は私が六七まで数えたところで止めるように言った。一分間にこれだけ早く引き算をできる患者をみたことがないと驚いていた。

「どういうことですか。まだ、一分もたっていないのに、なぜ、止めるんですか？　一分以内に全部できますから、もう一度やらせてください」

「マーティー、数をどれだけ早く数えるかのテストではなく、集中しているときの呼吸パターンを調べるのが、このテストの本来の目的なんだ。通常、一分間に一二回呼吸をするといわれているが、君は二〇回、呼吸をしていた」

「この一分間コンテストに勝ちたいから、もう一度、やらせてください。絶対にできます。さあ、始めてください」と、ランディス医師に迫った。

これが、私とランディス医師との長い付き合いの始まりだった。冬から春にかけて、彼の下でリラックスする方法やテクニックを学んだ。六月に、やっとプレドニソンから開放された。私の努力を称える意味で休暇を取るようにランディス医師に勧められ、オードリーと話し合って、アルプスに二週間の休暇に出かけることにした。アルプスに行くのは二年ぶりだった。前回、この地を訪れたときに、サブリナ・パートナーズを設立すると決意した。

前回と同じく、スノーマスの麓に寝室が三つのコンドミニアムを借り、平和でストレスのない休暇を、ニューヨークから二〇〇〇マイル離れた広大な山々に囲まれたこのアルプスで過ごすはずだった。しかし、この休暇中も相場からどうしても離れることができなかった。ファンド運用という使命が、私にはまだ残っていた。そのため、ノート型パソコンとファックスを持って、このアルプスにやってきてしまった。

しかし考えてみると、健康を取り戻すのにファンド運用が邪魔をするようでは、いつまでたっても病気は完治しないのは明らかだった。自分の中では、そのことに気がついていた。一九八九年の夏、アルプスから戻ってすぐに、ポーキーのオフィスを訪ね、初めて彼と会ったときのことを思い出していた。

約束の時間にポーキーのオフィスに出向いたが、一時間ほど待たされた。すぐにトレーディングに戻りたいと思っていたので、この待ち時間にはイライラが募った。ファンドを設立したら、まず他のファンド・マネジャーを訪ね、大投資家のネットワークの中に入れないか頼んでみる。このネットワーク作りは非常に大切である。

数日前、サブリナ・パートナーズとサブリナ・オフショア・ファンドが運用する資金を預けてある証券会社のリサーチ部長だったアリーザーに電話をかけ、誰か投資家を紹介してくれないか相談してみた。彼は私のファンドに個人の資金を投資してくれているし、彼の紹介であれば間違いがないと思ったのだ。

「マーティー、私はポーキーと長い付き合いで、彼は、いつも優秀なトレーダーを探しているよ。彼に君のことを電話しておくよ」

アリーザーの紹介でポーキーと会うことになって、ポーキーのオフィスに来たものの、もうすでに一時間も待たされて、私のいら立ちは最高潮に達していた。

私もポーキーの噂は耳にしたことがあった。ウォール街ではポーキーの名は有名だった。彼の運用資金額は数十億ドルと巨額だ。ポーキーには会ったことがなかったが、彼は他人を冷やかすのが好きで、誰も彼のことに好印象を持っていないという評判はよく耳にしていた。取引をしたいと申し出るブローカーがいると、ただからかうだけで、他人に思いやりを見せるような人物ではないという話だった。市場が引ける直前にブローカーが電話を入れると、「分かったよ。そんなに取引を始めたいのなら、アーミグルブムスブラーグを五〇万株買ってくれ！」と言って、受話器を叩きつけるという。

やっとの思いでポーキーから注文を取ったブローカーだが、その銘柄がハッキリしないので、すぐに折り返して、その株名を確かめようとする。ところが、ポーキーは秘書に言って、外線を全く回さないようにしている。ブローカーは、リストから言われた銘柄を探そうとするが、あまりにもその名前が長くてどの会社か分からない。このブローカーはポーキーの秘書に頼み込んで、どうにかその銘柄を聞き出そうとするが、取り合ってもらえない。結局、市場が引けてしまい、取引をまとめることはできない。しかし、最初からポーキーはそのブローカーと取引する気など全くないのだ。ポーキーはそのブローカーをからかっているだけなのだ。一株当たり六セントの手数料がもらえるが、五〇万株だと手数料だけで三万ドルになる。そして、ブローカー個人には、その手数料のうちの二〇％が支払われる。つまり、このブローカーは六〇〇〇ドルの稼ぎを逃してしまった訳である。手数料だけでなく、たった一度のチャンスもダメにしてしまったこのブローカーは、かなりのショックを受けるだろう。ポーキーはそれを知っていて、このブローカーをおちょくっているだけなのである。私は、この手のジョークは大嫌いだ。

あまりにも長く待たされるので、立ち上がってうろうろ歩き回っていたところに、秘書からポーキーの部屋に入るように言われた。ポーキーのオフィスには、無数の端末をはじめ、電話、ファックス、コピー機などありとあらゆる情報機器があった。私の持っている器材の三倍はあっただろう。私が部屋に通されたとき、豪華なカーペットの上に立たされている若いアシスタントがいた。ポーキーが座っていた椅子は特性の皮イスで、その背もたれは異常に高かった。巨大なランチカウンターのような机の上には、無数のスナックや食べ残しが散らばっていた。ファックスやコンピューターからプリントアウトされた書類と一緒に、ベーグル、バヤリィース、キニッシュ、クリスピー・クリムや飲みかけのジュースなどが、コンピューターや携帯電話などといっしょに雑然と机の上に置かれていた。

丸々と太ったポーキーの体は、あごの下の肉がたるんで首がなくなっていた。だから、禿げ上がった頭が首の上ではなく、肩の上に置かれているように見えた。赤みを帯びた丸い顔には、クリームやソースが口の回りについていて、それは見れたものではなかった。私の姿を見つけると、ずんぐりとした指でソファを指して、そこで待つように手で指図した。ポーキーが若いアシスタントにいろいろと文句を言っている間、私はソファに座って、その様子を聞いていた。

「お前の情報源がどんな鋭いヤツらか知らないが、自分なりの考えで行動をしろ！」

ポーキー自身は、親心からこのアシスタントを叱っていると思っているのだろうが、ただのいじめとしか、私の目には映らなかった。ポーキーは、こういういじめがジョークだと思って楽しんでいる。一日に一人はいけにえを捕まえては、いたぶっている。今日は、このアシスタントがポーキーのいけにえになったのだろう。非常に見苦しい光景だった。

ポーキーの熱弁ぶりはとどまるところを知らず、またさらに二〇分も待たされた。そして、アシスタントをいたぶるのに飽きたポーキーが、私の方を向いて聞いてきた。

「シュワルツ、用件はなんだ？」

私は自分で設立したファンドの内容と過去の運用成績などをポーキーに説明して、彼が私のファンドに投資する意向がないか尋ねてみた。

「シュワルツ、手数料は？」

「四％の管理チャージと手数料は利益の二〇％です」と、答えた瞬間、ポーキーの顔面はより一層赤くなり、目を大きく見開いた。

「えー、四％と二〇％だと！　なんで、お前みたいな小僧が俺より高い手数料を客から取れるんだよ！　俺が投資家から徴収できる手数料が一％と二〇％なのに。この俺様より高い手数料を客から徴収できると思っているのか？　俺は、この世界ではベストだ。その俺より高い手数料だと、ふざけるな！　さっさと、出て行け！」と、言うだけ言って、ポーキーは机の上にあったプリッツを口に押し込んだ。口からプリッツがこぼれ落ちてきた。まるで、その光景は、豚そのものだった。

私は開いた口がふさがらなかった。一体、どうしてこの男はこんな態度を取ることができるのだろうか？　お互いをよく知っている友人がアポイントメントを取ってくれた上に、一時間以上も人を平気で待たせ、そのくせ一分も話をしないうちに、人を追い出そうとする。私の手数料が気に入らないのなら、それなりの言い方があるはずだ。私は豚の回りを飛び交うハエに落ちぶれる気はない。ヤツらはポーキーの言うなりになっているだろうが、私にそんな必要は全くない。この豚に飛びかかって、その見えない首を締めつけてやりたかった。しかし、せっかく、ファンドを設立したばかりで、ここでケンカを起こせば、訴訟問題に発展することは間違いなかった。

私はじっと我慢し、その場を立ち去った。しかし、怒りは収まらなかった。エレベーターに乗って、一階に着くころには一段とその怒りは増していた。オフィスに戻ってトレードを開始しようとしても、ポーキーから受けた屈辱が思い起こされて、全く相場に集中できなかった。椅子に座って、どうやってあのポーキーに仕返しをしてやろうかばかりを考えていた。

そのとき、電話が鳴った。ブローカーのトミー・コリンズからだった。デビー・ホーンがCMEを去るときに、代わりのブローカーとしてトミーを紹介してくれた。一九八七年一〇月二二日の暴落をきっかけに、デビーはピットから去った。ピットの連中がジョージ・ソロスを食い物にした日のことだったが、その場に立ち会ったデビーには、転職を決意させる日になった。私にガミガミ言われて一日を過ごすよりも、もっと他の方法で生計を立てることにしたのだろう。

デビーがピットから立ち去る前に、トミーを専任ブローカーとして採用するように勧めてくれた。

「マーティー、彼ならあなたの期待に応えられると思うわ。体格も大きくて、それに体力も十分よ。賢くて、とにかく、トミーはタフだわ。あなたの注文を執行するのに全力でピットに立ち向かって行くはずよ」と、デビーの言う通り、トミーは私の注文をこなすのに全力で戦っている。

私になんと言われても、トミーはいつもベストを尽くすブローカーである。

「トミー、ブロンクスのポーキーという豚野郎のことは知っているか？」

「あのポーキーなら、前に一～二回、話したことがあるよ。『コリンズ、よーく聞いとけ。儲け話があったら、すぐに俺に電話してくれ。なー』と言っていたよ」

「トミー、頼みがあるんだがいいかな？　市場が閉まる直前にポーキーに電話して、儲け話があると言ってくれ。そうすれば、ヤツは、それがなんだか聞いてくるはずだ。そうしたら、こう言ってくれないか。マーティー・シュワルツがアーミグルブムスブラーグと言っていた。そう言って、すぐに電話を切れ、それだけだ」

「マーティー、何なのその名前？」

「アーミグルブムスブラーグだ。大丈夫。ポーキーなら知っているはずだ。ポーキーはすぐに折り返し電話をしてきて、かなり怒って、文句を言うはずだ」

トミーは私の依頼を快く引き受けてくれた。三時五九分に、トミーはポーキーのオフィスに電話を入れた。トミーは、ポーキーがカネになる話はあったらすぐに連絡してくれと言っていたと彼の秘書に言って、彼に取り次いでくれるように頼んだ。ポーキーはすぐに電話に出てきた。

「コリンズ、いい話があるのか？」

「もちろんさ、ポーキーさん。マーティー・シュワルツがアーミグルブムスブラーグを買えと言っていたよ」。そう言うと、トミーはすぐに電話を切った。

予想通り、ポーキーはすぐに折り返してきて、トミーに罵声を浴びせた。

「コリンズ！　貴様、誰に向かってモノを言っているつもりだ。どこと取引している？　お前を、今すぐに、クビにしてやる。俺が言えば、どの証券会社だって言うことを聞くぞ。お前を追放するぐらい、簡単だ」

ポーキーは顔面を真っ赤にして、今にも血管が切れんばかりに怒っていたに違いない。あまりのうるささに、トミーが受話器を耳につけていられなかったはずだ。ポーキーに冗談を受けとめる側のセンスがあろうはずがない。

ポーキーに仕返しができて、私の怒りはやっと収まったが、この一件以来、私はポーキーより大きなファンドを設立して、ヤツを見返してやろうと決意した。誰にも負けない巨大ファンドを作るのが目標となった。死んでもポーキーには負けたくないと思った。

しかし、現実は厳しかった。私は本当に命を落しそうになった。

他人の資金を運用するのは私には向いていないと分かった。他人に実績を報告したり、誰かに監視されているのが嫌でたまらなかった。それに、他のトレーダーと比べられるのも納得いかなかった。私のトレーディング・スタイルは、あくまで市場の流れに乗って利ザヤを稼いでいくスキャルピングなのだ。一日に数回も売買をするこのやり方には、巨額な投資資金を運用するのは合っていない。それに、私の自由までが奪われてしまう。自由が欲しくて独立したのに、最初の目的から大きくそれてしまった。

ジープ・ラングラーの屋根を下ろしてオープン・カーにし、アルプス飛行場や数々の高級リゾート地を横目に見ながら、ここに住んでいる連中のようにはなれないと実感した。トップドッグの仲間入りはしたが、彼らと張り合いを続けることはもうできないと思った。

リトル・ネル・ホテルの本屋に『マーケットの魔術師』を買いに出かけた。スノーマス・クラブのテニスのレッスン・プロにその本をプレゼントするためだ。彼は、辛抱強くテニスに付き合ってくれた。テニスを楽しみながらスタミナをつけようとした私に、彼は親切にいろいろとアドバイスをしてくれた。彼が相場に興味を持っていると言っていたので、『マーケットの魔術師』を送ることにした。

本を手にレジの前に立って順番を待っていたときに、私の前に立っていた大柄な六〇歳代の婦人が振り向いて言った。

「あなたもマーケットの魔術師になりたいの？」

あまりに突然だったので、どう答えてよいか分からなかった。この婦人は、身なりもきちんとしていた。たっぷり配当金と利息を受け取っているのだろう。リラックスした面持ちには、不安など一切なく、健康で毎日楽しく生きているようだった。この婦人の一言で、私は目覚めた。私はマーケットの魔術師になりたいのでなく、この婦人のようになりたいのだ、と。

「いいえ、私はマーケットの魔術師と言われたトレーダーです。でも、言われるほど、素晴らしいものではないですよ」

このとき、ポーキーを叩きのめすことをあきらめた。ファンド運用というゲームから足を洗う決意を固めた。このアルプスでファンド設立を決め、そして今、この同じ場所で、ファンド運用停止を決意した。自分の心の中で、久しぶりにいいトレードができたと思った。

サブリナ・パートナーズ
レキシントンアベニュー七五〇番地　ニューヨーク市　ニューヨーク州　一〇〇二二

一九九一年七月三一日

親愛なるパートナーのみなさま

一九九一年七月末をもって、このパートナーシップを解除して、ファンドを清算することに致しました。今年初めにお預かりした投資資金をご返却申し上げます。また、残りの資金は、監査が完了次第、お返しします。

昨年、一一月に大きな病気にかかってしまい、完治するには、もっとリラックスした環境で時間をかけて治療を受けることが必要との医師団の意見から、今は積極的にファンド運用ができない状態です。回復には、予想以上の時間がかかり、プレドニソンから開放されたのも、ついこの間のことでした。七カ月間、このプレドニソンを常用して、精神的にかなりのダメージを受けました。しかし、これ以上、体に負担をかけるようなことは避け、今は完全回復の道に向かって進みたいと思います。

この八カ月間は、私の人生の中で、最も苦しい時期でした。富と名声を求めるがゆえに、自分にとって最も大切な家族から離れてトレーディングに打ち込んできました。しかし、人生のバランスが乱れている以上、良い成績は望めません。もっと家族との時間を大切に、トレーディングから離れて休息を取りたいという気持ちがあります。パートナーのみなさまには、心から感謝しています。

六月には一・三六％の損失が発生しました。六月末の時点では、年率九・三九％のリターンを上げています。この七月に入り、若干の損失を出しておりますが、監査を済ませ、早急にお預かりしている資金をご返済致します。

敬具

マーティン・シュワルツ

ジェネラル・パートナー

一九九一年八月に、ハンプトンのビーチハウスを訪れて、そこから自己資金でトレーディングを再開した。タオルを腰に巻いて、プールサイドから売買するのは最高に気分が良かった。ランディス医師の勧めで、オードリーと一緒にゴルフも始めた。とても、自分からゴルフを始める気にはなれなかったのは、練習にかなりの時間が取られ、それに一度、コースに出てしまうと一日がつぶれてしまうからだ。ランディス医師の狙いは、この一日をつぶすことにあった。

ハンプトンのゴルフ・クラブに入会してまもなく、オードリーはそこで知り合った夫妻と一緒にコースを回る約束をしてきた。夫の方は銀行勤めをしているということだった。ファンド運用から開放されて、ゴルフ・コースを回る時間も持てるようになっていた。オードリーは、私たちの交際範囲をできる限り広げようとしていた。一〇時半にティーオフの約束だったが、ゴルフ場に出かける前にS&P指数先物市場の動きをチェックしてみた。S&P指数先物は、私の考えていた抵抗線を超えていた。以前から、買われ過ぎだと思っていたので、CMEのトミー・コリンズに電話を入れて、五〇枚、S&P指数先物を売ってみた。そして、携帯電話とメトリプレックスをゴルフバックに忍ばせてゴルフ場に向かった。

コースに出て、お互い他愛のない会話をしながらボールを打っていたが、ゴルフよりS&P指数先物市場のことの方が気になっていた。いつ売り持ちの五〇枚を買い戻せばいいのか、ずっと考えていた。ティーに立つたびに、バックの中にしまってあるメトリプレックスでS&P指数先物の値動きをチェックした。周りには、私が新しいボールをバッグから取り出しているように思わせた。六番ホールのティーに立ったとき、相場は反転した。コリンズに電話をするにも一緒にゴルフをしている夫妻が横にいる。九番ホールまで待つ訳にはいかない。いつ相場が買い上げられてしまうか、分からないからだ。今すぐに、五〇枚を買い戻したかった。しかし、コース場で仕事をするのは、一緒に回っている夫妻に失礼である。この楽しいひとときに、トレーディングはご法度だった。

オードリーとその婦人がトイレに行って、その銀行マンと二人っきりになった。

「マーティー、君の番だよ」

アドレスをとってティーに立った。この一打は、今日、最も飛ばした一発だった。しかし、レッスンでプロから教わった逆をやってしまった。私はプロから言われたことを頭の中で考えていた。「ボールは左の肩の前にセットして、あごを引いて、頭を下げたままで、左ひじは曲げないで、クラブをゆっくり後ろに引いて打ち下ろす」と確か言っていた。私は、ボールを右肩の前にセットして、ヘッドアップをして、左ひじを曲げて、クラブを急いで振り下ろした。

見事に、ボールは右の林の中に打ち込まれた。電話をかけるには、最高のショットだった。

「残念だね。マーティー、ボールは見つからないかもな。一緒に探すよ」と、銀行マンは慰めてくれた。

「大丈夫。どこに行ったか見当がつきますから。見つからなければ、ボールを落して、そこから、ペナルティーとしてもう一回、打ちますよ」と言って、林に向かってダッシュした。大きな木の影に隠れて、バックから携帯電話を取り出してコリンズの番号を回した。

「トミー！　五〇枚、買い戻してくれ！」

このトレードで六万ドル儲けたが、ランディス医師にはそんな私の行動も見破られていた。

「マーティー、君の行動はノーマルではないよ」

「ノーマルって？　誰がノーマルでありたいなんて思うのですか？　他の連中と一緒の行動など、最初から取るつもりなんかないですよ。五歳のときから、他の人間とは違った行動を取るようにしてきた。誰よりも一歩先に行くように心がけてきた。トレーダーである以上、ノーマルではいられないんです。普通を望むなら、インデックス・ファンドに投資して、アナリストとして働き続けていたでしょう。ノーマルなのは、体温だけでいいですよ」

ランディス医師のアドバイスは本当の自分を見つける手助けになった。

「マーティー、君はアルコール依存症患者と同じだよ。アドレナリンが分泌しないとやっていけない依存症になっているんだ。だから、トレーディングの中ですごい激しい行動を求めて、ハイになろうとする。そして、そのアクションにとりつかれてしまって、自分をトレーディングから解放することができなくなっているよ。それで、疲れ果てて、沈んで、燃え尽きている。そんな自分を高揚させる唯一の方法が、またトレーディングをすることだ。そして、病気になるまで、この繰り返し。君にとって、何が本当にしたいのか、しっかり考えることだ」

セラピストたちは、バックボードのような役割を果たしている。本当に何かを見つけるまで、ボールが跳ね返されてくる。ランディス医師とのやり取りは六カ月間続いた。本当にしたいことを見つけられたと実感するまで、彼のところに通ってはいろいろなやり取りをした。手術台の上に横たわっているときに、もし病院から生きて出られたら、今までの自分とは違う生き方をしようと思ったことを思い出していた。トレーディングよりも、もっと、オードリーや子供たちと一緒に過ごしたいと、そのとき、そう思った。

もう十分な蓄えを持っている。それに、必要になれば、いつでも稼げると分かっている。今まで積み上げてきた経験から、朝起きて、戦場に出向いては、その日に、二万、四万、八万ドルと稼ぐことができる。ポーキーにはファンドの運用で勝てなくても、何か他の方法で負かすことはできないか、と考えるようになった。死の世界に一歩足を踏み入れてしまった経験やオードリーの流産、それにオードリーの乳ガンなど、これらの戦いを勝ち抜いてきた今、休息を取ることが必要だと思うようになった。それに、トップのままでこのゲームを終わらせたいとも思った。

これから、何を目指して歩めばいいのだろう？　ランディス医師の言う通り、私はトレーディングにとりつかれている。ニューヨークにこのまま残っていては、何も変えることはできない。今までの生活スタイルや昔からの友人が周りにいる以上、自分を変えるのは難しい。ここに居ては、ポーキーのようにカネにとりつかれてしまう。また、この寒く、暗いニューヨークに飽き飽きしていた。どこか、暖かく、澄み切ったブルーな空が見えるところに移り住みたい。新天地で、きっと新しい自分を見つけることができるはずだ。そして、ニューヨークからフロリダに引っ越すことを決意した。

生活スタイルを変え、ニューヨークから自分を切り離すのは簡単でなかった。オードリーも子供たちも住み慣れた町を離れたくなかったらしく、フロリダ行きには抵抗した。全くフロリダなど知りもしない自分が、どうして子供やオードリーを説得できるだろうか？　私にとってフロリダとは、老後を楽しむ場所というイメージしかなかった。しかし、このとき私は四七歳で、引退するには早すぎる。私自身、フロリダに行きたいとはあまり思っていなかった。それに、引っ越しするのも容易でない。マンションを売って、一二部屋に置かれてあった家具を荷造りするのかと思うと気が遠くなる。新しい家を買って、飾りつけをしなくてはならない。器材も移さなくてはならない。車を下取りに出して、新しい車を二台買って、保険も書き換えなくてはならない。子供の学校も探す必要がある。ざっと考えても、やらなくてはならないことが一〇〇以上はある。ニューヨークに点在する画廊、美術館、ビーチハウス、それにインサイダー・スキニーなど多くの友人と別れるのは辛い。

しかし一方で、ニューヨークとは、雨の日にはタクシーを捕まえることは不可能に近い。町はゴミゴミとして汚くてうるさく、道端にはホームレスがうろついている、数多い誘惑の声があちらこちらから聞こえてくる、どちらを向いてもコンクリートとアスファルト・ジャングルに囲まれている。これも、またニューヨークの姿であることは分かっていたが……。

一九九三年六月に、マンションを売って、南フロリダに引っ越した。そこは静かできれいな町だった。ドライバーのマナーは素晴らしく、競争することなどない。ホームレスもコンクリートもアスファルトもない。あるのは、緑と青い空だ。南部なまりの高齢者とテニスに熱中している老婦人たちがいるだけだ。私は、この環境に全く馴染めなった。オードリーは新しい家での家事があり、子供たちには新しい学校が待っていた。しかし、私の生活は何も変わっていなかった。引っ越しが一段落して、海の見える自分の新しいオフィスに出向いて、そこからCMEのコリンズに電話を入れてトレーディングを始めた。

しかし、これは、私が本当に求めたものではなかった。また、ランディス医師に電話を入れて相談してみた。

「ドク！　私のやったことは、オフィスを薄暗いニューヨークからフロリダに移しただけ、他は何も変わっていないんだ」

ランディスは私が気楽に相談できるフロリダのセラピストを紹介してくれた。ここに来ても、セラピストの助けが必要だった。紹介された医者に会って、数回、カウンセリングを受けた。彼からはもっと気楽に生きろ、とアドバイスされただけだった。

「マーティー、君はあまりに生真面目で気を休めようとしていない。オードリーも同じだ。それに、子供たちまでもその生真面目で、何でも真剣に取り組むよう育てている。このフロリダにいる限り、もっとリラックスしてゴルフを楽しんだり、本を読んだり、ビーチに行って時間つぶすなりして、気を休めた方がいい」

「もちろん、私は生真面目で、いつでも真剣ですよ。大体、勝ち負けの世界で、勝つことは負けることよりもずっといいに決まっているんですから。その儲けたおカネを払って、悪いところを医者に診て直してもらっているんです。そのどこが悪いのですか？」

この二年間、医者やカウンセラーとのやり取りに、かなりのおカネを注ぎ込んだ。その結果、私が得ることができた一つの回答は、二四時間という限られた時間内で、夫、父親、そして、トレーダーとして、すべての責任と任務を果たすことは無理ということである。私は、元々、完璧主義者である。自分の思っている通りの完璧なトレードをするのに、一日一四時間かかってしまう。この一四時間を短縮するのに、アシスタントを雇ってチャートを整理させたり、取引明細書を確認させたりしようと試みてもうまくいかなかった。すべて、自分の手でやるのが私のスタイルだ。プランを立てて、自分に合ったスタイルを確立させてきた。そして、自分のルールに従って、この計画を実行してきた。時間短縮や近道は私のスタイルではないのだ。

目標を少し低く設定して、少額な資金で相場を張るようにもしてみた。ソフトボールのチームに参加してみたり、一週間に二度はゴルフコースを回った。たまに、ビーチに出向いて、そこで、波の動きをただじっと見ていた。そんなときによく、本当にここが私の来たかったところなのか、決断は正しかったのか、と考えた。しかし、あの寒い二月のマンハッタンを思い出し、自分の問題を解決するのは、このフロリダに引っ越す以外にないことはすぐに納得できた。

ある日、インサイダー・スキニーから電話をもらった。ダン・ドフマンの結婚披露宴に出かけたとき、そこでポーキーを見かけたと話してくれた。

「ポーキーは、少なくてもあの感じでは、三五〇ポンドはあったよ。あの巨漢はビュッフェテーブルから離れることがなかったよ。ポーキーが邪魔で、誰もそのテーブルから食べ物を取ることができなかったんだ。ヤツときたら、企業買収、合併、IPOなど、どのようにして儲けたか、自慢話ばかりしていたよ。ドフマンはポーキーが心臓発作でも起こしはしないかと気が気ではなったらしいよ」。ポーキーはあのスタイルを全く変えていないことが分かった。

その結婚披露宴があった日は、朝から息子とゴルフを楽しんで、ランチは私の母と一緒に取った。午後には、娘と一緒に泳ぎ、夕食はキャンドルライトの中でオードリーと二人きりで過ごした。相場のことは一切考えなかった。とは言っても、一～二回はトレーディングのことが頭に浮んだ。こう考えてみると、私はポーキーを負かしたのかもしれない。あのままニューヨークに残ってファンド運用を続けていれば、その結婚披露宴に呼ばれていただろう。他のトップドッグたちと一緒にその式場に姿を現していたに違いない。たぶん、ポーキーのすぐそばの席に座って相場の話をしていたに違いない。

リラックスするためにいろいろなことをやったが、それでも相場からは手を引けない。ちょうど、一年前ほど前に、私は負けが続いて落ち込んでいた。周りのトレーダーたちはかなりの儲けを上げていた。自分を肯定して市場を非難していたが、もちろん私が間違っていた。エゴを持ち込んではいけないという初歩的ルールを破ってしまったのだ。そんなとき、フロリダのセラピストが一週間、トレーディングを止めてみるようアドバイスしてくれた。タイミングがずれているので、合うまで待つのが得策だと、このセラピストは主張した。私は彼のアドバイスを素直に受け入れることにした。しかし、予約の日に、今までずっと待っていた状態に相場がなってしまった。そこで、コリンズにS&P指数先物を四〇枚、買うように指示した。そして、相場が天井を打って下げ始めたら連絡するように言っておいた。カウンセリングに出かける前に携帯電話の呼び出し音を切って、振動するようにセットしておいた。そして、この携帯電話を胸ポケットに忍ばせて、カウンセリングに向かった。

セラピストと話をしているときに、携帯電話が振動し始めた。コリンズに違いなかった。このセラピストには、トイレに行きたいと言って、その場を離れた。

トイレに駆け込んでカギをかけてから、コリンズに電話を入れた。予想通り、S&P指数先物は上げていた。そして、今にも崩れ落ちそうであった。

「売ってくれ!」と、電話に口をくっつけて小声で言った。これで三万ドル稼いだ。ドジャースの名投手、サンディ・コーファックスが三振を取ったように気分が爽快だった。

満面に笑みを浮かべてトイレから戻ってきた私を見るなり、このセラピストは自慢げに言った。

「だいぶ、良くなったみたいだね。やっぱり、一週間の休養が必要だったのですよ」

ハァー? 何、言ってんだか。僕は、根っからのトレーダーなんだよ。

シュワルツの売買テクニック

多くの人が好機を見逃すのは、
一生懸命働いているように見せる
オーバーオールを着ていることで満足しているからだ。
トーマス・A・エジソン

The Pit Bull's
Guide to
Successful Trading

ハードワークこそ、私がトレーダーとして成功を収めることができた大きな理由だが、決してそれだけではない。私は、**生れながら数字に強いギャンブラー**である。そんな私に、アムハースト大学は**どう考えるか**を教えてくれ、コロンビア大学のビジネス・スクールでは**何について考えるべきか**を学んだ。そして、海兵隊では、**緊急時にどのように対応すべきか**を学び、妻オードリーからは、**資金管理**の重要性を教えられた。これらの経験から、自分に最も適した売買スタイルを作り上げることができた。

売買法

九年間、証券アナリストをしていたが、ファンダメンタルズ分析を基に売買するやり方からテクニカル分析をベースに取引をする方法に変えた。一般に、ファンダメンタルズ分析とは、経済指標などを基に各銘柄の動きを予測するとされている。テクニカル分析とは、各銘柄の価格の動きや取引量から、その株価の動きを分析して、今後、どのようにその株が動くか判断するものとされている。各自の売買スタイルは、その人の性格にマッチしたものでないと維持できない。つまり、自分の長所と短所を理解していることが重要である。私の場合、自分自身を理解するのに九年間もかかった。

私の強みといえば、ハードワークを信じていること、持続力、長く集中力を保つことができること、そして、損を嫌うことである。一方、弱みは、不安定で、損をすることが怖く、最終目標に到達する過程で自分の努力に対する何らかの報酬を手にしないと気が済まないことである。トレーダーは、鎖と同じようなもので、弱いつなぎ目が耐えられる力しか持っていない。つまり、各トレーダーの取引スタイルも、その個人の弱点に対応しているように作られる必要がある。

私の売買スタイルを一言で言えば、スキャルパーである。**いつも、そういつも**、短時間で売買を終了させるようにしている。いったんポジションを持っても、その保有期間を極力短くするように取引をしている。売ったり買ったりを素早く繰り返すのが私のやり方である。ポジション保

シュワルツの売買テクニック

有期間は五分以内が一番多く、数時間を超えるような長い時間のポジションを持っていることはない。このスタイルにするきっかけとなったのは、投資資金が少なく、少しの利益を積み上げていく必要に駆られていたからであったが、多くの資金を相場で作り上げた後でも、やはりこのやり方が自分には一番合っている。私は自分の弱みをこの売買スタイルで補っている。少額でも勝率が高く、そして、その儲けを何回も自分の手にしていないと、最終目標を達成できないのではと不安になる。そんな性格を持っている私にとってスキャルパーとして市場に参戦することは当然である。利食いをするたびに、レジのチンという音を聞いているようで、たまらずすぐに利益を確定したくなる。このレジの音が私には非常に良い刺激になっている。自分が勝者であることを裏付けているような感じになる。

一般的には、損小利大で一〇回中三～四回当たれば相場で利益を上げることができると言われる。しかし、私には、その考えは当てはまらない。確かに、損切りも早いが、それと同じように、利が乗るとすぐに確定させる。私は一〇回中七～八回当てていなければ気が済まない。

私はボクシングでいうところのジャブを多用するタイプのトレーダーである。市場がオープンするときにポジションを建ててみては、すぐに手仕舞う。そしてまた、売買を短期間に何回か繰り返す。ノックアウト・パンチは打てないが、その反面、ノックアウトされないようにしている。これが私の売買スタイルで、自分の性格に合った取引ができるようにテクニカル分析などを取り入れている。

リングに上がる前に、どのような攻めをするか決めておく必要がある。インサイダー・スキニーを例に挙げてみよう。私がテクニカル分析に集中している間、スキニーはいろいろな連中と会ってはマティーニを飲みながら情報を集めている。ハードワークはスキニーの得意とする分野ではない。彼はジャブを使うタイプではなく、いつもノックアウトを狙っている。一〇回中八回損をしても、後の二回ですべてを取り戻し、なおかつ、利益を上げる取引スタイルに徹しているのがスキニーである。ブロンクスのポーキーはまた、別の方法で相場に向かっている。彼は巨額の資金を使い、多くの優秀な人材を手元に置いて、ありとあらゆる市場に参戦している。彼の特徴は、その裕福な投資資金と組織力、それに大きなリスクを取ることである。ポーキーと競り合うために、彼と同じようなスタイルで市場に参戦したが、結果は散々たるものだった。他人のまねはするべきではない。

トレードの道具

私はスキャルパーとして相場を張るのに必要とする道具を持っている。それらをここでは紹介したい。

ダウ・ジョーンズ工業株平均指数（DJIA）は、最も注目されているマーケットの値動きを示す指数で、この指数の動きが株式相場の行方を暗示している。

ニューヨーク証券取引所ネット・ティック（TICK）は、ニューヨーク証券取引所に上昇している銘柄を対象に、上昇銘柄数と下降銘柄数の差（ネット）を表している指数。私の友人であるマーク・クック氏が、このネット・ティックを使った売買テクニックを構築して、それを紹介している。ハイテク時代の相場では、このネット・ティック売買法などは非常に優れたトレーディング方法である。例えば、極端なネット・ティックが表示されたときは売買チャンスである。マイナス一〇〇〇のように極端な数値が出たときは、市場に売りが出たものの、反転する傾向があるため、買いに回ると利益を上げることができる。ニュースやプログラム売買によって起きた一時的な売りで、その売りが続かないケースが多い。逆も真なりで、プログラム売買の買いによってプラス一〇〇〇のような数字が表示されたときは、売り方になると有利だ。しかし、いずれも素早く売買をする必要がある。一時的な歪みが市場に出ているだけにすぎないからだ。他に、このネット・ティックを使った売買テクニックでは、ダウ平均が前日に比べ高く寄り付き、ネット・ティックがマイナス二〇〇を表示しているようなときは、短期売買の好機である。例えば、このような状況のときは、ダウ平均の一部の株に買いが出ているだけで、もっと強い売り圧力がある。売る用意をするべき時である。

短期トレーディング・インデックス（TRIN）は、上昇銘柄と下降銘柄にどれぐらいの出来高があったのかを表す指数である。この指数の計算は、（上昇銘柄÷下降銘柄）を（上昇銘柄の出来高÷下降銘柄の出来高）で割って求める。上昇銘柄の出来高が下降銘柄の出来高より多い場合、TRINは一・〇以下を示す。下降銘柄の出来高が上昇銘柄の出来高より多い場合、TRINは一・〇以上を示す。TRINが〇・八以下であれば、非常に強い買いがみられ、一・二以上だと、売り方が勝っている。TRINは、相場の需給を表す指数といえる。

ダウ・ジョーンズ・ネット・ティック（TIKI）は、ダウ・ジョーンズ工業株三〇種の上昇、下降銘柄数を表している指数である。プラス二六からプラス三〇か、もしくはマイナス二六からマイナス三〇という表示が出たときは要注意である。全三〇種が一斉に上げ下げをすることはめったになく、プログラム売買やバスケット売買が市場に入ったことを意味しているケースが多い。

スタンダード&プアーズ五〇〇種指数（SPX） は、私にとって最も重要な指数といえる。S&P五〇〇先物価格のベースとなっている五〇〇種の銘柄から構成されている指数である。その内訳は、工業銘柄四〇〇種、公共銘柄四〇種、輸送銘柄二〇種、そして金融銘柄四〇種である。SPXは時価総額に基づいた算出法を使っている。米国株式市場の動きを最もよく表している指数である。

ニューヨーク総合指数（NYA） は、ニューヨーク証券取引所に上場している銘柄の平均指数。NYAは時価総額に基づいた算出法を使っている。

QCHA（ガッチャ） は、単純平均法を基に作られた指数で、全証券取引所に上場している銘柄の動きを表している。私はこの指数を、市場のゆがみを見つける手段として使っている。例えば、ダウ平均が二〇ポイント下がっているときに、QCHAがプラス〇・一二%を示していると、株式相場全体は弱くないことを意味している。このゆがみを利用して、ダウが上げ始めたときに買いに出る。

心置きなくこれらのテクニックを使って売買に役立たせてほしい。もちろん、良い道具を手にしても、それを使いこなす腕が必要であることは誰もが知っていることである。実際にこれらの指数を使って売買する前に十分な検証をするようにしてほしい。

図表1

市場分析

相場のことは相場に聞けと言われるが、実際、相場の流れを理解するにはかなりの集中力が必要だ。ちょうど、医者が患者の体に聴診器を当てて診断するようなもので、市場が開いている間、私はチャートの動きとインディケーターの変化を一〇分ごとにチェックしている。

私はいつも三〇分おきに各インディケーターの変化を書き取り、その数字をボックスで囲む。そして、ボックスとボックスを、赤、もしくは緑の矢印で結ぶ。この矢印の上に、ニューヨーク総合指数がどれだけ上昇、もしくは下落したか、そのポイント数を書き込んでおく。（図表1参照）

この作業をすることで市場の動きを明確に把握することができ、また同時に、相場の動きにいつも目を向けるように自分を仕向けている。相場の動きを記録しながら自分のポジションが正しい方向に張っているか再確認している。特に、相場が激しく乱高下するときや短時間に一方向に動いてしまったときなどは、この作業をしているおかげで適切な行動を取ることができる。相場の動きをきちんと把握していないと、急に動き出したときにただ見ているだけで行動が伴わない。

私自身、シンセサイザーのようなもので、いろいろな意見やアイデアを取り入れて、それを自分なりにアレンジして結論を導き出すようにしている。いろいろな調査分析や推奨銘柄などが書かれているファックスを何回も読んでみて、自分の考えと照らし合わせながら、どの銘柄が良いのか、また、どの業種に動きが出ていて、どの方向に向かっているのかを判断する。ここで紹介する情報サービスは私が利用しているもので、他にもたくさんのサービスがある。各トレーダーのスタイルに合ったサービスを利用するのが最善である。

アムシャー・マネジメント・レポート（マサチューセッツ州ナンタケット amshar@worldnet.att.net http://www.amshar.com 1-888-228-2995）は、テリー・ランドリー氏による中長期の相場予想を紹介している。彼のマジックT理論は、市場が力をためるのに費した時間（日数）と同じ時間、相場は上昇するというものである。このマジックT理論は、私にとって非常に重要な指標となっている。

ローリー氏のニューヨーク証券市場のトレンド分析（フロリダ州ノース・パームビーチ 561-842-3514）は、ロウリー氏が毎日、市場コメントを流している。その中には、短期、中長期売買シグナルも含まれている。買い圧力、売り圧力、そして短期買い圧力を指数化している。週間レポートには、中長期のトレンドに沿った短期売買シグナルの変化や中長期トレンドについて書かれている。

P・Q・ウォール・フォーキャスト（ルイジアナ州ニューオリンズ 1-900-SUN-LIGHT 一分二ドル）は、午前一〇時一〇分、午後一二時三〇分、三時、そして五時に、アップデートされる相場予想を毎日電話で聞け、月刊のニュースレターもある。デイ・トレードだけでなく中長期投資スタイルにもマッチできるように、その予想は作られている。サイクル理論、ダウ工業株平均指数の方向とその目標値などを発表している。

スタン・ウエンスタイン氏のグローバル・トレンド——個人投資家のための機会発見（1-800-868-STKS）は、月刊レポートで、マーケット全体の概説、S&P五〇〇の分析、増資株、その他に、株式相場全体のステージ分析も含まれている。業種別分析、グローバル分析、ADRをはじめ、低位株をグループに分けてステージ分析をしている。このステージ分析とは、基礎段階、上昇トレンド、天井、そして下落トレンドの四ステージに分けて、それぞれの銘柄や業種別に分析している。

チャーチスト（カリフォルニア州シールビーチ）は、ダン・サリバン氏が編集責任者を務めている。三週間に一度、マーケット・コメント、トレーダーのポートフォリオなどを発表している。

クロフォード予測は、電話サービスは、月曜日、水曜日、そして金曜日の週三回アップデートされる。また、スペシャル・レポートは、ダウ平均指数が一〇〇ポイント以上動いたときに発行される。月刊レポートは、金、S&P五〇〇、それと米債券先物市場の動向について書かれている。

ディック・デービス・ダイジェスト――ウォール街の最良の知性が贈る投資のアイデア（フロリダ州フォートローダーデール　二週間に一回発行　954-467-8500）は、個別銘柄、投信、それに相場動向について独自の指数などを用いて分析している。

その他の日刊のファックス・サービス

シェファー・センチメント指数（インベストメント・リサーチ・インシュティチュート　1-800-448-2080　http://www.options-iri.com）

コーエン・モーニングコール

ベアー・スターンズ・モーニングコメント

マーク・クック（8333 Maplehurst Avenue,East Sparta,OH 44626　333-484-0331）

ディック・ウエスト・モーニングコメント

レッドライト、グリーンライト――トレンドはフレンド

一〇日間指数移動平均（ＥＭＡ）は、私にとって相場のトレンドを見極める指数として最も信頼しているものである。テリー・ランドリー氏からこの指数平均について学んだ。単純平均よりも最も最近起きたことに高い比重をかける指数平均を私は好んで使っている。一〇日間単純平均だと、一日の動きに一〇％のウエートをかけている。まず、直近の一〇日間終値をすべて足し、それを一〇で割る。そして一一日目には、新たにその日の終値を足し、一日目の終値を引き、その合計をまた一〇で割る。これを繰り返すのは、単純移動平均の求め方である。

しかし、私が使う一〇日間指数平均は、直近のデータに一八％のウエートをかけ、残り九日間には八二％のウエートをかけている。短期トレーダーにとって、最新データに重点を置くことは大切なことである。私は「レッドライトとグリーンライト」と名づけ、この指数平均を使って、相場のトレンドが上昇か下落かを区別している。

私の事務所には、二枚の大きなチャートが壁に掛けている。そのチャートの大きさは、縦一〇フィート、横四フィートで、今も最新データを付け加えているので、だんだん大きくなっている。その一つは、ダウ平均の一時間足を書いたチャートである。もう一つは、ニューヨーク総合指数の大引け折れ線チャートと一〇日間指数移動平均線を書いたものである。そのチャートには、マジックＴオシレーターも書き加えてある（図表２参照）。このニューヨーク総合指数の一〇日間

指数移動平均線を黒の点線で書き、大引け折れ線がこの線より上にある場合は緑でライン引き、もし下回っていれば赤でラインを引いている。グリーンライトとは、終値が一〇日間指数平均より上にあることを意味し、常に買いポジションを取るよう心がけている。レッドライトはその逆で、売りポジションを建てるようにしている。もちろん、必ずそうする必要はないが、逆の建て玉を持つにはそれなりの条件が満たされたときだけにしている。

相場が一〇日間指数移動平均線の上にあるときは、売買判断を下すのが最も難しい。しかし、リスクも高いがリターンも高い状態に相場あるともいえる。よく相場がこの一〇日間指数移動平均線を交差して行ったり来たりすることがあり、ポジションを売りから買いに、また買いから売りにドテンさせられる。それに伴って損も増える可能性もある。しかし、トレンドに沿って売買することで大きな利益を上げることができる。

図表2

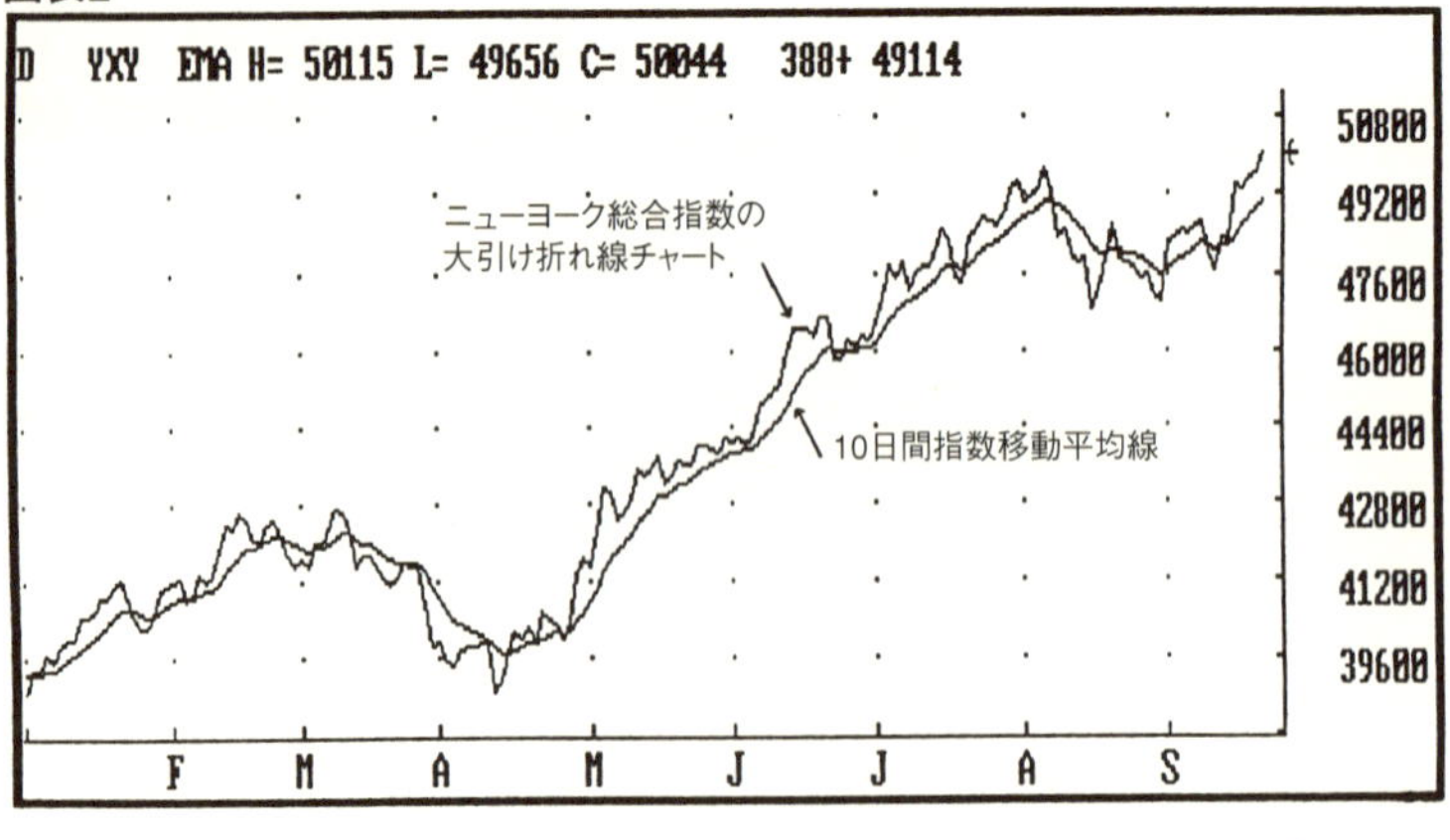

Courtesy of FutureSource

その例として、この一〇日間指数平均値より下で売買されているときに、価格が上昇し始めて、指数移動平均線まで上がってきたとする。この場合、一〇日間指数移動平均線を超えるのはトレンドに変化が現れた兆候で、このまだ若くて新しく力強い流れに乗るチャンスがある。しかし、この指数平均値に近づいたが超えることなく、また下がり出すこともある。このようなときは、下げのトレンドが維持されており、新たに売り建てすることで利益を得る機会がある。

先物相場と株式市場で、この指数平均値を基に売買するアプローチを取っている。相場が引けた後に、毎日、S&P五〇〇、ニューヨーク総合指数、OEX、XMI、債券、ユーロ・ドル、それとS&P指数先物の一〇日間指数平均値を書き止めておく。情報サービスのフューチャー・ソース社が提供しているチャート・サービスの中にこの指数平均も含まれているので、私はそれを利用している。

この指数平均値を基にどちらの方向について行けばよいか、例えば、マーケットが強気になれば買うとかを見極めている。次のステップとして、仕掛けのポイントとリスク率を求める。相場の節目を探して、そのポイントで売買に入るようにしている。このポイントを見つけるために、チャネルラインとオシレーター系の指数を使う。あらかじめ、フューチャー・ソースのチャート・サービスに、パラメータとして、一二〇分、六〇分、そして三〇分足が表示できるようにセットしてある。スクリーン上には、一〇日間指数平均とその値に一%を足した値（上限ライン）、一%を引いた値（下限ライン）を映し出してある。売買例として、強気の相場がこの下限ラインに近づいてきたときに買い建てるようにする。このチャネルラインは科学的といえないかもしれないが、買いを建てるには良いポイントとなっている。

一〇日間指数平均では、一番新しいデータに一八％のウエートをかけているが、単純平均ではそれが一〇％である。では、この指数平均値の求め方を説明しよう。最初に、一〇日間の平均値を求める。この一〇日間平均に〇・八二を掛ける。そして、一一日目のデータに〇・一八を掛け、この二つの値を足す。これが、一一日目の一〇日間指数平均値である。一二日目の指数平均値は、一一日目の一〇日間指数平均値に〇・八二を掛け、そして一二日目のデータに〇・一八を掛けて、その得られた二つの値を足す。ここで例題を使って、再度、指数平均値の求め方を説明する。

日付	ニューヨーク証券取引所総合指数(終値)
97年9月2日	482.90
97年9月3日	483.71
97年9月4日	485.11
97年9月5日	484.64
97年9月8日	485.78
97年9月9日	486.69
97年9月10日	480.63
97年9月11日	477.06
97年9月12日	483.30
97年9月15日	482.60
97年9月16日	493.69
97年9月17日	493.21
97年9月18日	495.41
97年9月19日	496.56

ステップ１：10日間平均を求める。9月2日から9月15日までの合計を求めて、その値を10で割る。

4832.42÷10＝483.242

ステップ２：ステップ１で求めた値に0.82を掛ける。

483.242×0.82＝396.25844

ステップ３：11日目（9月16日）の終値に0.18を掛ける。

493.69×0.18＝88.8642

ステップ４：ステップ２とステップ３で求めた値を足す。

396.25844＋88.8642＝485.12（小数点第三位を四捨五入）

この値が9月16日の10日間指数平均値である。

9月17日の指数平均を求める場合、
ステップ５：前日の値に0.82を掛ける。

485.12×0.8＝397.7984

ステップ６：9月17日のデータに0.18を掛ける。

493.21×0.18＝88.7778

ステップ７：ステップ５とステップ６で求めた値を足す。

397.7984＋88.7778＝486.58（小数点第三位を四捨五入）

この値が 9月17日の10日間指数平均値である。

このプロセスは毎日繰り返され、9月18日の指数平均値は、

(486.58×0.82)＋(495.41×0.18)＝488.17

この一〇日間指数平均値を少なくとも一〇日間は計算する必要がある。したがって、最低二〇日間のデータが必要である。これは読者のトレードに利用できる頼もしいツールになるだろう。

どのように個別銘柄を売買するのか

市場が開く前にいろいろと下準備をする。これは、私の日課となっている。私は実際に自分で指数を計算したり、自分の手で各指数をチェックしないと気が済まないタイプの人間である。約七〇の株価の日足や各指標を大きなグラフに毎日書いている。この計算に費やされている時間はかなり長い。

週末には、二冊のチャートブックが速達で送られてくる。そのうちの一冊は、スタンダート・アンド・プアーズ社の『トレンドライン・デイリー・アクション・ストックチャート』である。このサービスには、七〇〇を超える個別銘柄の値動きが日足で描かれ、その期間は一年半である。そのチャートブックから一五〇以上銘柄の日足を検証して、トレンドラインを書き込み、自分の目で支持されている付近を調べておく。この作業を繰り返すことでどの業種や会社の株が動きを見せているか肌で感じることができる。そして、このチャートブックの表紙に、例えば、石油関連は強いとか、大手ハイテク株が弱いなどのメモをしておく。一般に、これらの検証作業はパソコンを使って行われているようだが、私自身はどうしても手作業でこの分析をしないと、相場の動きを感じ取ることができない。そして、支持ポイントとその銘柄コードを一ページ目にリストアップしておく。

もう一冊のチャートブックは、『セキュリティー・マーケット・リサーチ社』（ＳＭＲ）に依頼して作らせている特注のものである。このチャートブックには、私がいつも目にかけている七〇の大型株とダウ・ジョーンズ工業株平均指数、ダウ輸送関連株平均指数、S&P五〇〇種、ニューヨーク証券取引所総合指数、それにナスダック平均指数の日足の動きとオシレーター系指数などが書かれてある。三カ月ごとにチェックする銘柄を選別し直しているが、それでも、大手産業や流動性の高い銘柄は、常にリストに中に入れてある。その代表として、コンパック、コカコーラ、メルク、それに、チェースマンハッタン銀行などである。

支持線と抵抗線を各チャートに書き込み、その後で、各オシレーター系の指数をチェックする。この支持線は、重要な過去の安値と重要な過去の安値を結ぶ。そして、このラインをそのまま右に延長する。翌週には、このラインのところまで株価が下がってくる可能性のあるポイントとして記録しておくのだ。抵抗線は、重要な過去の高値と重要な過去の高値を結んで作られ、そのラインを右に延長しておく。このラインまで株価が上昇したとき、このポイントを超えられるかどうかによって相場の強弱を知ることができる。

この支持線、抵抗線を引く方法として、過去の重要なポイントを拾うだけでなく、先週と先々週の高値を結んで抵抗線とするようにもしている。短期支持線は、先週の安値と先々週の安値を結んで引いたラインである。短期売買を自分のスタイルとしているので、あまり中長期にこだわりを持っていない。もちろん、その重要性は認識している。

この作業から支持ポイントを割り出して、その値をリストに銘柄コードと共に書き込んでおく。

また、オシレーター指数の示している方向と数値も書いておく。このリストを完成させて、それをアシスタントにファックスして、彼女がパソコンにそのデータを打ち込む。もし株価がリストに上げた価格まで下がってきたら、その株を買うか、そのシグナルが出たときに考える。事前に買いポイントを調べておくと、実際、相場が動いたとき、行動が瞬時にできる。

個別銘柄の株価オプションやS&P五〇〇のオプションに手を出すときは、いつもよりポジションを長く持つ戦略に出るときである。この長くであるが、私にとっていつもより長いポジション保有期間とは、数日から一週間ぐらいの間である。オプションは先物に比べると流動性が低く、その値の動きも鈍い。通常、私のオプション戦略は、アウト・ザ・マネーのプット・オプションを買うことである。そのオプションの取引限月は先物の取引限月と同じものを選ぶことが多い。

オプションを利用するときは、相場の流れにストレスを感じているときか、先物市場がかなり荒れているときである。いつもより長めに相場の動きを追うようなときにオプションを利用しているが、その大きな理由の一つはプレミアムを払うことでリスクを限定できるからである。先物市場は、この点、動きが激しいために利益も多く出せるが、損失も大きくなる可能性を持っている。テクニカル分析を基に、米国債券先物市場に手を出すこともある。

株式売買といっても、私個人はトレーダーであって投資家ではない。SMR社に頼んでいる七〇の銘柄のチャートは、私が注目しているもので、その条件として、流動性が高く、値動きがあるものを中心に選んでいる。よって、あくまで売買しやすい銘柄が中心であって、投資家が選別する銘柄とは違っている。また、私の売買スタイルは、個別銘柄を取引するときもいっしょで、一万から二万株の単位で一～二ドルの収益を狙うようにしている。ポジションが一日から二日の間に思ったように値を上げないときには、すぐにそのポジションを手仕舞う。一回の取引量が大きい上、三ドルも逆に動くと自分が設定したリスク枠を超える可能性があるからだ。私が選別している銘柄は、もともと値動きが激しいので、三ドル以上も逆行することは十分にあり得るのだ。

また、弱気の銘柄や売り叩かれている銘柄には一切、手を出さないようにしている。上昇銘柄が一時的に売られるのと、下落して安い銘柄とでは両者に大きな違いがある。その点を、支持線を引いておくことで買いのポイントを事前に把握するだけでなく、その支持線を割り込まないかどうかも確認できる。

私のアシスタントは、私が週末に作るリストに従って事前にパソコンにその買いポイントを銘柄別に記録させておく。価格がそのポイントまで下がったときにパソコンのアラームが鳴るようにセットしてある。このアラームが鳴るとアシスタントはその銘柄の名前と価格を私に連絡してくる。その銘柄がグリーンラインの上にあり、他のすべての条件が満たされていれば買いに出る。しかし、トレンドラインを下回ってレッドラインでその価格が表示されているようであれば、その株を買わない。ここ数年のアメリカ株のトレンドは上昇を続けており、空売りするのであれば、先物で売るようにしている。

どのように先物を売買するのか

S&P先物指数が上場されて以来、その先物を中心に売買してきた。このS&P先物指数を毎日、数回、売買している。先物市場のデータはフューチャー・ソース社のサービスを使っている。モニターを下に二台、その上に一台ずつ置き、計四台使用している。あらかじめ設定したチャートが一つのモニターに二〇ページ記録されている。そのチャートを私のアシスタントは週末にプリントしておいてくれる。そのチャートは別々の時間足で、二分、三〇分、六〇分、一二〇分の四種類である。また、日足、週足、月足も、そのページの中に登録されている。商品先物は、S&P五〇〇、ユーロ・ドル、通貨、債券、米ドル・インデックス、CRB指数、それに原油である。これらの商品のチャートにトレンドラインを引いて、各商品がどのような状態にあるか調べる。また、指数移動平均線を引いて、今、上昇中であるか、それとも下降中であるのかを判断する。「トレンドはフレンド」ということわざを実践するためには、まずそのトレンドが上昇中なのか下降中なのかを見極める必要がある。そのために、この指数移動平均線を使う。

週足チャートもプリントして、各商品の中長期トレンドを確認している。これらのプリントをすべてチェックした後に、五×八サイズのインデックス・カードに各チャネルラインのポイントを書き込んで、S&P五〇〇とTボンド先物のチャート（図表3参照）からは、一〇日間指数移動平均線の上下一%の値を各時間足、日足、週足、月足から求めて、その値をメモしておく。この下準備にたっぷりと時間をかけ、場が開く前にすべて調べておくと、翌日、寄り付きから自信を持って行動を取ることができる。この下調べこそ、私が相場で利益を上げることができる大きな理由である。

図表3

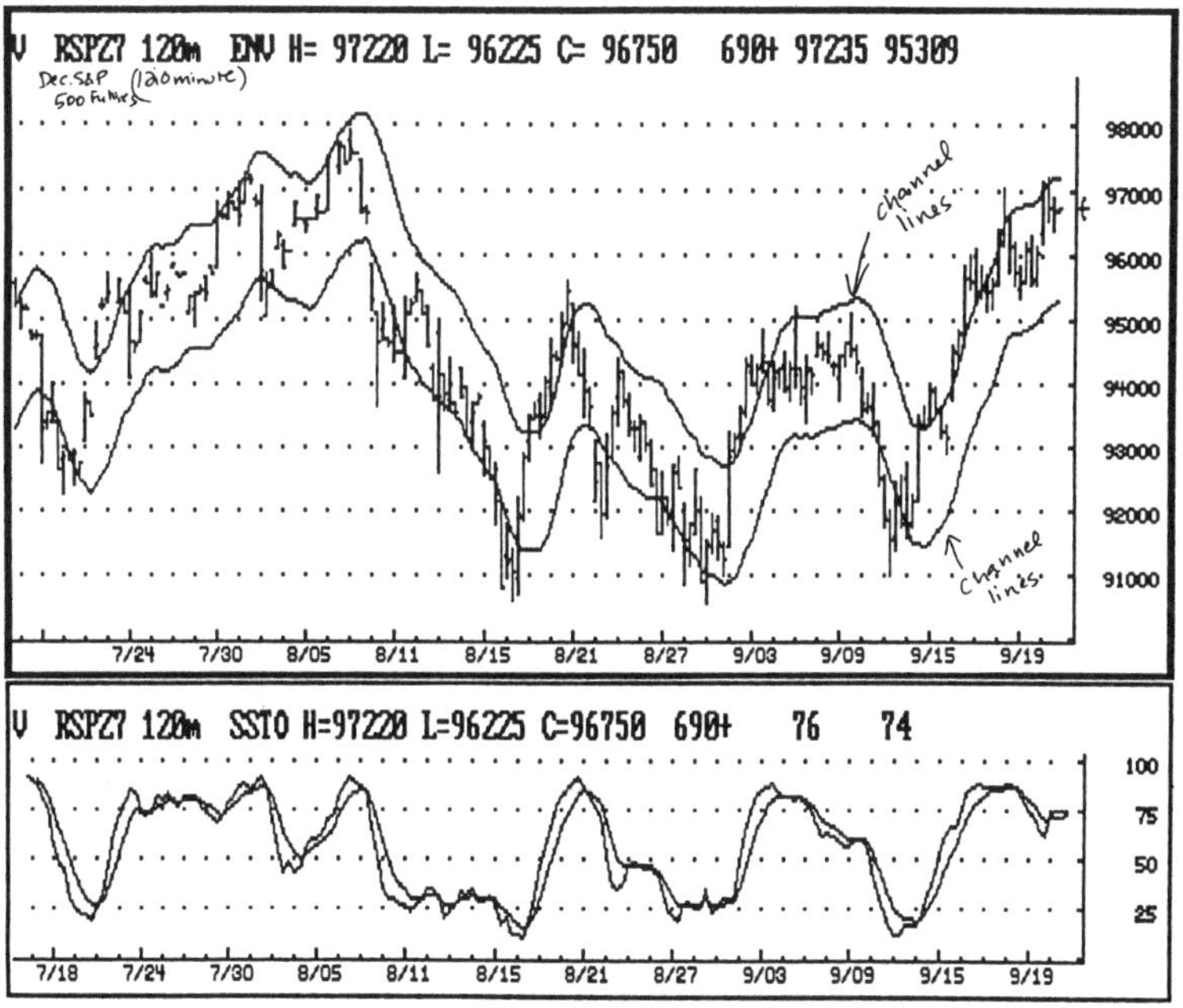

Courtesy of FutureSource

どのようにプログラム売買をしているのか

プログラム売買は、一般のトレーダーが犯す大きな過ちである。私は、この売買スタイルを「任天堂ラスベガス」と名づけている。今では、ニューヨーク証券取引所の一五～二〇%の取引がこれによって行われている。一九八七年一〇月、ダウ工業株平均が暴落してから、このプログラム売買を敬遠する動きが出た。相場心理など一切無視するこのプログラム売買が引き起こす一方的な買いや売りを抑制するために、価格制限が導入されるようになった。この一九八七年一〇月に起きた暴落にかかわってしまった証券会社は、このプログラム売買から身を引く構えをみせたていた。

しかし、時がたつにつれて、各プレーヤーたちはプログラム売買というカジノに戻って、存分にギャンブルを楽しんでいる。一日の取引高の一五～二〇%といえば、かなり量である。これだけ大きなビジネスだと、ウォール街では誰も止めることはない。儲けを上げるチャンスがある以上、誰も文句は言わないのがウォール街の常識である。

巨額な取引量で相場に向かってくるプログラム・トレーダーを相手に戦うといっても、その方法は存在している。彼らが相場を押し上げたり、押し下げたりするのをじっと待って、トレンドラインまで価格が近づいてくるのを待ってから勝負に出る方法は有効である。これに加えて、マーク・クック氏のＴＩＫＩやＴＩＣＫデータを使う売買テクニックを基に、一時的な反動を瞬時にとらえ、その動きとは逆の方向にポジションを張ることで収益を上げるチャンスを得ることもできる。優れた戦士のように、相手が感情を無視した卑劣な行動に出たときには、容赦なく相手に立ち向かう。しかし、これにもいつも損切り（ストップロス）を忘れずに置いておくことである。

これらの売買テクニックを取り入れているが、ゲリラ戦術を嫌う私としては、市場の変化や相場を取り巻く環境に何らかの動きがないか、常に調査をして、その変化に対応できるような売買法をこれからも作っていく。新しい売買テクニックやインディケーター、それに何よりも損切り（ストップロス）を必ず置くことや、チャネルライン、指数平均で、相場の移り変わりを乗り越えられる。

売買の秘訣

小学校一年生のとき、担任の先生から将来何になりたいか聞かれたことがあった。私はそのとき、探偵になりたいと答えた。この調査を好む性格は今でも持っている。何か手がかりになるものを探して、いろいろなデータを分析して、答えを導き出すことが好きである。科学的といえないものも含まれているが、すべては今までの経験から得られた事実を基にしている。私は、自分が使用しているツールや分析とは全く関係ない観察から得られたものは、普通は使わない。しかし、観察によって得られるカンに頼るのではなく、検証して得られた事実を売買判断のプロセスに取り入れている。

テクニカル指数や分析によってリスクが少なく、収益を上げることができる可能性が高いときまで待つのが、私の売買法の基本だ。しかし、今も休むことなく、いろいろなパターンや新しい考えを検証している。これもすべては、自分に少しでも有利で、収益を上げられるようにしたいからである。

チャート上の窓

窓空けが起こったとき、株、特に先物を取引する上で非常に重要な情報を提供しているので、私はこの窓を利用して売買している。窓は、前日の高値や安値を超えて始まり、その窓を埋めることができないときに発生する（図表4参照）。多くの場合、場が引けた後に何かニュースが流れたり、事件が起きたときに、この窓空けが起こる。この窓を二、三日中に埋めることができないと、その窓を空けた方向に相場が進む可能性が高い。この窓は、非常に優れたシグナルである。

一般に、この窓にも三種類あるといわれている。ブレイクアウエー・ギャップとは、相場に動きがなくなり、横ばい状態になっていた値幅から放れた後に起きる窓を意味する。このギャップは非常に強い買いを示唆している。二番目は、コンティニュエーション・ギャップといわれる窓で、上昇、もしくは下降している相場で、寄り付きからその流れに沿って進むときに窓を空けてしまう。三番目は、エクゾースチョン・ギャップといわれる窓で、トレンドの最終局面で起こる窓で、その後、トレンドが転換してしまうケースが多い。

図表4　ゼロックス

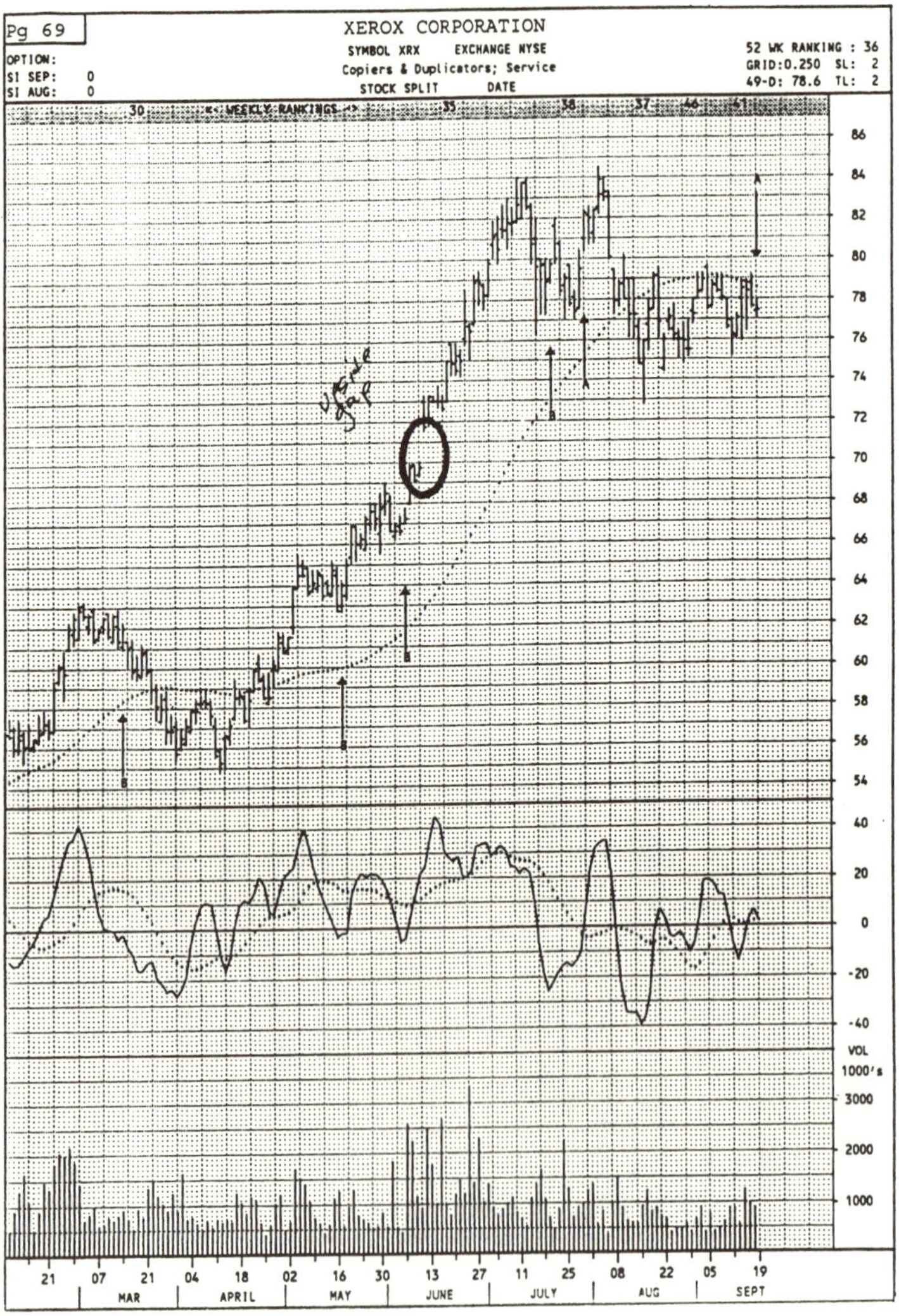

Courtesy of FutureSource Security Market Research

投資信託へ資金流入

投資信託に資金が注入してきていることを、あるパターンから知ることができる。株式市場は、一般に、月末に買い上げられる傾向がある。また、同じく月初の四日間も、多くの買いが市場に入ってきている。これと同じような動きが月の中ごろで起きることもある。新規の投資資金をインデックス・タイプの投資信託に回しているのが、この動きを引き起こす原因だと思う。「ミッドマンス・バイイング」と呼んでいる。相場日誌にも、月央に差しかかると、この現象が起きるとメモしてある。これまでの長期にわたるアメリカ株式市場のブル・マーケットが、下降相場に転じたときに、これらの現象がどのように変化していくのか楽しみだ。

三日ルール

マイクロソフトやインテルのような銘柄が一方向に三日間動いたときは、三日目にはその流れに沿った方向には新規のポジションを建てない方がよい。高値買い、安値売りをしてしまう場合が多い。一般的には、動き出した銘柄は同じ方向に三日間ぐらい進む。初日は賢い連中が動き、二日目にはその賢い動きを察知したそれなりに賢い連中が動き、そして、三日目に大衆がやっとその動きに気が付く。これは、非常に単純であるが、大事なルールの一つである。仮にその銘柄にとってマイナスになるニュースが流れ、その株が売られたとしても、三日目には買い戻す用意をするべきだろう。そのニュースが相場に影響を与えたとはいえ、一度流れたニュースは新しい情報ではなく、マーケットはその動きをすぐに織り込んでしまう。

プット・コール・レシオ

私の友人で証券アナリストをしているマーティン・ツバイク氏が、最初にこの相場の終焉を計る指数を作り出した。この指数は、プット・オプションの売買高対コール・オプションの売買高を比較して、その率が極端な動きを示しているときにその相場の流れに終わりが近づいていることを示しているという考えである。この計算には、シカゴ・オプション取引所に上場しているオプションを対象にしている。彼の考えによると、相場の天井と底は、オプションを買ってその流れについていきたいと考える一般大衆の動きによって作られるというものである。彼の理論では、一・〇を超える数字は売られ過ぎの状態を表し、近いうちに買い戻しが入るというシグナルになっている。また、〇・四五以下の数字は買われ過ぎの状態になっているので、近いうちに売りが入るというシグナルである。他の指数でも同じことがいえるが、指数だけに頼って売買することは危険である。

ニュースに相場はどのように反応するのか

ボブ・ゾエルナー氏から、相場がニュースにどのように反応するかを使って売買する方法を教えてもらった。その銘柄にとってマイナスのニュースが流れても、売られることがなく上昇をし始めると、これは強い買いのシグナルである。そのニュースをすでに市場参加者は読み取っていたので、ニュースがニュースではなくなっていた証拠だ。もちろん、その逆もあり得る。その株にとってプラスのニュースが流れても上げることがないときは、売りのシグナルである。ゾエルナー氏の教えの中に、「ストレスが増して、しまいには吐きそうになったら、ポジション・サイズを倍にしろ」というのがある。もちろん、全ポジションにきつめの損切り（ストップロス）を使うことを忘れてならない。

新高値・新安値

金融関係の新聞には、通常、新高値と新安値を記録した銘柄のリストを載せている。物理原理からいって、動き出した物体は外部からその物体の動きを抑制する力がかかるまでは突き進む。下がり始めた株は、止まるまで下がり続ける。上げも同じで、上がり始めた銘柄は、それが止まるまで上昇する。このことから、新高値、新安値の銘柄リストを基に、それらの銘柄がこれからどのように動いていくか、いろいろと戦略を練ることできる。

月曜日の上昇

私が株式相場にかかわり始めてかなりの年月が過ぎたが、ここ数年、投資信託に流れ込む資金量は急増している。以前のように、週初めの月曜相場が鈍い動きをすることはもはやなくなった。ファンド・マネジャーが週末に投入された資金を市場で運用する必要があるので、月曜日から買いに出ることがある。他の曜日と比べると、月曜日の取引量は比較的少ないので、この買いが入ると、相場が予想以上に上昇する。

相場用カレンダー

以前その日に何があったのか、メモをしている。売買判断とは直接関係がないかもしれないが、過去に何があったのか覚えておくのは意外と大切だ。机には、トレーダー用のカレンダーを置いてある。そのカレンダーには、その日、どれくらいの確率で過去に上昇、下降していたのかが書かれてある。非常に高い数値には丸で囲んでおいて、その日は気をつけるようにしている。分析結果から、上昇過程に相場があって、なおかつ、カレンダーには上昇の確率が七五％と高い数値が示されているようであれば、自信を持って買いに出ることができる。

オプションの満期日

オプションと先物にはその限月に期限がついている。オプションの期限が来る一週間前の木曜日か金曜日に、一度、大きく売られる傾向があり、その後、満期になる直前に上昇をする。このパターンには注意しないと、満期一週間前に売り建てをして失敗することがある。この満期前に、いろいろなプログラム売買が実行され、その動きは相場の動きを荒らしてしまう。非常に危険な時期なので、ポジションを取る場合は、さらに注意が必要だ。

その他に、プログラム・トレーダーたちは引け三〇分前にかなり強い買いを入れ、翌日は前の日とは逆に、その引け前一時間から売りに出る傾向があるようだ。これを「シュワルツ・ルール」と名づけている。今までの経験から、オプションの満期日にはだましの動きが多く、売買するには非常に難しいと思っている。

三〇分ごとの売買

最近、気づいたことだが、どうもプログラム売買している連中は三〇分ごとに相場の流れをチェックしているようだ。だから、あるトレーダーは一一時にそのシステムのボタンを押して、また、あるトレーダーは一時三〇分にそのスイッチを押しているとか。彼らは三〇分間刻みで、何かをしてくる感じである。また、正午過ぎから買い上げられることが多い。この現象を「ランチタイム・ラリー」と呼んでいる。昼食時に、たっぷりマティーニーを飲んでストレス解消をしたいがために、無償に何か買いたくなるのではないだろうか。それと、引け前三〇分間は、非常に動きが激しくなる。その日一日が終わる直前に、その日の戦略も終わりを迎えるからだろう。

高値更新・安値更新

市場にトレンドが明確に出ていない横ばい状態にあるとき、場立ちをしているローカルズは損切り注文を執行させようとする。その損切り注文の多くは、前日の高値か安値の付近か、もしくはその日の高値や安値の付近に置かれているケースが多い。ローカルズは、もちろん、その損切り注文がどこにあるか知っている。彼の動きに振りまわされないように、損切り注文は、前日かその日の高値や安値から離して置くべきだろう。

最初はゆっくりと

相場から少し離れていたり、休暇から戻った後は、相場のリズムに自分の目が慣れるのを待って、ゆっくりと仕掛けるべきだ。目だけではなく、体のリズムも相場のリズムと合うまで待つべきである。感情にかられることなく、十分に時間をかけて参戦することを勧める。

恐怖心

前にも書いたが、恐怖心を感じないで相場に立ち向っているときは、良い結果を生むものだ。これは、運良く、事が進んだからではない。恐怖心は、懐疑心から生まれることがあり、自分を疑う気持ちを一切持たないときは、建て玉も増やすべきだろう。

エゴ

敵は自分自身の中にいる。

ポゴ

くどいようだが、また、ここで書いておく。**私が相場で儲けることができるようになったのは、自分のエゴを捨ててからだ**。トレーディングは、メンタルなゲームである。大衆は、自分たちがマーケットに立ち向かっていると勘違いしている。実際は、自分との戦いである。自分の考えをマーケットに押しつけるのではなく、マーケットが何を言っているのか聞き取ることだ。自己肯定は、一切、無用だ。トレーディングの目的は、儲けを上げることなのだから。

マーティン・シュワルツの一日

野球とは、九〇%がメンタルもので、その残りの半分が体力である。

ヨギ・ベラ

午前六時四五分

アラームが鳴る。いやいやながら起きる。子供のころは、一日一二時間眠れたが、今では八時間ほどしか眠れない。それより短い睡眠時間だと、起きても仕事にならない。睡眠時間をちゃんと取らないと、自分の寿命を短くしてしまった感じがする。

午前六時四五分〜七時二〇分

シャワーとヒゲ剃り。市場価格を随時伝えてくるページャーを持っていたころは、鏡の横にそのページャーを置いて、ヒゲを剃りながら価格をチェックしたものだ。しかし、三年間、フロリダに住んでいたときに知り合ったコンサルタントから、このページャーを家の中から追い出してしまうことを勧められた。実は、情報機器すべてを家からなくすように言われた。自宅をトレーディングから全く切り離した保護地区にするよう言われたが、すべての機材までとはいかないのでページャーだけは返却した。カミソリを手に横目でページャーを見るのは危険だ。特に、ポジションが逆行しているときには、カミソリのことなど忘れてしまうから、なおさら危ない。

午前七時二〇分～七時三〇分

トイレで、第一回目の用を足す。祖父パピー・スナイダーの口癖だったが、用を二回足すまで準備ができたとはいえないと。子供のころ、祖父と一緒に寒いニューヘブンの町を歩いていると、祖父は、「おまえと同じ年ごろ、キエフの郊外に住んでいた。トイレは外の小屋にあり、氷点下の中で用を足すのは大変だった。今では、どこの家にもトイレが家の中にある。これがどれだけ便利なことか理解できないだろう」と言われた。私は、一日に二回、用を足す。

午前七時三〇分～七時四〇分

朝食は、軽くケロッグのオート・ブランとブロットのグレープジュース、それに、ペッパーリッジの小麦のトーストを二枚だ。食べながら、『ニューヨーク・タイムズ』に目をやる。特に、スポーツ面でヤンキースの活躍記事を読むのが楽しみだ。

午前七時四〇分

机について、昨晩、送られてきたファックスを集め、それを整理する。清算会社のベアー・スターンズ社からは毎日、三〇ページの収益明細書がファックスされてくる。他のブローカーからも同じような明細書が送られている。自分の取引明細と送られてくるファックスと付け合せてみて、何か違いがあれば、すぐさま彼らに連絡を入れて怒鳴りつける。市場が開く前に、すべて取引内容を確認し、口座残高をはっきりとさせておく必要がある。この作業を怠ると、寄り付きと同時に、何万ドルもの損を被ってしまう可能性もある。私は取引内容を必ずメモしておく。八時までにすべて確認できていないと、その日は相場を張れない。口座のことが気になって集中できないからだ。昨日のことは忘れて、毎日フレッシュな気持ちでスタートをする。これが、私の方針だ。昨日の晩、下準備にかけた多くの時間が私の気持ちをリフレッシュしてくれる。昨日は終わったのだ。大きな損を出すときは、必ず大きく儲けた日の翌日だ。自信過剰になるのか、ミスを犯しやすくなる。S&P五〇〇先物をトレードしていると、このような感情の起伏を味わってしまう。それは、先物は毎日、ポジションが値洗いされ、含み益の増減が発生する。つまり、取引口座に増減が起きるのだ。それを毎朝チェックしているので、どうしても感情に左右される。毎日、利益を上げるように心がけている。そして、収益管理はまた、毎週、毎月、毎年、記録している。

午前八時〇〇分～八時一〇分

『ウォール・ストリート・ジャーナル』紙に目を通す。

午前八時一〇分～八時一五分

二回目の用を足す。これで、準備は完了だ。

午前八時一五分

債券先物ブローカーに電話をする。彼らから今日一日の支持線・抵抗線となるポイントを聞いてメモする。このトレードを記録する用紙には、昨晩、計算したいろいろな指数も書いてある。テリー・ランドリー氏のマジックTオシレーター、一八日オシレーター、それにいろいろな商品の高値、安値、終値、OEXやS&P、XMIの指数も記録してある。

午前八時二〇分～八時三〇分

ラウンド一。債券先物市場がオープン。寄り付きを確めて、債券先物に手を出すかどうか決める。いつも寄り付き時にポジションを建てる。債券先物は、S&P五〇〇市場の流れをチェックする上で非常に重要だ。債券先物は、他のオプションやS&P五〇〇に比べると動きが遅いので簡単である。経済指標が発表になる日は、債券先物には手を出さない。非常に重要とされる経済指数などは金曜日の午前八時三〇分に発表になる。週末直前に、大きな動きが出るようでは、五〇歳を超えたトレーダーには辛い。週初めに、それら数字を発表してくれれば、一週間、どうにかやり通せるのに、政府には熟年トレーダーを保護するようにしてほしいものだ。

午前八時三〇分〜八時四五分

経済指数などが発表にならない日は、この時間でも債券を売買している。いったん、ニュースが流れてしまうと、「ファスト・マーケット」といって、「F」がスクリーンに表示されることがある。こうなると、いつものルールでは取引できない。ピットに立っている連中の思いのままになってしまう。私は、この「F」が出ているときは売買をしない。

午前八時四五分〜九時二七分

また、いろいろなところからファックスが送られてくる。コーエン、ベアー・スターンズ、マーク・クック、それにディック・ウエストなど、いろいろな連中からコメントが寄せられる。彼らの意見と自分の考えを照らし合わせながら、昨日、調べておいた買いと売りのポイントをチェックする。準備は怠れない。事前に下調べをするのがトレーダーの仕事だ。売買をするだけが仕事ではない。

午前九時二八分

チェックリストに目を通す。手書きで書いたこのリストは、ちゃんとプラスチックのカバーがかけられてある。このリストは、机の右端に置いてあり、絶対に見逃さないところにある。ポジションを取る上で再確認することは、以下のことだ。

チャートと指数移動平均線を必ずチェックする。指数移動平均線に背いてはいけない。
・値は指数移動平均線より上か下か？
・トレンドラインより上か下か？
・高値、安値を更新したか？
・マジックTオシレーターはプラスかマイナスか？

本当にこのポジションを取りたいのか自分に自問自答する。いくら損を出してもよいか、ポジションを取る前に決める。儲けが予想以上に出た後は、必ず、取引株数や枚数を減らす。計画以上に儲けを積み上げることができたら、休憩を取る。

午前九時二九分

S&五〇〇のピットに電話を入れる。オープンの一分前と引け一分前は、非常に緊張する。この時間には、電話をかけてくるなと言ってある。この一瞬は、全神経を集中させる必要がある。誰にも邪魔をされたくない。自分の中にアドレナリンが満ちているのだ。以前、ニューヨークにいたときに、家内の友人が間違って私の事務所の番号に電話をしてきたことがあった。私のブローカーはみんな、九時二九分と四時一四分には電話をかけてはいけないことを知っていた。電話を取るなり、受話器に向かって、「きさま、何を考えている！　この時間に電話してくるなと言ったのが分からないのか。死んでしまえ！」と叫んだものの、その相手が妻の友だちと気がついたときには、すでに遅かった。「あっ、モーリー？　ゴメン」と謝っても相手の気持ちは収まらなかった。モーリーには、すぐにバラの花束を贈ったが、この一件から彼女の私に対する態度が、どこか冷たい。九時二九分と四時一四分に電話をかけてきた友人から絶交されたことが今までに何回かある。

午前九時三〇分～午後一二時三〇分

ラウンド二から七。株式市場がオープン。シカゴでS&P五〇〇先物が取引開始。注文はすべて、トレーディング記録用紙に書いておき、注文が通ったものは丸で囲んでおく。通らなかった注文は、そのままにしておくか、キャンセルする。キャンセルした場合は、キャンセルとその注文の上に大きく書く。こうしておくと、どの注文が出来たのか、どの注文がブローカーにまだ出してあるのか一日瞭然だからだ。私は収益を三〇分ごとに確認して、それを記録しておく。いつでも、口座にいくらあり、どうなっているのか分かっていないと気が済まない。一三個のマス目には、三〇分ごとのS&P五〇〇の値とニューヨーク証券取引所総合指数の変化を書き込む。その中から、ある種のパターンを見つけだす。これが私のやり方だ。

午後一二時三〇分

昼食。「シーサイド・スーパーレットですか？　マーティー・シュワルツですが、四番をテイクアウトでお願いしたいのですが？」というような電話を近所のレストランかカフェに入れる。昔は、市場ものんびりとしていた。一〇時から一二時三〇分まで取引があって、それからゆっくりとマティーニを飲みながらの昼食ができた。そして、二時に戻ってきて、三時までマーケットが開いていた。いい時代だった。私は酒をあまり飲まないので、昼休みにチャートをチェックしながらサンドイッチを食べたものだ。しかし、今では、チャートを目の前にして、急いで昼を済ませる毎日が続いている。

午後一時～四時

ラウンド八から一四。前場と同じでジャブを何回も打つ。

午後四時～四時一五分

ラウンド一五。株式市場が取引終了しても、S&P五〇〇先物はまだあと一五分間取引される。動きが激しくなる。引け間際の注文の流れによって、かなり動きが出る。また、この一五分間の動きは、翌日の動きをどのように参加者が見ているか判断するのに有効である。

午後四時一五分～六時

休憩。記録用紙を整理したり、書き込んだ数字を確認したりする時間。収益を確認したら、ジムに出かけるか、ジョギングをする。

午後六時～六時三〇分

夕食。

午後六時三〇分～七時

チャート。SMRのチャートを更新する。七〇の銘柄を毎日調べて、オシレーター系の指数を計算する。

午後七時～八時三〇分

データの整理と分析。ホットライン・サービスに電話をかけてみる。指数移動平均値を計算する。

午後八時三〇分～一〇時三〇分

明日の用意。週足チャートをチェックする。五×八のインデックスカードに売買ポイントをメモする。

午後四時一五分～一〇時三〇分

場外取引。今では、ほとんど一日中、マーケットが閉まることはない。私が手がけているS&P五〇〇先物は、午前九時三〇分から午後四時一五分まで取引所で売買が行われているが、午後四時四五分からグローベックス（GLOBEX）というコンピューター・システムを使って、その先物を売買できる。それも、翌朝の九時一五分まで取引が可能である。一日のうちで四五分間だけ、S&P五〇〇先物を取引できないが、それ以外のどの時間でもその先物を売買できる。取引量を増やすために、グローベックスは日曜日、午後六時三〇分からオープンしている。全くカジノと変らない状態に先物市場もなってしまった。しかし、一日中、スクリーンを見ていると、その疲れから歳を取るのも早くなってしまうだろう。

午後一〇時三〇分

消灯。妻との会話。

オードリー　バジー、今日はどうだったの？

私　ＯＫだったけど、本当はもっとうまくやれたかもなぁ。

オードリー　トレーダーは、みんな同じよ。安く買いたい、高く売りたいと思っているのよ。三回までにして、ちょうどいいところで手を引くのが肝心よ。

私　そう、その通りだね。

訳者あとがき

体が土佐犬の半分しかないピットブルは、アメリカの暗黒世界が生み出した姿にこだわらないただただ強い闘犬である。その闘魂、スピード、スタミナは、ケンカをするためだけに培われてきた。それは、まるでマーティン・シュワルツそのものである。シカゴでは、巨額な取引量をこなすプレーヤーをビッグドッグとかトップドッグと呼んでいる。しかし、それは取引量だけから判断して与えられる称号だ。シュワルツも非常に大きな取引量を自己口座でこなしているが、その量でなく、常に戦う姿勢を持つ彼には、ピットブルという名前が最もふさわしい。

パソコンをはじめ、いろいろと便利な道具を手にすることができる現在の環境にあっても、自分の手で指数などを計算するスタイルを崩さない。その反面、電気製品の新商品には目がない新しもの好きで、衝動買いをしてしまうシュワルツ。しかし、勝負の世界に生きる者がトレーディングで規律を犯すことはない。

シュワルツもそのスタイルを変えずに、チャンピオン・トレーダーにまで上り詰めた。シュワルツ自身も、自分がチャンピオン・トレーダーであることに誇りを持っているに違いない。しかし、それはコンテストに何回も優勝したからではない。彼の子供たちが「チャンピオン・トレーダー」として認めてくれたからだ。

この六カ月間、原書を何回も読んだ。そのたびに、何か得るものがあった。それは、トレーディングのテクニックだけではなかった。自分を信じる、ということだった。

妻の悦子と息子の昌記、それに両親の協力と理解に深く感謝する。最後に、この翻訳作業に絶大なる手助けをしてくれた編集担当の阿部達郎氏と、気長に付き合ってくれたパンローリング社長の後藤康徳氏に感謝している。ありがとう。

二〇〇〇年四月

成田博之

訳者紹介

成田博之

なりた・ひろゆき

1962年、北海道生まれ。ノースカロライナ大学、ウィルミントン校卒業。シンガポールで10年ほど銀行で金融商品のディーリングした後、1998年にオーストラリアに永住。日経225先物を中心に自己資本を運用しているプライベート・トレーダー。

ピット・ブル

チャンピオン・トレーダーに上り詰めたギャンブラーが語る実録「カジノ・ウォール街」

2000年 5 月23日　初版第1刷発行
2003年 6 月24日　第2刷発行
2008年11月 5 日　第3刷発行
2012年 5 月 1 日　第4刷発行

著者 ――――マーティン・“バジー”・シュワルツ
訳者 ――――成田博之
発行者 ―――後藤康徳
発行所 ―――パンローリング株式会社
〒160-0023 東京都新宿区西新宿7-9-18-6F
TEL 03-5386-7391　FAX 03-5386-7393
http://www.panrolling.com/　*E-mail* info@panrolling.com
編集 ――――エフ・ジー・アイ（Factory of Gnomic Three Monkeys Investment）合資会社
装丁 ――――Cue graphic studio　TEL 03-5300-1755
組版 ――――マイルストーンズ合資会社
印刷・製本 ――株式会社シナノ

ISBN4-978-939103-25-4

ポーカーで勝つために

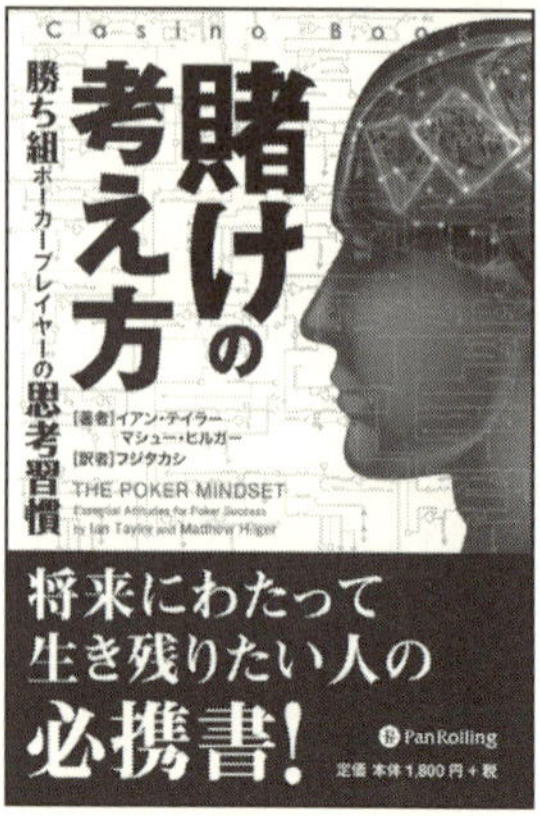

賭けの考え方

著者：イアン・テイラー　マシュー・ヒルガー

定価 本体 1,800 円+税　ISBN:9784775949061

負ける必要のないゲームで金を失っている。それをもたらすのは、知識の浅さや経験不足だけではない。感情・心理状態から来る内なる要因は知識以上に時に結果に大きく作用する。

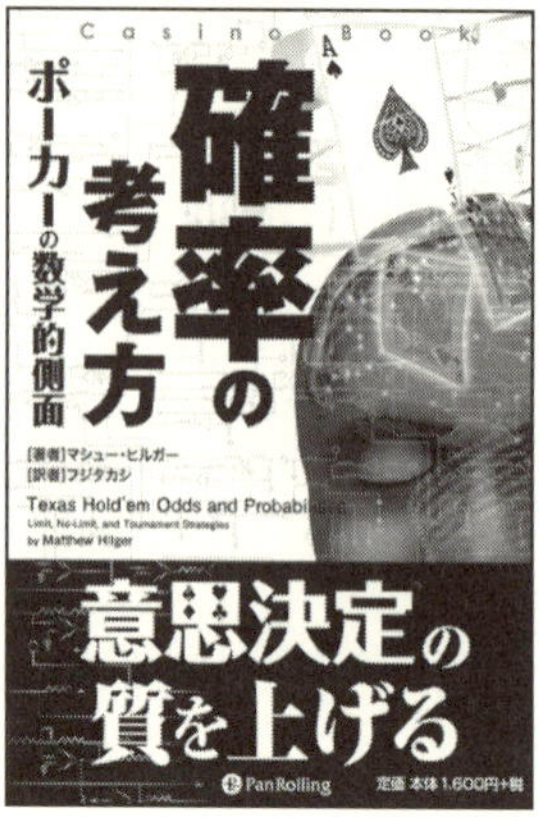

確率の考え方

著者：マシュー・ヒルガー

定価 本体 1,600 円+税　ISBN:9784775949092

【基礎的な数学が理解できていれば、決断の質は上がる】全ての真剣なホールデムプレイヤーにポーカーで成功を収めるために必要不可欠な情報を網羅。

ガス・ハンセンのポーカーミリオンロード

著者：ガス・ハンセン

定価 本体 2,800 円+税　ISBN:9784775949047

もし世界的に有名なポーカープロ、ガス・ハンセンの心の中に忍び込んで、そこから彼の勝利への秘密を探ることが出来るとしたら？ガスの思考法と論理のすべてが明らかに。

フィル・ゴードンのポーカー攻略法入門編・実践編

著者：フィル・ゴードン

入門編 定価 本体 2,500 円+税　ISBN:9784775949016

実践編 定価 本体 2,500 円+税　ISBN:9784775949030

世界中でプレイされているポーカーゲーム「ノー・リミット・テキサスホールデム」の教科書。テクニックと確率と心理学を学べ！

カードゲームで勝つために

オンラインポーカーで稼ぐ技術（上）

著者：エリック・リンチ、ジョン・ターナー ジョン・ヴァン・フリート

定価 本体 2,800 円+税 ISBN:9784775949078

【獲得賞金総額600万ドル超の3人のプレイヤーが示すトーナメントの序盤から入賞までの勝ち方】世界最高のプレイヤーたちの思考プロセスを大公開！

トーナメントポーカー入門

著者：SHIMADA, Shinya

入門編 定価 本体 1,200 円+税 ISBN:9784775949054

European Poker Tour London サイドイベント優勝の著者が贈る「トーナメントの基本から最新の戦略までの体系的な解説書」。WSOPトーナメントルール付属。

カードカウンティング入門

著者：オラフ・ヴァンクラ博士

定価 本体 1,600 円+税 ISBN:9784775949085

【日本初！ 2時間でマスター ブラックジャック攻略法】革新的な「K-Oカードカウンティングシステム」でカジノをやっつける夢がやっと叶う！

ポーカー教室

ホールデム、7カードスタッド、オマハの基礎を学ぼう！

著者：ポーカー侍

定価 本体 1,200 円+税 ISBN:9784775949023

アキバの雀士れむがベガスの達人からポーカーに勝つための基礎を教わったWSOP入賞者による本格的ポーカー解説書。これからホールデムを始めてみようと思っている人にはピッタリの一冊。

マーケットの魔術師に学ぶ

ウィザードブックシリーズ19

マーケットの魔術師

著者：ジャック・D・シュワッガー

オーディオブックも絶賛発売中!!

定価 本体 2,800 円＋税　ISBN:9784939103407

世にこれほどすごいヤツたちがいるのか、ということを知らしめたウィザードシリーズの第一弾。「本書を読まずして、投資をすることなかれ」とは世界的なトップトレーダーが口をそろえて言う「投資業界での常識」である！

ウィザードブックシリーズ13

新マーケットの魔術師

著者：ジャック・D・シュワッガー

オーディオブックも絶賛発売中!!

定価 本体 2,800 円＋税　ISBN:9784939103346

知られざる“ソロス級トレーダー”たちが、率直に公開する成功へのノウハウとその秘訣。高実績を残した者だけが持つ圧倒的な説得力と初級者から上級者までが必要とするヒントの宝庫。

ウィザードブックシリーズ90

マーケットの魔術師 システムトレーダー編

著者：アート・コリンズ

オーディオブックも絶賛発売中!!

定価 本体 2,800 円+税　ISBN:9784775970522

【市場に勝った男たちが明かすメカニカルトレーディングのすべて】本書に登場した14人の傑出したトレーダーたちのインタビューによって、読者のトレードが正しい方向に進む手助けになるだろう！

ウィザードブックシリーズ134

新版 魔術師たちの心理学

著者：バン・K・タープ

定価 本体 2,800円+税　ISBN:9784775971000

儲かる手法（聖杯）はあなたの中にあった!!あなただけの戦術・戦略の編み出し方がわかるプロの教科書！「勝つための考え方」「期待値でトレードする方法」「ポジションサイジング」の奥義が明らかになる！

トレード業界に旋風を巻き起こしたウィザードブックシリーズ!!

ウィザードブックシリーズ1

魔術師リンダ・ラリーの短期売買入門

著者：リンダ・ブラッドフォード・ラシュキ

定価 本体 28,000円+税　ISBN:9784939103032

【ウィザードが語る必勝テクニック基礎から応用まで】国内初の実践的な短期売買の入門書。具体的な例と豊富なチャートパターンでわかりやすく解説。

ウィザードブックシリーズ2

ラリー・ウィリアムズの短期売買法

著者：ラリー・ウィリアムズ

定価 本体 9,800円+税　ISBN:9784939103063

【短期取引戦略は、多くのトレーダーが用いるマーケット戦略である】「損小利大」という極めて個人の「感覚」に任されている重要な事項を、具体的な計算式で説明。

ウィザードブックシリーズ108

高勝率トレード学のススメ

著者：マーセル・リンク

定価 本体 5,800円+税　ISBN:9784775970744

トレーディングの現実を著者独自の観点からあぶり出し、短期トレーダーと長期トレーダーたちによる実際の成功例や失敗例をチャートとケーススタディを通じて検証する本書は、まさにトレーディングの生きたガイドブック。

ウィザードブックシリーズ119

フルタイムトレーダー完全マニュアル

著者：トム・バッソ

定価 本体 5,800 円+税　ISBN:9784775970850

戦略・心理・マネーマネジメント――相場で生計を立てるための全基礎知識を得るこれからトレーダーとして経済的自立を目指す人の必携の書！

売買のための考え方とヒントがここに！

ウィザードブックシリーズ169

コナーズの短期売買入門

トレーディングの非常識なエッジと必勝テクニック

著者：ローレンス・A・コナーズ、シーザー・アルバレス

定価 本体 4,800 円+税　ISBN:9784775971369

激変するトレードの常識。「ストップは置くな！」「オーバーナイトで儲けろ！」短期売買の新バイブル降臨！時の変化に耐えうる短期売買手法の構築法。

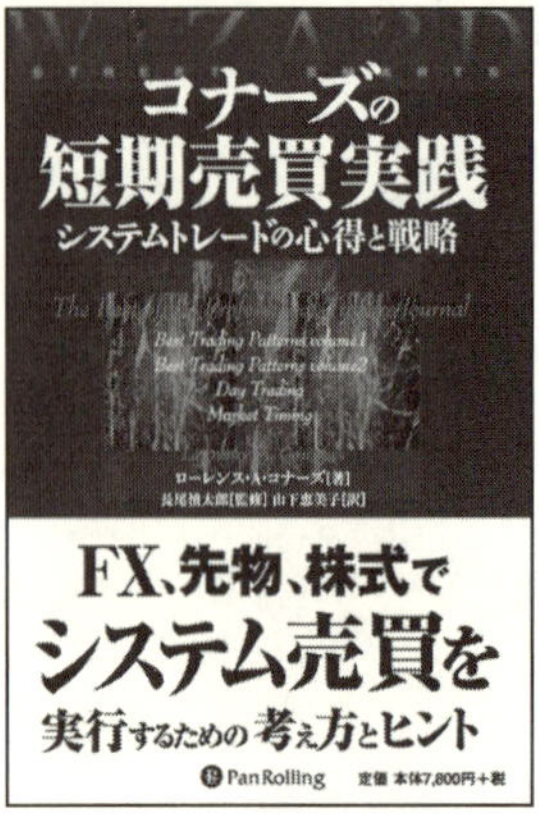

ウィザードブックシリーズ180

コナーズの短期売買実践

システムトレードの心得と戦略

著者：ローレンス・A・コナーズ

定価 本体 7,800 円+税　ISBN:9784775971475

FX、先物、株式で使えるトレードアイデア
システムトレーダーのバイブル降臨！本書は、システムトレーディングを目指すトレーダーにとって、最高の教科書となるだろう。

DVD スイングトレードを成功させる重要なポイント

講師：ローレンス・A・コナーズ

定価 本体 4,800 円+税　ISBN:9784775963463

勝率87％の普遍的なストラテジー大公開！

短期売買トレーダーのための定量化された売買戦略――株式とETF（AAPL、SPY、FAS）でエッジを見つける。

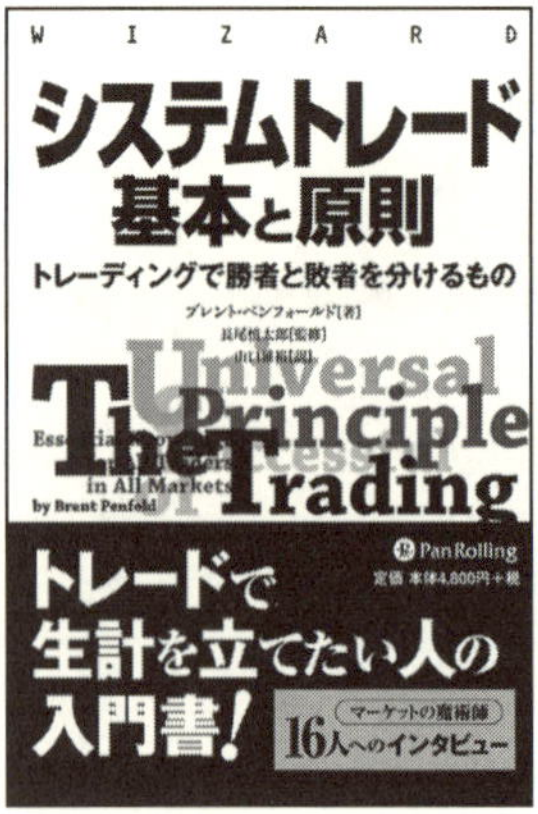

ウィザードブックシリーズ183

システムトレード基本と原則

著者：ブレント・ペンフォールド

定価 本体 4,800 円+税　ISBN:9784775971505

マーケットや時間枠、テクニックにかかわりなく、一貫して利益を生み出すトレーダーたちは全員ある原則を固く守っていた。

トレードで勝者と敗者を分けるものとは……？

古典から最先端まで

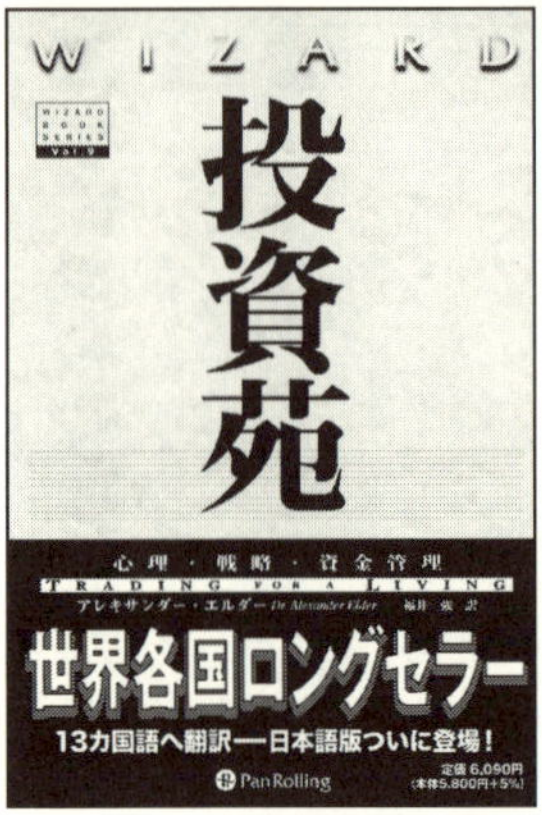

ウィザードブックシリーズ9

投資苑

著者：アレキサンダー・エルダー

定価 本体 5,800 円+税　ISBN:9784939103285

世界12カ国語に翻訳され、各国で超ロングセラー。精神分析医がプロのトレーダーになって書いた心理学的アプローチ相場本の決定版！

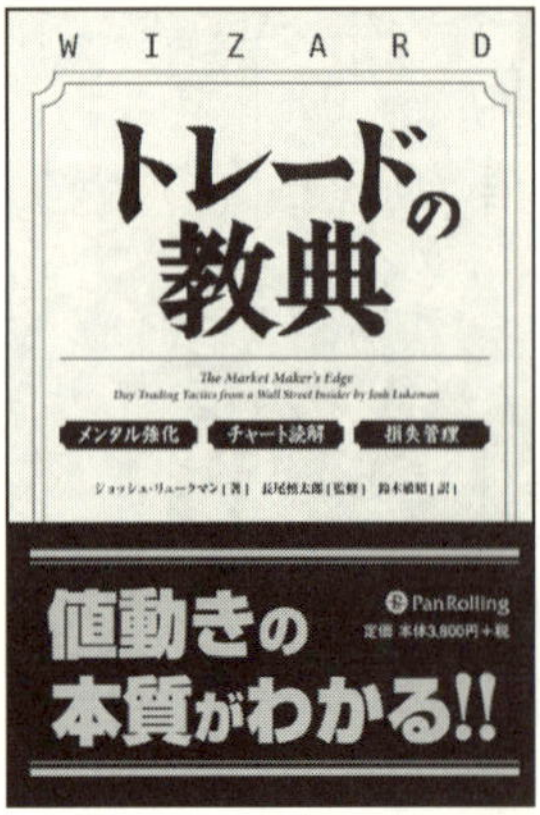

ウィザードブックシリーズ181

トレードの教典

メンタル強化 チャート読解 損失管理

著者：ジョッシュ・リュークマン

定価 本体 3,800 円+税　ISBN:978477597142

【値動きの本質がわかる!!マーケットメーカーのエッジを手に入れる！】マーケットメーカーの優位性から見ると、儲かる秘訣がよくわかる！

ウィザードブックシリーズ78

スイングトレード入門

著者：アラン・ファーレイ

定価 本体 7,800 円+税　ISBN:9784775970409

あなたも「完全無欠のスイングトレーダー」になれる！大衆を出し抜け！200以上の豊富なチャートと典型的かつ著者が考案した多くのオリジナルトレード手法を公開。

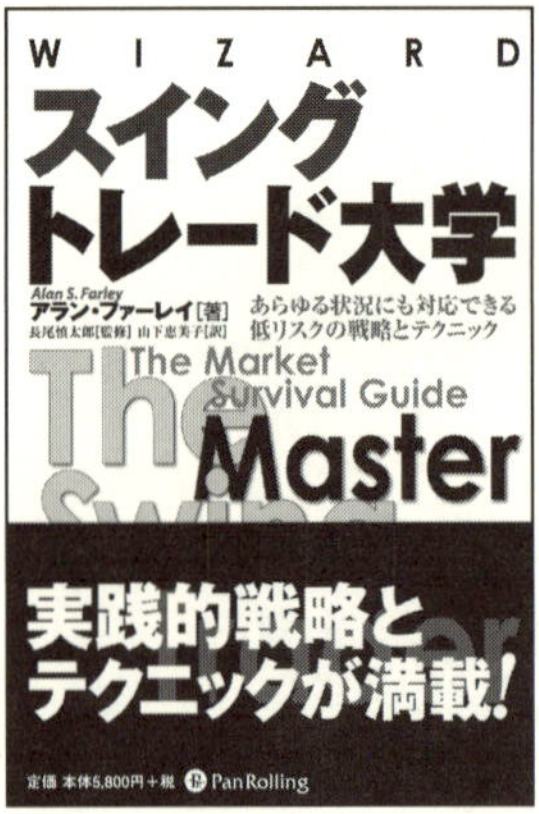

ウィザードブックシリーズ178

スイングトレード大学

著者：アラン・ファーレイ

定価 本体 5,800 円+税　ISBN:9784775971451

大衆から一歩抜け出せ だれにも教えたくない「トレードで暮らすための極秘ファイル」市場の大暴落から生みだされる絶好の機会を見つけ、資金を増大させるにはどうすればよいのか。

満員電車でも聞ける！オーディオブックシリーズ

本を読みたいけど時間がない。
効率的かつ気軽に勉強をしたい。
そんなあなたのための耳で聞く本。
それがオーディオブック!!

パソコンをお持ちの方は Windows Media Player、iTunes、Realplayer で簡単に聴取できます。また、iPod などの MP3プレーヤーでも聴取可能です。

バフェットからの手紙
著者：ローレンス・A・カニンガム

ダウンロード価格 3,500 円（税込）
MP3 約 710 分 26 ファイル 倍速版付き
CD版 定価　本体3,800＋税

【「経営者」「起業家」「就職希望者」のバイブル】究極・最強のバフェット本――この1冊でバフェットのすべてがわかる。投資に値する会社こそ、21世紀に生き残る！

賢明なる投資家
著者：ベンジャミン・グレアム

ダウンロード価格 3,500 円（税込）
MP3 約 750 分 26 ファイル 倍速版付き
CD版 定価　本体3,800＋税

【市場低迷の時期こそ、威力を発揮する「バリュー投資のバイブル」。日本未訳で「幻」だった古典的名著がついに翻訳】「バリュー投資」の最高傑作！

NLP トレーディング
書籍も発売中

ダウンロード価格 3,990 円（税込）
CD版 定価　本体4,800＋税

エイドリアン・ラリス・トグライ著。最先端の心理学神経言語プログラミングが勝者の思考術を養う！

魔術師が贈る55のメッセージ
書籍も発売中

ダウンロード価格 840 円（税込）
CD版 定価　本体1,000＋税

巨万の富を築いたトップトレーダーたちの"生"の言葉でつづる「座右の銘」。"今"を抜け出すためのヒント、ここにあり。

ダウンロードで手軽に購入できます!!

パンローリングHP　http://www.panrolling.com/
（「パン発行書籍・DVD」のページをご覧ください）
電子書籍サイト「でじじ」　http://www.digigi.jp/

Audio Book

Pan Rolling オーディオブックシリーズ

売り上げ1位

書籍も発売中

ゾーン 相場心理学入門

マーク・ダグラス
パンローリング　約540分
DL版 3,000円（税込）
CD版 3,990円（税込）

超ロングセラー、相場心理書籍の王道「ゾーン」が遂にオーディオブックに登場！相場で勝つためにはそうすればいいのか！？本当の解決策が見つかります。

売り上げ2位

バビロンの大富豪

「繁栄と富と幸福」はいかにして築かれるのか

ジョージ・S・クレイソン
パンローリング　約400分
DL版 2,200円（税込）
CD版 2,940円（税込）

不滅の名著！　人生の指針と勇気を与えてくれる「黄金の知恵」と感動のストーリー！　読了後のあなたは、すでに資産家への第一歩を踏み出し、幸福を共有するための知恵を確実にみにつけていることだろう。

売れてます

規律とトレーダー

マーク・ダグラス
パンローリング　約440分
DL版 3,000円（税込）
CD版 3,990円（税込）

常識を捨てろ！　手法や戦略よりも規律と心を磨け！　相場の世界での一般常識は百害あって一利なし！　ロングセラー『ゾーン』の著者の名著がついにオーディオ化!!

相場との向き合い方、
考え方が変わる！
書籍版購入者にもオススメです！

その他の売れ筋　各書籍版も好評発売中!!

マーケットの魔術師

ジャック・D・シュワッガー
パンローリング　約1075分
各章 2,800円（税込）

――米トップトレーダーが語る成功の秘訣――
世界中から絶賛されたあの名著がオーディオブックで登場！

新マーケットの魔術師

ジャック・D・シュワッガー
パンローリング約1286分
DL版 10,500円（税込）
PW版 10,500円（税込）

ロングセラー「新マーケットの魔術師」（パンローリング刊）のオーディオブック!!

マーケットの魔術師 システムトレーダー編

アート・コリンズ
パンローリング約760分
DL版 5,000円（税込）
CD-R版 6,090円（税込）

市場に勝った男たちが明かすメカニカルトレーディングのすべて
14人の傑出したトレーダーたちのインタビューによって、読者のトレードが正しい方向に進む手助けになるだろう！

相場で負けたときに読む本 真理編・実践編

山口祐介　パンローリング
真理編 DL版 1,575円（税込）
CD版 1,575円（税込）
実践編 DL版 1,575円（税込）
CD版 2,940円（税込）

負けたトレーダーが破滅するのではない。負けたときの対応の悪いトレーダーが破滅するのだ。

私は株で200万ドル儲けた

ニコラス・ダーバス
パンローリング約306分
DL版 1,200円（税込）
CD-R版 2,415円（税込）

営業マンの「うまい話」で損をしたトレーダーが、自らの意思とスタイルを貫いて巨万の富を築くまで――

孤高の相場師リバモア流投機術

ジェシー・ローリストン・リバモア
パンローリング約161分
DL版 1,500円（税込）
CD-R版 2,415円（税込）

アメリカ屈指の投資家ウィリアム・オニールの教本！稀代の相場師が自ら書き残した投機の聖典がついに明らかに！